教育部人文社会科学研究规划基金项目（10YJA720042）

存在论的现象学美学视角

Ontology: Phenomenological Aesthetics

张云鹏 胡艺珊 著

中国社会科学出版社

图书在版编目(CIP)数据

存在论的现象学美学视角/张云鹏,胡艺珊著. —北京:中国社会科学出版社,2015.9
ISBN 978-7-5161-6925-4

Ⅰ.①存… Ⅱ.①张…②胡… Ⅲ.①现象学—美学—研究
Ⅳ.①B83-069

中国版本图书馆 CIP 数据核字(2015)第 220989 号

出 版 人	赵剑英
责任编辑	陈肖静
责任校对	刘　娟
责任印制	戴　宽

出　　版	中国社会科学出版社
社　　址	北京鼓楼西大街甲 158 号
邮　　编	100720
网　　址	http://www.csspw.cn
发 行 部	010-84083685
门 市 部	010-84029450
经　　销	新华书店及其他书店

印刷装订	三河市君旺印务有限公司
版　　次	2015 年 9 月第 1 版
印　　次	2015 年 9 月第 1 次印刷

开　　本	710×1000　1/16
印　　张	20.25
插　　页	2
字　　数	319 千字
定　　价	76.00 元

目　录

前　言

　　现象学美学思想有一个"存在之维"，即从艺术、诗、文学、语言等审美现象的角度去思考存在，抑或从存在的角度论艺术、诗、文学、语言等审美现象，因此遂有存在论美学或本体论美学之称。

　　基于现象学的上述实情或理由，本书所选取的现象学美学家有：马丁·海德格尔（Martin Heidegger, 1889—1976）、让－保罗·萨特（Jean-Paul Sartre, 1905—1980）、梅洛－庞蒂（Maurice Merleau-Ponty, 1908—1961）、罗曼·英伽登（Roman Ingarden, 1893—1970）、米盖尔·杜夫海纳（Mikel Dufrenne, 1910—1995）。

　　有感于存在的遗忘，海德格尔突出地重提存在并以之作为自己的哲学主题。前期从此在论存在，后期转而从艺术、诗歌、语言论存在，以此开启了存在论的"美学之维"。受其影响，萨特以"存在—自由—艺术"的路向、梅洛－庞蒂以"身体意向性——艺术的表达"的路向走向了审美现象，英伽登径直通过对艺术的半实在性的研究提出了真正的本体论任务，杜夫海纳则在其美学中直接追问审美经验的本体论意义。总之，他们以各自的哲学个性和探求路向深化并丰富了这一维度。

　　更具体一点说，作为对存在的探索，这些现象学的哲学家或美学家们，或间接或直接或自觉或非自觉地走向了审美现象，因此也就有了对审美对象的种种规定。在海德格尔看来，审美对象不是与主体相对的客体，而是作为"站出者"、"敞开者"、"锁闭者"的"自行澄明与遮蔽之象"。萨特认为审美对象并非就是现存的艺术作品，而是由审美主体的想象性意识在欣赏作品过程中构成的"想象的对象"。英伽登基于胡塞尔的纯粹意识意向性，而把文学作品看作是"纯粹的意向性对象"。杜夫海纳受梅洛－庞蒂知觉现象学的影响，并进一步创造性地把审美对象看作是

"纯粹知觉对象"。

如何追问存在？这涉及三个基本问题：第一，存在与存在者的规定及其相互关系；第二，存在追问的结构模式；第三，存在追问结构的层次性。

如果我们把抽象的或纯粹的"存在"称作"在"，那么，我们就可以把具有规定性的所有事物都称作"在者"。存在者具有不同的类型：感性存在者、抽象存在者、个别存在者、整体存在者、种类存在者，如此等等。按知识论，存在作为纯粹的抽象，毫无内容，因而也就是无；按存在论，存在正是因为无规定性的直接性，所以它才是最丰富的可能性的有。海德格尔认为，存在作为自身在场，存在作为持续着的到来，存在既去蔽又遮蔽，既澄明又隐匿。由此可对存在作进一步的规定：从"现象与本质"的角度看，存在是本现象；从"本体与存在"和"体与用"的角度看，存在为用，在者为体；从"思与在"的关系看，在是思之在，思是在之思。存在与存在者之关系表现为：存在就是对存在者之存在的给出，存在者显现存在。传统形而上学对存在的追问之所以陷入迷途，其因在于表象性思维，结果导致存在实体化。

存在追问的结构，理论上可有三种。一重结构模式："存在"；二重结构模式："此在－存在"；三重结构模式："此在－存在者－存在"。一重结构模式的问题在于，一方面，这种做法面临着无穷倒退的危险；另一方面它依然没有避免形而上学的命运——把存在思为实体化的存在者。二重结构模式体现在海德格尔前期的《存在与时间》中。三重结构模式体现在海德格尔后期的诗的路向上，此在、艺术作品与存在三个要素相互关联：一方面，本有通过居有四重整体居有人；另一方面，此在通过作诗或诗意的栖居、通过"对于物的泰然处之"和"对于神秘的虚怀敞开"，来聆听并应和存在的召唤。

根据人（意识、主体）、对象（其他存在者）、世界等诸项因素及其相互关系，可以确定存在追问结构具有三个层次：第一，理性活动—抽象对象（抽象存在者），第二，感性活动—感性对象（感性存在者），第三，纯粹感性活动—意象。

理性活动与感性活动显然都具有各自的片面性。从主体方面看，单纯

的"感性冲动"使人受自然的感性欲念的强制，单纯的"理性冲动"使
人受理性法则的强制，人在这两种分离的活动中，都不可能获得自由。从
对象方面看，单纯的理性活动使对象抽象化为毫无生气的概念；单纯的感
性活动则使对象单质化为赤裸裸的具有有用性的资源；物因此丧失了自
身。"纯粹感性活动"是由理性活动向感性活动在更高层次上的回复，在
这种回复运动中，理性活动中的逻辑抽象性和感性活动中的私有功利性被
彻底排除和悬置，这时的感性是纯粹的。排除和还原，并非抽象观念和感
性欲望的消失，而是融化和沉淀。由此形成的"纯粹感性"是融理性和感
性为一身的垂直的整体结构。纯粹感性活动的特征是自由性，纯粹感性活
动的对象是审美意象。纯粹感性的活动是对存在意义的体悟，而意象则以
自身的灿烂感性显现了存在。但无论是纯粹感性活动本身的存在体悟还是
感性意象的存在显现，最终说来都是存在本身的自行显现。在这种自行显
现中，存在既让审美对象在场，又呼唤人在此。

　　既然审美对象显现了存在，或者说存在让审美对象在场，那么，就需
要进一步分析审美对象的构成与存在显现维度的关系。关于审美对象的构
成，海德格尔在《艺术作品的本源》中认为是"大地"和"世界"，而在
《筑·居·思》和《物》中，则认为是大地、天空、终有一死者和诸神。
萨特认为有三：形象的感觉形式、在场－表现－意义、非实在的情境。梅
洛－庞蒂认为是语言、意义、虚构情境。英伽登认为有四：语音、意义、
图式化观相、再现的客体。杜夫海纳认为有三：材料、意义、表现。根据
现象学的意向性结构和符号的三元关系，综合诸家观点，可将审美对象的
构成归结为三要素：形式、意义、世界。

　　存在的显现有三个基本的维度，这就是真、善、美。此处之"真"，
不是指知与物符合的命题真理，也不是指此在揭示之真，而是指存在的无
蔽。此处之"善"，不是指道德层面上的伦理规范之善，而是指作为源始
伦理学的存在之善。此处之"美"，不是指理念之美，而是指存有之在场
状态。

　　审美对象的构成要素"形式"、"意义"、"世界"与存在显现的维度
"真"、"善"、"美"的同一表现为：世界之真、意义之善、形式之美。最
终说来，真、善、美三位一体，归属存在。

审美对象向存在的开显，同时也是存在向审美对象的显现，两者相互交织、争执、映射，互为表里。存在在审美对象身上的显现，可简洁地表述为：形式形式化、意义意义化、世界世界化。用海德格尔的语言来表述，即：物物化、争执与映射游戏、世界世界化。

"物物化"其意有三：一是赋"物"以"形"，二是赋"形"以"义"，三是聚集并开显世界。"世界世界化"即世界的敞开，按杜夫海纳的命题和观点，我们把"世界世界化"规定为本真时间的时间化和本真空间的空间化，以及两者之间的交织。"物化"与"世界化"已经是"物"与"世界"的意义，这包含着两层意思：一是生发意义；二是运作意义，即凭借意义而"物化"和"世界化"。物化聚集就是以意义聚集天、地、神、人，世界化就是存在的"时－空"性意义。假如严格划分意义与形式、意义与世界的界限，那么，发生在世界与大地之间的"争执"，发生在天、地、神、人之间的"映射游戏"，则就是审美对象意义的运作。意义的生发和运作有两个层面：一是存在之真理（原始争执），二是存在者之真理（争执）。世界的世界化、物的物化世界、存在的澄明与遮蔽属于前者，大地的锁闭与世界的敞开、天地神人之间的映射游戏属于后者。当然，意义运作的两个层面是交织在一起的，难分彼此。梅洛－庞蒂存在之"肉"的开裂———种存在本身的"区分化运作"表明了这一点。

本书以海德格尔的思想为主线，贯穿并整合其他诸家的思想；同时忽略诸家之间思想的差异，而强调其共性与互补性。意在阐其妙，通其数，翻空征实，运思成体，力图建构一个统一的现象学美学的存在论。

上 篇

走向审美现象

第一章　海德格尔的存在论转向

第一节　存在——海德格尔的哲学主题

一　作为海德格尔哲学主题的存在

存在，是海德格尔哲学的主题。他明确地说："我们主张：存在是哲学真正的和唯一的主题。……用否定的方式说：哲学不是关于存在者的科学，而是关于存在的科学或者存在论。"① 在《我进入现象学之路》中，海德格尔回顾了自己被带上存在问题道路的几个关节点。

一是中学时期他读到了布伦塔诺的博士论文《论亚里士多德以来的存在者的多重含义》，由此产生了他最初的哲学困扰："如果存在者有多重含义，那么哪一种含义是它的主导的基本含义呢？什么叫作存在？"② 同一时期，海德格尔还读到了卡尔·布赖格的《论存在：存在论大纲》一书，这部著作除附有存在论的基本概念的词源以外，还摘录了亚里士多德、托马斯·阿奎那和苏阿列茨的大量原文。显然，此书既加深了他对"存在"的印象，同时也强化了他对"存在问题"的困惑。

二是大学时期卡尔·布赖格教授的神学讲座——"教义学"所表现出来的强烈的运思艺术对他的思想产生了重大影响："从他那里，我第一次了解到谢林和黑格尔对于与经院哲学的教义体系完全不同的思辨神学的重要性。就这样，存在论与作为形而上学建构的思辨神学之间的对峙，便进入了我研究的领域。"③

① ［德］海德格尔：《现象学之基本问题》，丁耘译，上海译文出版社 2008 年版，第 12 页。
② ［德］海德格尔：《海德格尔选集》（下），孙周兴选编，上海三联书店 1996 年版，第 1280 页。
③ 同上书，第 1281 页。

三是胡塞尔的现象学。由上述两点可以看出，"存在"已经成为此时海德格尔哲学思考中的问题，但是他一直找不到进入此一问题的道路。经由布伦塔诺（胡塞尔的老师）和埃米尔·拉斯科（其著作深受胡塞尔《逻辑研究》的影响），胡塞尔现象学的奠基之作《逻辑研究》进入海德格尔的视野。从 1909 年始，他独自钻研《逻辑研究》；1916 年至 1919 年，在胡塞尔身边教和学的同时，对现象学的"看"进行了逐步的训练；其后，主持高年级学生的《逻辑研究》讨论。在这样一个逐步深化的现象学的学习过程中，海德格尔认识到："作为现象学的自身表现的意识行为的现象学所完成的东西，在亚里士多德和整个希腊思想和希腊此在那里，被更原始地思为 Ἀλήθεια，即在场的东西的无蔽状态，它的解蔽，它的自我显现，作为担负着思的行为的现象学的研究所重新发现的东西，如果这不就是哲学本身，它至少证明自己是希腊思想的基本特征。当这一看法在我心中越来越明晰时，下面这个问题也就变得越来越紧迫了：依据现象学原理，那种必须作为'事情本身'被体验到的东西，是从何处并且如何被确定的？它是意识和意识的对象性呢还是在无蔽和遮蔽中的存在者之存在？"① 从这番自白中可以看出，通过现象学，海德格尔被带上了存在问题的道路。

二　存在问题的首要性地位

"存在"之所以会成为海德格尔哲学的主题，是因为存在问题在地位上具有首要性。海德格尔就此写道："究竟为什么在者在而无反倒不在？这是问题所在。这问题恐怕不是个普普通通的问题。'究竟为什么在者在而无反倒不在？'显然这是所有问题中的首要问题。"② 存在问题的首要性具体地表现为以下三个方面：最广泛、最深刻、最原始。

最广泛，是说这个问题涵括一切存在者，或者说它询问的是存在者整体。若要划定其区域，只能以无为界。一切非无者，都落入这个问题，甚至扩而包括无本身，因为它"是"无，也就是说"无"存在。

---

① ［德］海德格尔：《海德格尔选集》（下），孙周兴选编，上海三联书店 1996 年版，第 1285 页。

② ［德］海德格尔：《形而上学导论》，熊伟、王庆节译，商务印书馆 1996 年版，第 3 页。

由此可以看到，这个问题广泛到不可能再广泛了，它涵括一切存在者和非存在者。

最深刻，是说它要为存在者作为它所是的这样一个存在者在起来建立根基。"为什么"就是寻求根据，但寻求根据不是指为存在者寻求原因，而是指为存在者设定根基，此之谓元根据。如果这根据舍弃了根基，那么它就成为无根据的深渊。如果这根据仅仅是伪装成根基的某种假象，那么它就是一种非根据。"元根据"、"深渊"、"非根据"虽表述非一，但说的无非是指离弃表层、深入底层直至极限的"奠基性区域"。

最原始，是说这个问题为一切真正的问题跳出了根源。作为渊源，它是最原始的问题。得出这一论断的理路是："究竟为什么在者在而无反倒不在"这一发问与存在者整体（此处须特别注意的是，存在者整体是通过这一发问才得以作为这样一个整体，以及向着其可能的根基展开并且在发问中保持其展开状态）之间存在着一种特殊的关系：一方面发问迎向存在者整体；另一方面发问又并未与这一整体完全脱离，也就是说发问本身亦在正在展开的存在者整体中。正是由于后一种原因，这一问题所询问的东西就反冲到问题本身上来，由此形成这样一个问题："为什么有这个为什么？"在此，最初的问题首先转变为它探求它自身的"为什么"。回答此一问题有两个向度：一是陷入"为什么"的无穷递推之中（这是发问需要摆脱的表面的迷惑），二是从此在之遮蔽状态中完成一次跳跃（这是发问所产生的根基。回想一下海德格尔曾描述过的存在问题出现的情境：在某种完全绝望之际，在某种心花怒放之际，在某种荒芜之际，……这个问题就来临了）。从现象学的立场看，跳跃就是生存态度的转变。"在一切存在者中间，唯有人才为存在之调音所呼唤，经验到一切惊奇之惊奇，即：'存在者存在'这一实情。"① 于是，跳跃为发问的跳跃，发问为跳跃的发问。这一发问的跳跃为自身跳出了它自己的根源，同时也为一切真正的问题跳出了根源。

最广泛、最深刻与最原始是相互联系着的，海德格尔得出结论说："这个问题在这样三重意义上是第一位的，即：在这个问题以给出尺度

---

① ［德］海德格尔：《路标》，孙周兴译，商务印书馆2000年版，第358页。

的方式敞开的奠基性领域内，这个问题依其等级而论在发问的秩序上是第一位的。我们的问题是所有一切真正的，即自身向自身提问的问题的问题。"①

存在问题不仅在地位上具有首要性，而且在其功能、目标和动机上具有优先性，这被海德格尔称之为"存在论优先性"。在这个题目下，海德格尔要谈的是存在问题对于实证科学的奠基关系。因此，"海德格尔所说的存在论的优先性其实就相当于一种存在之主题的科学上的优先性"②。在此，他区分了三个层次的问题：存在问题，其任务在于追问存在的意义；区域存在论，其任务在于阐明那些规定了各个特定的专门领域的存在者之存在样式的基础概念；实证科学，其任务在于探索某一特定的存在者领域，将其主题化为研究对象。

存在问题并不是对最普遍的普遍性所作的一种虚无缥缈的思辨，而是既富有原则性，同时又是最具体的问题。之所以说是最具体的，是因为存在总是某种存在者的存在。在前科学的经验中，存在者全体按照其存在区域被划分为各个特定的专门领域，诸如历史、自然、空间、生命、此在、语言等，并创建出相应的基本概念。对这些特定的专门领域存在者的存在状况进行阐释，并非演绎地构造各种可能方式的存在谱系（即一门各种可能的存在方式的本源的科学），就构成了区域存在论。把各个专门领域中的存在者主题化为研究对象，对存在者之为如此这般的存在者进行考察，于是就产生了各种实证科学。由上述可以清楚地看出，在存在问题、区域存在论和实证科学三者之间存在着依次贯之的奠基关系，海德格尔把它称之为"可能性的先天条件"："存在问题的目标不仅在于保障一种使科学成为可能的先天条件，而且也在于保障那使先于任何研究存在者的科学且奠定这种科学基础的存在论（笔者注：区域存在论）本身成为可能的条件。任何存在论，如果它不曾首先充分澄清存在的意义并把澄清存在的意义理解为自己的基本任务，那么，无论它具有多么丰富多么紧凑的范畴体系，归根到底它仍然是盲目的，并背离

---

① ［德］海德格尔：《形而上学导论》，熊伟、王庆节译，商务印书馆1996年版，第8页。

② ［法］让－弗朗索瓦·马特编著：《海德格尔与存在之谜》，汪炜译，华东师范大学出版社2011年版，第38页。

了它最本己的意图。"①

　　存在问题对于实证科学的根基性，不仅体现在科学产生阶段，而且也体现在科学的运动（发展、进步、危机等方面）上。科学研究所取得的进步，主要不靠收集实证研究的结果，而主要靠对各个研究领域的基本建构提出疑问。也就是说，真正科学的运动是通过修正基本概念的方式发生的。科学的危机实质上是基本概念的危机，也就是科学的存在论基础的危机。"一门科学的所有专题对象都以事质领域为其基础，而基本概念就是这一事质领域借以事先得到领会（这一领会引导着一切实证探索）的那些规定。所以，只有相应地先行对事质领域本身作一番透彻研究，这些基本概念才能真正获得证明和根据。"② 所以在科学发生危机时，就需要把研究工作移置到新基础之上，这个新基础就是科学自己并不十分清楚的对基本概念的修正，以及基本概念产生所依赖的存在的意义。

　　总之，无论正说还是反说，海德格尔论证存在问题在存在论上的优先性的思路是：与实证科学的存在者层次上的发问相比，存在论上的发问要更加原始。而存在论非演绎地构造各种可能方式的存在谱系的任务需对存在的意义先行有所领会。

　　表现在与科学基本概念之关系上的存在论上的优先性还不是存在问题的唯一的优先性，除此之外，它还有存在者层次上的优先性，这个存在者就是"此在"。表面上看，海德格尔在此论证的是"此在对于存在问题的优先性"，实质上，他是借助"此在"这个特定的存在者（故称"存在者层次上"，其实，就此在的存在领会而言也存在着存在者层次和存在论层次之分）论证存在问题对于所有问题的优先性。为什么是"此在"而不是其他存在者？这就需要对"存在问题"本身作一形式结构的分析。任何问题都包含着如下三个构成环节：问之所问（Gefragtes）、问之何所问（Erfragtes）、被问及的东西（Befragtes）。把问题的形式结构落实到存在问题上就表现为：问之所问是存在，问之何所问是存在的意义，被问及的东西就是存在者本身。那么如何确定存在问题中的作为被问及的东西的具有

　　① ［德］海德格尔：《存在与时间》，陈嘉映、王庆节译，生活·读书·新知三联书店 1999年版，第 13 页。

　　② 同上书，第 12 页。

优先地位的存在者呢？海德格尔回答说："这种存在者，就是我们自己向来所是的存在者，就是除了其他可能的存在方式以外还能够对存在发问的存在者。我们用此在（Dasein）这个术语来称呼这种存在者。"① 显然，与一般问题相比，存在问题的独特性在于：其一，问之所问（存在）明显地向后关联到或向前关联到发问活动本身；其二，作为被问及的东西的存在者，同时也是对存在发问的存在者。这也就是说，此在（无论是作为被问及的存在者还是作为进行发问的存在者）置身于存在问题之内，并与存在问题本身有一种关联。这种关联可作如下总体表述：对存在的领会就是此在的存在的规定。从存在者层次上看，这就是此在与其他存在者的不同之处。

我们称此在的存在为"生存"，生存不是现成存在的存在模式，而是存在的可能性，这种生存的可能性是此在的存在随着它被投的存在和通过它投开的存在对它展现的可能性。所谓"被投的存在"是指此在的存在是一个被动的发生，此在被投入这个发生中，因此，此在不得不是它的存在。所谓"投开的存在"是说此在的存在同时也是一个主动的发生，它参与它自身的存在。在这种指向可能性的生存活动中，此在关心并领悟着自己的存在。因为此在存在在世界中，所以，此在同样源始地关心并领悟着其他存在者的存在、存在者整体的存在和存在本身。此在的这种存在领会在两个层面上得以展开，一是存在者层面上的模糊的领悟，因而是前存在论的；二是对存在进行发问，追问存在的意义，这是存在论层面上的清晰的理解，因而是存在论的。论述至此，此在的地位就清楚地显示出来了：此在不仅在存在者层次上具有优先地位，而且在存在论层次上也具有优先地位，因而它是使一切存在论在存在者层次上及存在论上都得以可能的条件。

三　突出地重提存在问题

存在问题如此重要，以致它从古希腊哲学家开始是且其后一直是西方

---

① ［德］海德格尔：《存在与时间》，陈嘉映、王庆节译，生活·读书·新知三联书店 1999年版，第 9 页。

哲学的主要问题。古希腊早期的巴门尼德已开始关注存在问题，在对以"非存在"为对象的"意见之路"和以"存在"为对象的"真理之路"的比较中，他提出"思想与存在同一"的命题，由此他将"存在"确定为哲学的对象。亚里士多德在《形而上学》中，把第一哲学的研究对象规定为"作为存在的存在"或"存在本身"。中世纪的经院哲学把存在问题转化为上帝存在的问题。近代哲学虽发生了所谓的"认识论转向"，但认识论的中心问题还是巴门尼德所提出的思维与存在的同一问题。康德把世界分为"本体世界"与"现象世界"，"现象世界"是思辨理性运用的范围，"本体世界"是实践理性运用的范围。前者构成自然形而上学，后者构成道德形而上学。合二为一，康德要解决的仍然是思维与存在的关系问题。黑格尔的哲学体系包含三个部分：逻辑学、自然哲学、精神哲学；在这个体系中，逻辑学居于核心地位，整个哲学体系不过是逻辑学的展开和回归；而逻辑学就是他的存在论。

虽然存在问题是西方哲学的主题，但在海德格尔看来，自古至今对"存在"的种种成见，造成了对存在问题的耽搁。这些成见包括：①"存在"是最普遍的概念；②"存在"这个概念是不可定义的；③"存在"是自明的概念。海德格尔对这些成见逐一地作了辩驳：存在的"普遍性"不是族类上的普遍性，而是超乎一切族类的普遍性。所以说最普遍的概念并不等于说是最清楚的概念，而毋宁说存在是最晦暗的概念。存在不是存在者，所以说适应于存在者的种加属差的逻辑定义方法不适应于存在。但存在的不可定义性并不取消存在的意义问题，它倒是要我们正视这个问题。说存在是自明的概念，不过是说明了"在对存在者之为存在者的任何行止中，在对存在者之为存在者的任何存在中，都先天地有个谜"。①"自明"这种通常的可理解不过表明了不可理解而已。

总括言之，海德格尔认为西方哲学遗忘了存在，因此他要"突出地重提存在问题"。但存在又有一般存在与特殊存在之分，特殊存在是指存在者的存在，如物的存在、人的存在、观念的存在，等等；不同存在者的存

① ［德］海德格尔：《存在与时间》，陈嘉映、王庆节译，生活·读书·新知三联书店1999年版，第5—6页。

在方式是不一样的，具有多样性。而一般存在指的是存在本身，其存在具有单一性。这种一般存在的单一性使存在者特殊存在的多样性成为可能。显然，海德格尔所追问的是一般存在，因存在的这个"一般"不是存在者的最高的类，所以不能问存在是什么，而只能问存在的意义。

第二节　此在的追问——基础存在论

因为"对存在的领会本身就是此在的存在的规定"①，所以与其他存在者相比，此在在追问存在的意义问题上具有优先地位。这种优先地位在前期海德格尔哲学中具体体现为从"此在"到"一般存在"。因为此在的存在是生存（"此在能够这样或那样地与之发生交涉的那个存在，此在无论如何总要以某种方式与之发生交涉的那个存在，我们称之为生存"②），所以追问此在就是对此在进行生存论的分析。对此在的生存论分析构成了海德格尔的基础存在论。

此在具有两个存在特征：其一，这种存在者的"本质"在于它去存在。"去存在"之"存在"即此在的生存活动本身，进一步说，就是此在存在的种种可能方式和可能性；所以它与"现成存在"、"现成状态"不同。后者表达的是"是什么"（如桌子、椅子、树），这是完成了的；前者表达的是"如何去是"，这是未完成的。"是什么"是其他非此在式的存在者的现成存在方式和存在状态，"如何去是"则是此在的生存方式和生存状况。"去存在"之"去"，首先意味着此在"得去存在"，因为被抛，它不得不存在；其次意味着此在为自己的生存而有所作为。其二，此在存在的"向来我属性质"。此在不是现成存在者族类中的一员和样本，所以这个存在者在其存在中对之有所作为的那个存在，总是我的存在。正因为此在的存在始终是我的存在，所以在它总作为它的可能性来存在的过程中便有了两种存在样式：获得自己本身和失去自己本身；前者是本己性的，后者是非本己性的。

---

① ［德］海德格尔：《存在与时间》，陈嘉映、王庆节译，生活·读书·新知三联书店1999年版，第14页。

② 同上书，第15页。

一 此在的生存结构——在世界之中存在

无论此在的存在样式是本己性的还是非本己性的，抑或是前两种样式未经分化的状态，此在的基本生存结构是——"在世界之中存在"。海德格尔认为此在分析工作的正确入手方式即在于这一建构的解释中。

"在世界之中存在"作为此在的"存在实情"（或"源始状况"）意指一个统一的现象，具有整体性；但这个具有整体性的生存结构又是分成多重环节的——世界、此在（谁?）、在之中。在先行把定了现象整体的前提下，此在的生存论分析可以对各个环节逐个进行研究。

（一）世界之为世界

作为"在世界中存在"这一整体生存结构的一个环节的"世界"，在存在论上绝非那种在本质上并不是此在的存在者的规定，而是此在本身的一种性质，或者说是此在的一种存在方式，而不是指世界之内的现成存在者的存在方式。

1. 此在在日常生活中遇到的世内存在者的存在方式

如何才能踏上世界之为世界这一现象的道路呢? 海德格尔所确立的出发点是此在在世的平均的日常状态（作为此在的最切近的存在方式），即日常在世。"日常在世的存在我们也称之为在世界中与世界内的存在者打交道。"① 作为此在与世内存在者相遇的方式，打交道就是操作着、使用着的"操劳"。在操劳活动中照面的存在者就是用具，用具的存在方式为上手状态或应手性，故又称用具为上手之物或应手之物——上手存在者；与之相对的现成之物——现成存在者——的存在方式则是现成在手或现成性。作为世内存在者的两种存在方式，应手性是在前理论的实践活动中与我们相遇的用具性的存在者的存在方式，而现成性则是在理论认识中给予的存在者的存在方式。两者相比，在存在论上应手性比现成性更为源始。

2. 用具的用具性及其相关性

用具具有用具性。所谓"用具性"就是使一件用具成为用具的东

① ［德］海德格尔:《存在与时间》，陈嘉映、王庆节译，生活·读书·新知三联书店 1999年版，第 78 页。

西，这首先体现为，用具在本质上是一种"为了作…的东西"，灯是为了照明，笔是为了书写，道路是为了行走，房子是为了居住，等等。用具的"为了作…"的存在结构其实质指的是用具自身的"何所用"，有用、有益、合用、方便等都是"为了作…之用"的方式。

其次体现为用具特殊的存在状况——相关性："属于用具的存在的一向总是一个用具整体。只有在这个用具整体中那件用具才能够是它所是的东西。"① 也就是说，用具是什么用具要视这个用具整体而定。例如，书写用具、钢笔、墨水、纸张、垫板、桌子、灯、家具、窗、门、房间，这些物件绝非首先独自显现出来，然后作为实在之物的总和塞满一房间。切近照面的东西是作为整体的居住工具的房间，而其中的家具是从房间方面显示出来的，而家具中才显示出各个零星用具。海德格尔就此得出结论说："用具的整体性一向先于个别用具就被揭示了。"② 也就是说，用具整体性是单个用具的存在论条件。

海德格尔也把用具之间的相关性称之为"依附关系"："用具就其作为用具的本性而言就出自对其他用具的依附关系。"③ "存在结构"："上手之物之为用具，其存在结构是由指引来规定的。"④ "指引"（相关系统）："指引是一种关系。"⑤ "指引网络"，"用具联络"，"因缘"："上手的东西的存在性质就是因缘。因缘中包含着：一事因其本性而缘某事了结。这种'因…缘…'的关联应该由'指引'来指明。因缘乃是世内存在者的存在：世内存在者向来已首先向之开放。存在者之为存在者，向来就有因缘。有因缘，就是这种存在者的存在之存在论规定，而不是关于存在者的某种存在者层次上的规定。因缘的何所缘，就是效用与合用的何所用。随着效用的何所用，复又能有因缘。"⑥ 用具之间的这种相关关系具有整体性，海德格尔称之为"用具整体性"、"指引整体性"、"因缘整体性"、"关

①　［德］海德格尔：《存在与时间》，陈嘉映、王庆节译，生活·读书·新知三联书店1999年版，第80页。

②　同上书，第81页。

③　同上书，第80页。

④　同上书，第87页。

⑤　同上书，第91页。

⑥　同上书，第98页。

联整体"（意蕴）。

3. 世界的存在

①上手事物的指引和组建

上手事物的存在具有指引结构，指引与指引的整体性在某种意义上对世界之为世界具有组建作用。因此之故，在世内存在者身上才能呈报出周围世界的合世界性。根据上手之物的类别和作用方式，可以看出其如何指引并组建着世界。

首先是"工件"的指引。其一，作为生产工具，工件通过自身是否合用让它自己的合用性的"何所用"一起来照面。例如制作鞋是为了穿，装好的表是为了读时，如此等等。这应被理解为工件之间因具有因缘关系而产生的指引。

其二，基于工件构成成分的"何所来"所产生的"质料"的指引，例如锤子、钳子、针等会指向它们由之构成的东西：钢、铁、矿石、木头，如此等等。而这些质料成分会进一步指向处在自然产品的光照中的整个自然，自然因此成为上手之物。

其三，工件通过制造的产品指向承用者和利用者，因为操劳活动所制作的东西就是为人而上手的。而且，承用者和消费者生活于其中的那个世界也随着这种存在者来照面。

其四，以上所述是工件作为操劳所及并且作为合用的存在者通过指引让其合世界性一同映现。但在操劳活动中也会存在用具的短缺、不合用、甚至是阻碍操劳活动的状况，在此在与世内存在者打交道的上述三种残缺样式中，工具的指引联络或中断或发生扰乱。用具因不合用而触目、因短缺而窘迫、因阻碍而腻味，但恰恰因为这样，本应上手事物的合世界性也随之显现出来了。因为"上手事物的日常存在曾是那样不言而喻，乃至我们丝毫未加注意。唯当缺失之际，寻视一头撞进空无，这才看到所缺的东西曾为何上手，何以上手。周围世界重又呈报出来"。①

其次是标志的指引。标志也是一种用具，其用具特性在于显示。在海

_____

① ［德］海德格尔：《存在与时间》，陈嘉映、王庆节译，生活·读书·新知三联书店1999年版，第88页。

德格尔看来，有两种相关系统，一是作为有用性的相关系统，二是作为显示的相关系统。前者如工件，其存在特性在于效用，后者如路标、界石、警标、信号、旗帜等，其存在特性在于显示。有用性是相关系统根本的维度，它决定了用具之为用具。而"显示"只是派生的维度，它在有用性的基础上具体指示"有什么用"。

标志与指引的关系有三重：其一，显示是效用之"何所用"的具体化。这种显示是建立在用具的结构，即用具之为用具的"何所用"之上的，这种显示使它的效用性之"何所用"得以具体化。其二，标志的显示属于用具整体，属于指引联络。也就是说，显示是在一种指引的联系整体中起作用的。其三，标志不仅同其他用具一道上到手头，而且在它的上手状态中，它还清楚地显示作为整体而上手的那种东西的存在论上的结构，即世界。

②此在的先行领会和寻视

作为在世界之中的存在，此在以自我指引的样式先行领会自身，即此在的存在本身。而对在世的领会就是此在对存在的领会的本质内涵。

作为具有效用的上手事物总是有它的"何所用"，而一系列的何所用所构成的因缘整体性归根到底要回溯到一个"何所用"之上。这个首要的"何所用"乃是一种"为何之故"。正是借助于这个对存在本身的先行领悟，此在以"赋予含义"方式来指引关联上手事物。"'为何之故'赋予某种'为了作'以含义；'为了作'赋予某种'所用'以含义；'所用'赋予了却因缘的'何所缘'以含义；而'何所缘'则赋予因缘的'何所因'以含义。那些关联在自身中勾缠联络而形成原始的整体，此在就在这种赋予含义中使自己先行对自己的在世有所领会。"①"赋予含义"其实质也就是"了却因缘"，即让事物应手相关："在某种实际操劳活动中让一个上到手头的东西像它现在所是的那个样子存在，让它因此能像那个样子存在。"②

在与事物打交道的过程中，此在的"赋予含义"或"了却因缘"

① ［德］海德格尔：《存在与时间》，陈嘉映、王庆节译，生活·读书·新知三联书店1999年版，第102页。

② 同上书，第99页。

都触及到了世界现象："而此在在其中先行领会自身的'何所在'，就是先行让存在者向之照面的'何所向.'作为让存在者以因缘存在方式来照面的'何所向'，自我指引着的领会的'何所在'，就是世界现象。而此在向之指引自身的'何所向'的结构，也就是构成世界之为世界的东西。"①

在先行领会自身存在和世界现象的基础上，此在与世内存在者打交道必定服从目的相关系统，海德格尔把这种适应事物的看叫作"寻视"（统观）。"寻视"所看到的首先是作为关联整体的意蕴，而意蕴就是构成了世界的结构的东西，是构成了此在之为此在向来已在其中的所在的结构的东西。

③世界的先行开展

由上述用具整体性对于单个用具的在先性可以看出，用具整体的因缘关系构成了我们与存在者相遇的境域，存在者就在此境域中向我们显现。对于存在者而言，作为境域的世界已经先行开展，"世界本身不是一种世内存在者。但世界对世内存在者起决定性的规定作用。从而唯当'有'世界，世内存在者才能来照面，才能显现为就它的存在得到揭示的存在者"。② "如此这般亮相的东西并不是种种上手事物中的一种，更不是根基于上手用具的在手事物。它先于一切确定和考察，就在'此'之中。只要寻视始终面向存在者，寻视就无路可通达它本身；但它却向来已经对寻视展开了。"③ 对于此在而言，这个先行开展的世界就是此在作为存在者向来已曾在其中的"何所在"，是此在无论怎样转身而去，但纵到海角天涯也还不过是向之归来的"何所向"。

4. 周围世界：意蕴、自在、空间

由上手事物指引和组建、此在先行领悟和寻视、且自身已先行开展了的世界，既不是指共同世界，也不是指主观世界，而是指一般世界之为世界。对海德格尔来说，这就是日常此在的最切近的周围世界。

---

① ［德］海德格尔：《存在与时间》，陈嘉映、王庆节译，生活·读书·新知三联书店1999年版，第101页。

② 同上书，第85页。

③ 同上书，第88页。

　　①意蕴与实体

　　从前述来看，周围世界就是世内存在者之间的指引联络的关联整体——意蕴，而意蕴就是由首要的"为何之故"指引出的上手事物的"何所用"构成的意义关系。海德格尔显然意识到了如此规定周围世界的问题："我们就这样把上手事物的存在（因缘）乃至世界之为世界本身规定为一种指引联络。这样一来，我们岂不是使世内存在者的'实体存在'消失在一种关系系统中了？既然关系总是'想出来的东西'，世内存在者的存在岂不就消解到'纯思'中去了。"① 事物之间的意义关系与事物的实体显然不是一回事情，那么如何理解两者之间的统一性呢？海德格尔的回答是："作为世界之为世界的组建因素，这种'关系系统'也根本不曾把世内上手事物的存在挥发掉，而且恰恰是由于世界之为世界，这种存在者才能就其'实体的''自在'得到揭示。"②

　　由此可以看出，周围世界不仅存在着意蕴，而且存在着事物实体的自在。在此，意蕴就成了构成"世界的结构的东西"。借助于对上手事物意蕴与实体的统一性的揭示，海德格尔让我们看到了作为世界构成要素的空间，以及空间如何组建着周围世界。

　　②周围世界的周围性

　　周围世界的周围性和周围情况已经显示了自身所具有的空间性。正是在空间性的意义上，海德格尔把世界现象规定为此在在其中先行领会自身的"何所在"和先行让存在者向之照面的"何所向"。周围世界的空间性首要地由此在的空间性得以规定，其次由上手事物的空间性得以显示。

　　此在本身在本质上就具有空间性。此在的空间是生存性空间，在世界之中存在是此在之有空间性的可能性条件，此在之"此"就是此在在世的展开状态，"此"本身就包含了空间之义："本质上由在世组建起来的那个存在者其本身向来就是它的'此'。按照熟知的词义，'此'可以解作'这里'与'那里'。一个'我这里'的'这里'总是从一个上到手头的'那里'来领会自身的；这个'那里'的意义则是有所去远、有所定向、

────────────

　　① ［德］海德格尔：《存在与时间》，陈嘉映、王庆节译，生活·读书·新知三联书店1999年版，第103页。

　　② 同上。

有所操劳地向这个'那里'存在。此在的生存论空间性以这种方式规定着此在的'处所'；而这种空间性本身则基于在世。'那里'是世界之内来照面的东西的规定性。只有在'此'之中，也就是说，唯当作为'此'之在而展开了空间性的存在者存在，'这里'和'那里'才是可能的。这个存在者在它最本己的存在中秉有解除封闭状态的性质。'此'这个词意指着这种本质性的展开状态。通过这一展开状态，这种存在者（此在）就会同世界的在此一道，为它自己而在'此'。"①

此在以何种方式具有空间性？从反面看，此在从不像一件实在的物或用具那样现成地存在在现成的空间中，也就是说，此在不是以"在之内"的方式存在在空间中；从正面看，此在是以"在之中"的方式存在在空间中；所以说，此在的空间性就是"在之中"的空间性。"在之中"的空间说的是此在在世界之中生存所占取并整理的空间。此在占取空间、整理空间的具体方式是去远和定向，而由此获取的空间其具体显现形态则是位置（Platz）和场所（Gegend）。所谓"去远"，就是作为具有生存论性质的去某物之远而使之近，即带到近旁的活动。此在作为有所去远的"在之中"同时具有定向的性质。所谓"定向"，即"使位于……"的活动，此在始终随身携带着的上、下、左、右、前、后这些方向都源自这种定向活动。定向包含了此在为自己定向、给某物定向，通过定向而揭示场所，或者说向着一定场所定向，被去远的东西就从这一方向而来接近，以便我们就其位置发现它。总括去远和定向两者，可以说寻视操劳活动就是制定着方向的去远活动。所谓"位置"，是世内上到手头的东西的空间规定性，它由方向与相去几许构成。具体地说，位置就是各个用具在用具联络整体中通过互为方向和相去几许而确定的各属其所的"那里"与"此"。每一各属其所都同上手事物的用具性质相适应，同以因缘方式隶属于用具整体的情况相适应。因此，位置不可解释为物的随便什么现成存在的"何处"或"地点"。所谓"场所"（Gegend），就是使用具在联络整体中各属其所并向之归属的"何所往"，是用具联络的位置整体性的"何所在"，是由关

<hr />

① ［德］海德格尔：《存在与时间》，陈嘉映、王庆节译，生活·读书·新知三联书店1999年版，第154页。

联（意指）整体借寻视活动先行揭示出来的环围和视界。场所的实质在于，它就是日常此在最切近的"周围世界"的空间规定性。但这个周围世界并不以实存的方式存在，而是表现为此在当下地与一个个上手事物寻视地照面，而随着事物的上手，周围世界的空间规定性——场所也一道展开。因此，位置与场所展现为部分与整体的动态关系，位置由场所决定，场所是委任各种位置的必要条件。海德格尔说："此在的操劳活动先行揭示着向来对它有决定性牵连的场所。这种场所的先行揭示是由因缘整体性参与规定的，而上手事物之来照面就是向着这个因缘整体性开放出来。"①

（二）日常状态中的此在

探讨分析作为"在世界中存在"这一整体生存结构的一个环节的此在，首需问及的问题是——此在为谁？对这一问题的回答会随着"着手点"的不同而有不同的答案，海德格尔选取的着手点是"生存"，而且是日常在世的生存。

1. 他人的存在——共同此在

此在日常在世就是操劳着与世内存在者打交道，但作为用具的承用者和利用者或作为用具材料的制造者和供应者，也会随这种寻视操劳所及的东西一同照面。这也就是说，他人是从周围世界来照面的，因此，周围世界也是此在与他人的共同的世界。在这世界内部，其他的人已经始终在显示。

作为一种存在者，他人的存在方式"不仅根本和用具与物有区别，而且按其作为此在本身存在这样一种存在方式，它是以在世的方式'在'世界中的，而同时它又在这个世界中以世界之内的方式来照面。这个存在者既不是现成的也不是上手的，而是如那有所开放的此在本身一样——它也在此，它共同在此"②。海德格尔把他人的世界之内的自在存在称之为"共同此在"。

2. 共同存在

尽管此在概念没有复数，但在此确实出现了自己的此在和其他此在的

---

① ［德］海德格尔：《存在与时间》，陈嘉映、王庆节译，生活·读书·新知三联书店1999年版，第121页。

② 同上书，第137页。

关系，这就涉及如何理解"他人"的问题。"他人并不等于说在我之外的全体余数，而这个我则从这全部余数中兀然特立；他人倒是我们本身多半与之无别、我们也在其中的那些人"①。从这里可以看出，他人并不是指一个个具体的活生生的人，而是指此在的一种存在要素，此在内在地有这个结构，此在本质上就是共在。"即使他人实际上不现成摆在那里，不被感知，共在也在生存论上规定着此在。此在之独在也是在世界中共在。他人只能在一种共在中而且只能为一种共在而不在。独在是共在的一种残缺样式，独在的可能性恰是共在的证明。"②

正因为此在具有共在的本质结构，所以在日常在世的生存中，此在才能与他人相遇照面，并形成"操持"的存在关系方式。作为此在的一种存在建构：操持既与此在的向着操劳所及的世界的存在相关联，同样也与向着此在本身的本真存在相关联。与此在的向着操劳所及的世界的存在相关联，操持所表现出的积极的极端可能性模式是"代庖"。代庖由顾视（顾及）所指引，揭示出他人此在和共同从事的东西，为他人而把有待操劳之事揽过来。在这样的操持中，他人完全脱卸其事，因而可能变成依附者或被控制者。与此在的本真存在相关联，操持所表现出的又一积极的极端可能性模式是"表率"。表率由顾惜（宽容）所指引，把操心真正作为操心给回他人。在涉及他人生存而不涉及他人所操劳的什么的这种操持中，揭示出他人的本真生存。

因为海德格尔论此在为谁的着手点是日常在世，所以与此对应，此在首先与通常是在操持的残缺和淡漠样式中行事的。这包括互相怂恿、互相反对、互不需要、陌如路人、互不关己、不管不顾、熟视无睹，等等。

世界之为世界曾被解释为用具意蕴的指引整体，意蕴的指引联系固定于此在对其最本己的存在的存在之中，这被理解为最首要的根本的"为何之故"。由于他人作为共在也参与构成意蕴和世界之为世界，所以此在本身的"为存在之故"在共在这里就体现为生存论上的"为他人之故"。为他人存在就是为此在自己存在。因此，共同存在是在世的生存论组建因素

---

① ［德］海德格尔：《存在与时间》，陈嘉映、王庆节译，生活·读书·新知三联书店 1999年版，第 137 页。

② 同上书，第 140 页。

之一。

3. 日常自己存在

此在为谁？按此在向来我属的存在性质，此在的存在一向是我的存在，此在就是我自己一向所是的那个存在者，这是为本己所掌握了的自己。但日常此在的这个"谁"却恰恰不是它本身。理解这一点的关键在于此在日常生存的状态、特点和方式。

在日常生活中，自己的此在正和他人的共同此在一样，首先与通常是从周围世界中所操劳的共同世界来照面的。此在既消散于所操劳的世界，同时也消散于与他人共在的世界。这样的共处同在把本己的此在完全消解在"他人的"存在方式中。"消散"或"涣散"标志着以这种方式存在的"主体"的特点："我"并不首先存在，首先存在的是以常人方式出现的他人。

他人是谁？他人是共同此在。作为共同此在的他人不是确定的他人，而是那些在日常共处中首先与通常"在此"的人们。因此，每个人都是他人，而没有一个人是他人本身，这是由他人作为共同此在的存在性质"庸庸碌碌"所决定了的。如此描述的他人显然是还没有发现自身或者已经失去自身的他人，做如此判断的理由是否可这样理解："他人作为他们所是的东西在周围世界被操劳的东西中来照面，他们是他们所从事的东西。"①海德格尔把他人称之为常人："这个谁不是这个人，不是那个人，不是人本身，不是一些人，不是一切人的总数"，从"不是"的角度讲，这个常人恰恰是无此人。这说明，这个"谁"是个中性的东西：常人。

但不能把常人理解为现成的存在，也不能把常人看作是像漂浮在许多主体上面的"一般主体"这样的东西。常人不是个别的此在的类，也不是可以在这个存在者身上找到的一种常驻的现成性质。常人是此在的一种存在方式：共处同在，庸庸碌碌，平均状态，平整作用，公众意见，卸却存在之责，迎合此在，等等。

既然日常此在自己与作为常人的他人共处，那么他人或常人就构成了

---

① ［德］海德格尔：《存在与时间》，陈嘉映、王庆节译，生活·读书·新知三联书店1999年版，第146页。

对日常自己的独裁和统治。此在"处于他人可以号令的范围之中。不是他自己存在；他人从它身上把存在拿去了。他人高兴怎样，就怎样拥有此在这各种日常的存在可能性"。① 作为常人的他人展开了它的真正的独裁："常人怎样享乐，我们就怎样享乐；常人对文学艺术怎样阅读怎样判断，我们就怎样阅读怎样判断；竟至常人怎样从'大众'抽身，我们也就怎样抽身；常人对什么东西愤怒，我们就对什么东西'愤怒'。"② 尽管这个常人是无此人，然而一切此在在共处中总已经听任这个无此人摆布了。

因为这种与他人共处的关系，尤其因为此在作为共在的存在方式。本己此在的自我没有发现自身或者已经失去自身。结果竟是这样：日常生活中的此在自己就是常人自己。一作为常人自己，任何此在就涣散在常人中了。因为我首先是从常人方面而且是作为这个常人而被给予我自己的。

虽然常人以非自立状态与非本真状态的方式而存在，但不应因此把常人看作是此在的生存缺陷。情况恰恰是，常人是一种生存论环节并作为源始现象而属于此在之积极状态。正如海德格尔在另一处地方所说的："此在的非本真状态并不意味着'较少'存在或'较低'存在。非本真状态反而可以按照此在最充分的具体化情况而在此在的忙碌、激动、兴致、嗜好中规定此在。"③ 就本真存在与非本真存在的关系来看："本真的自己存在并不依栖于主体从常人那里解脱出来的那样一种例外情况；常人在本质上是一种生存论上的东西，本真的自己存在是常人的一种生存变式。"④

（三）"在之中"之为"在之中"

"在之中"不是指一现成东西在另一现成东西"之中"的那种现成的"之内"，也不是指现成主体的一种性质；"在之中"指的是此在的本质性的存在方式，一种存在建构，它具有一种生存论性质，而非范畴性质。

"在之中"就是此之在；"'此'这个词意指着这种本质性的展开状

---

① ［德］海德格尔：《存在与时间》，陈嘉映、王庆节译，生活·读书·新知三联书店1999年版，第147页。

② 同上。

③ 同上书，第51页。

④ 同上书，第151—152页。

态。通过这一展开状态，这种存在者（此在）就会同世界的在此一道，为它自己而在'此'"。① 此在就是它的展开状态。

此在去是它的"此"有两种同等源始的方式：现身与领会，而现身与领会同等源始地由话语加以规定。所以现身、领会和话语构成了"此的生存论建构"。这可以看作是"在之中"的一种方式。而另一种方式则与日常在世的操劳和操持相关联，闲言、好奇和两可标画并展露出日常存在的此在之沉沦。前者是此在的本真存在状态，后者是此在的非本真存在状态。

1. 此的生存论建构

①存在论的现身情态

A. 情绪作为生存论现象的此在之此的结构

此在存在着，但它是以情绪的源始方式存在着。海德格尔把此在去是它的此的情绪状况称之为"现身情态"："我们在存在论上用现身情态这个名称所指的东西，在存在者层次上乃是最熟知和最日常的东西：情绪；有情绪。"② 但需注意的是，这里所谓"情绪"是指作为一种基本生存论现象的情绪，而不是作为心理现象的情绪。作为生存论—存在论现象，情绪是此在的结构要素；而作为心理现象的情绪，它是心理学研究的对象。"这当然不是说在海德格尔眼里有两种情绪，而是我们可以用不同的方式来看待情绪，既可以用生存论—存在论方式，也可以用心理学方式。情绪首先是作为生存论现象，而不是心理学的对象出现的。……情绪是此在之此的结构，此在因情绪而有它的此，有它揭示世界和事物的可能性。……此在之此，就是事物得以揭示的领域。事物和世界首先是在情绪中向我们揭示的。"③ 情绪首先是此在的存在条件，此在总是在情绪中，而不是情绪是此在中的一种流动经验。情绪作为此在的源始存在方式先于一切认识和意志，且超出二者的展开程度而对它自己展开了。

现身情态具有如下存在论性质。

---

① ［德］海德格尔：《存在与时间》，陈嘉映、王庆节译，生活·读书·新知三联书店1999年版，第154页。

② 同上书，第156页。

③ 张汝伦：《〈存在与时间〉释义》（上），上海人民出版社2012年版，第393页。

B. 此在被抛状况的开展

此在存在的被抛状况与情绪的关系构成了现身情态的第一项存在论性质："现身在此在的被抛状况中开展此在，并且首先与通常以闪避着的背离方式开展此在。"①

此在存在着，但这个存在着是"它在且不得不在"，这个"它存在着"是这一存在者被抛入它的此的被抛境况。所谓"被抛境况"指的是，作为在世存在的此在就是它的此，"被抛"就是说这个此不是此在所能决定的，它被交付给了这个"此"。约瑟夫·科克尔曼斯就此评论说："人不是要去存在，也不是已经自由地选择了去存在，而是人存在。对于人来说，他的存在似乎是一种'被抛的'存在；人似乎是被抛到事物之中的。"② 总而言之，此在被托付给了自己的存在，这就是海德格尔所说的被抛状况指的是"托付的实际情形"的意思。

此在被托付给了自己的存在，就是说存在是此在不得不承受的负担。于是存在作为一种负担公开出来了。因此此在带着情绪现身于它的被抛境况中：在情绪中，此在被带到它的作为"此"的存在的面前来了，"此之在"在其"它存在着"之中以情绪方式展开了。

当然这种存在的情绪不是通过观望被抛境况开展的，它是作为趋就和背离开展的。作为"趋就"是指此在在情绪的境域中才能直面它的存在，情绪与存在是先天地搅在一起了。作为"背离"，是指此在在日常生活中不是回避存在问题，就是以存在者问题来代替存在问题的那些情绪状态。

C. 整个"在世界之中"的当下开展

情绪展示的整体性构成了现身情态的第二项存在论性质："情绪一向已经把在世作为整体展开了，同时才刚使我们可能向着某某东西制定方向。"③

存在论情绪要比通过内省发现的摆在那里的现成的"体验"或"灵

① ［德］海德格尔：《存在与时间》，陈嘉映、王庆节译，生活·读书·新知三联书店1999年版，第159页。
② ［美］约瑟夫·科克尔曼斯：《海德格尔的〈存在与时间〉》，陈小文、李超杰、刘宗坤译，商务印书馆1996年版，第169页。
③ ［德］海德格尔：《存在与时间》，陈嘉映、王庆节译，生活·读书·新知三联书店1999年版，第160页。

魂状态"更为源始，所以，它在此在无所反省地委身任情于它所操劳的世界之际袭击此在。情绪既不是从外也不是从内到来的，而是作为在世的方式从这个在世本身中升起来的。而在世是一整体结构。世界是此在在其中的先行开展了的意蕴整体，所以"情绪一向把在世作为整体展开"，其中要素如世界、共同此在（他人）和生存（在其中）同样源始地以情绪的方式展开。此谓情绪展开的整体性。

情绪的展开也具有方向性。如前所述，世界不仅仅是意蕴整体，而且具有空间性。世界的空间性由此在的空间性得以规定，由上手事物的空间性得以显示。"'此'可以解作'这里'与'那里'。一个'我这里'的'这里'总是从一个上到手头的'那里'来领会自身的；这个'那里'的意义则是有所去远、有所定向、有所操劳地向这个'那里'存在。此在的生存论空间性以这种方式规定着此在的'处所'；而这种空间性本身则基于在世。'那里'是世界之内来照面的东西的规定性"①。场所就是此在所置身的周围世界，位置就是通过定向和去远活动安置世内存在者的地方。显然，对于世内存在者的定向必定受到在世整体的情绪展示的渗透和影响。

D. 世内存在者的牵连性

此在在操劳中与之打交道的事物与情绪的关系构成了现身情态的第三项存在论性质："从存在论上看，现身中有一种开展着指向世界的状态，发生牵连的东西是从这种指派状态方面来照面的。"②

此在为什么会与世内存在者发生牵连？因为世界是由上手事物的指引与指引的整体性组建起来的。因此之故，在世内存在者身上才能呈报出周围世界的合世界性。既然现身中有一种开展着指向世界的状态（作为先行），因此，此在之存在必然在这种指派状态中与事物发生牵连——相遇和照面。这种与事物的相遇在整体方向上是先天的、被决定了的，也就是说它并不取决于此在的抉择与否。上手事物的无用、阻碍、威胁等恰恰表明了这一点。

---

① ［德］海德格尔：《存在与时间》，陈嘉映、王庆节译，生活·读书·新知三联书店 1999 年版，第 154 页。

② 同上书，第 161 页。

这种在世界之中与事物相遇的"可发生牵连的状态"奠基在情绪之中。"是现身情态把世界向着可怕等等展开了。只有现身在惧怕之中或无所惧怕之中的东西,才能把周围世界上手的东西作为可怕的东西揭示出来。现身的有情绪从存在论上组建着此在的世界的敞开状态。"①

如果我们综合考察上述现身情态所具有的存在论性质,可以确定的一点是,情绪在此在被抛境况中的展开具有核心的地位和作用。海德格尔对现身情态的总体概括是:"此在被抛向、被指派向随着它的存在总已展开了的世界。现身不仅在这种被抛境况和指派状态中开展此在;而且现身本身就是生存论上的存在方式。此在以这种方式不断把自己交付给'世界',让自己同'世界'有所牵涉;其方式是此在以某种方式逃避自己。"② 由以上的论述就可以理解为什么海德格尔把基本的现身情态规定为"畏"。

②原初的领会

A. 领会源始地构成此之在

领会源始地构成此之在,它是此在存在的基本样式。领会与情绪这两种此在的结构要素是相互联系着的。一方面,就情绪以某种特定的方式展示世界而言,它也是有领会的,所谓"现身向来有其领会";另一方面,领会也总是已经被情绪定了调了,所谓"领会总是带有情绪的领会"。海德格尔不否认领会可以有种种认识方式的意义,但它们必须一道被解释为源始的领会的衍生物。所谓"源始的领会"就是此在"在世界之中"的展开状态。

B. 领会与此在的可能性

此在就是它的可能性。这种可能性既有别于逻辑上的可能性,也有别于现成事物的可能性,也不是通常与现实性相对立的可能性。它是作为生存论环节的可能性,这种可能性是此在的最源始最积极的存在论规定性,没有可能性就没有此在。因为此在不是一个已经完成的存在者,而是正在存在。此在如何是其可能性,它就如何存在。

存在论上的可能性包含着两个方面,一方面此在是彻头彻尾被抛的可

① [德]海德格尔:《存在与时间》,陈嘉映、王庆节译,生活·读书·新知三联书店1999年版,第160页。

② 同上书,第162—163页。

能性；另一方面此在是委托给它自身的可能之在。作为被抛的可能性，是指它向来已经陷入了某些可能性，它所标明的是一般存在对此在的制约关系。作为委托给它自身的可能之在，指的是它如何展开它的可能性，抓住、舍弃、滑过、抓错等都是这些展开它的可能性的方式。总之，在海德格尔看来，此在是自由地为最本己的能在而自由存在的可能性。

领会与此在可能性存在的关系表现为：此在"对这样去存在或那样去存在总已经有所领会或无所领会，此在'知道'它于何处随它本身一道存在"。这就是说，领会属于此之在，而这个此之在本质上就是领会。

C. 领会的筹划结构

领会具有整体性，即它始终关涉到"在世界之中存在"的整个基本建构，因此领会总是突入对于"为何之故"、"在之中"、"世界"、"世内存在者"等诸因素及其诸种可能性之中。其根据在于，领会本身具有"筹划"的生存论结构。所谓"筹划"就是展示、开展、投开之意。总之，"领会作为筹划是这样一种存在方式——在这种方式中此在恰恰就是它的种种可能性之为可能性"。① 如此，结果竟是这样："此在不断地比它事实上所是的'更多'。但它从不比它实际上所是的更多，因为此在的实际性本质上包含有能在。然而此在作为可能之在也从不更少，这是说：此在在生存论上就是它在其能在中尚不是的东西。"②

就筹划的性质来看，原初的领会包含着一定的观点——此在的视。它包括操劳活动的寻视，操持的顾视，以及对存在本身的视；而那个首要的和整体地关涉到生存的视，我们称之为透视，透视贯透在世的所有本质环节来领会掌握在世的整个展开状态。所谓"视"就是带着观点（领会）的看，因此说"视"首先植根于领会。

就此在的能在、领会和筹划的关系看，可作如下表述："'此'展开在领会中，这本身就是此在能在的一种方式。此在向着为何之故筹划它的存在，与此合一地也就是向着意蕴（世界）筹划它的存在。在这种被筹划的状态中，有着一般存在的展开状态。在向可能性作筹划之际，已

---

① ［德］海德格尔：《存在与时间》，陈嘉映、王庆节译，生活·读书·新知三联书店1999年版，第169页。

② 同上书，第170页。

经先行设定了存在之领会。存在是在筹划中被领会的，而不是从存在论上被理解的。"①

D. 领会与解释

何谓解释？植根于领会的基础上，把领会中所筹划的可能性整理出来，这就是解释。所谓"整理出来"，是指领会筹划活动本身使自己成形。当然，这个"整理出来"、"这个成形"还不是认知，它仍然是此在生存的一种可能性，更准确地说是意义的可能性，换言之，此在使它的存在具有意义。使存在具有意义并不是说把一种含义抛到赤裸裸的现成事物头上，而是说"随世内照面的东西本身一向已有在世界之领会中展开出来的因缘；解释无非是把这一因缘解释出来而已"。②

"作为"组建着解释：周围世界是一个意义世界，这个意义世界具有因缘整体性。世内存在者如何指引组建着周围世界，它也就如何指引组建着因缘整体。海德格尔就此得出的结论是："作为"组建着解释。"作为"指的是上手事物的用途，"某某东西作为某某东西"就是具体事物的作为结构。存在者的作为结构表明，没有存在者本身，有的只是作为什么的存在者。"寻视地解释着和周围世界的上手事物打交道，这种活动把上手的东西'看'作为桌子、门、车、桥，这种打交道不必同时以进行规定的命题来分解寻视着加以解释的东西。对上手事物的一切先于命题的、单纯的看，其本身就已经是有所领会、有所解释的。"③ 把"某某东西作为某某东西"看就是在对存在者的意义作出解释，把存在者的"何所用"通过指引联络构成因缘整体，这就是"以接近存在者的方式把领会的东西分环勾连"。从具体存在者的"用"到一系列存在者之间的"何所用"、"何所来"所联结的因缘，再到构成意义世界的因缘整体，都是此在本身之能在、领悟、筹划和解释的体现。

解释具有先行结构：从单个事物的作为结构到事物存在境域的作为结构，这被称之为"作为组建着解释"；而反过来，对单个事物的作为结构

---

① ［德］海德格尔：《存在与时间》，陈嘉映、王庆节译，生活·读书·新知三联书店1999年版，第172页。

② 同上书，第175页。

③ 同上书，第174页。

的理解又必须依靠用具整体性的作为结构。因为用具的整体性一向先于个别用具就被揭示了。这被称之为解释的先行结构:"把某某东西作为某某东西加以解释,这在本质上是通过先行具有、先行视见与先行掌握来起作用的。解释从来不是对先行给定的东西所作的无前提的把握。……任何解释工作之初都必然有这种先入之见,它作为随着解释就已经'设定了的'东西是先行给定的,这就是说,是在先行具有、先行视见和先行掌握中先行给定的。"① "先行具有"指的是事物已经被领会了的因缘整体性;"先行视见"指的是对被领会了的但还隐绰未彰的东西(因缘整体性)的占有所需要的一种眼光,也就是前述所谓原初领会的观点——视,包括操劳的寻视、操持的顾视、此在生存的透视。它的作用在于瞄着某种可解释状态,拿在先有中摄取到的东西开刀;"先行掌握"指的是先概念。总之,先行具有、先行视见、先行掌握之"先"不是指一般先验哲学那里形式的"先天"和逻辑在先的意思,而是指它们本质上构成了解释的基础。"解释所揭示出来的东西就是这样一个事实:解释总是已经奠基在某种力图把握我们感兴趣的对象的具体概念活动中。我们以这种或那种具体的方式来理解这个对象(我们的前概念),这种方式本身又奠基在某种对我们与这个对象相遭遇的具体领域的认识中(我们的前见),反过来,这种方式最终被嵌入具体的因缘整体中(我们的前有)。"②

意义问题:由上述可以看出,在领会与解释中存在着两个结构,即作为领会的"先"结构和作为解释的"作为"结构。在这里所引出的问题是:"那个能够作为领会的'先'结构和作为解释的'作为'结构映入眼帘的东西,是不是本来已经提供出一种统一的现象。"③ 这个问题涉及了对意义的理解。

什么是意义?传统哲学,尤其是现代语言哲学把意义看作是语词或命题的内涵,但海德格尔根本拒绝这种理论,他认为词义是意义的一种派生

---

① [德]海德格尔:《存在与时间》,陈嘉映、王庆节译,生活·读书·新知三联书店1999年版,第176页。

② [英]S.马尔霍尔:《海德格尔与〈存在与时间〉》,亓校盛译,广西师范大学出版社2007年版,第101页。

③ [德]海德格尔:《存在与时间》,陈嘉映、王庆节译,生活·读书·新知三联书店1999年版,第176页。

形式。"意义是某某东西的可领会性的栖身之所。在领会着的展开活动中可以加以分环勾连的东西,我们称之为意义。"① 某某东西作为某某东西具有可领会性,意义就是领会所置身的地方,这个地方就是"作为结构"。而另一方面,"先行具有、先行视见及先行掌握构成了筹划的何所向。意义就是这个筹划的何所向,从筹划的何所向方面出发,某某东西作为某某东西得到领会。只要领会和解释使此在的生存论结构成形,意义就必须被领会为属于领会的展开状态的生存论形式构架"。② 由先行具有、先行视见和先行掌握所构成的筹划的何所向是此在生存的境域,这个境域就是作为领会的先结构。存在者在此境域中通过解释而被领会为如此这般的存在者,"如此这般的存在者"就是解释的"作为结构"。所谓"分环勾连",是作为结构的分环勾连;所谓"生存论形式构架",是此在在世存在的境域性意义展示。由此看出,意义的根据最终在于存在,意义就是存在的表现。

显然,两种结构之间存在着循环论证。但这不是恶性循环,海德格尔认为决定性的不是从循环中脱身,而是依照正确的方式进入这个循环。"领会中的'循环'属于意义结构,意义现象植根于此在的生存论结构,植根于有所解释的领会。为自己的存在而在世的存在者具有存在论上的循环结构。"③ 这就是说,解释的循环在于此在的存在所具有的循环结构,进入这个循环的正确方式就是领会理解此在的存在。因为此在的存在本身就是理解存在。

③话语

A. 话语作为此在之"此"(展开状态)的源始生存论环节

海德格尔将现身和领会看作是组建此在去是它的"此"的两种同等源始的方式,同时也把现身与领会看作是构成此在之"此"的结构要素。显然,话语被排除在这两者之外。那么应当如何理解话语与"在此"的关系呢?

这首先要看话语与现身和领会的关系:"现身与领会同等源始地由话

----

① 〔德〕海德格尔:《存在与时间》,陈嘉映、王庆节译,生活·读书·新知三联书店 1999 年版,第 177 页。

② 同上。

③ 同上书,第 179 页。

语加以规定","话语对于此之在即现身与领会具有构成作用"。"构成"使现身和领会得以在,"规定"就是按照含义来分环勾连情绪和领会,使其展开,此在之"此"因此具有了可理解性。这说明情绪和领会是话语式的情绪和领会,而话语则是情绪和领会式的话语。因此才可以说"话语同现身、领会在生存论上同样源始"。约瑟夫·科克尔曼斯对此评论说:"作为此在存在的一种生存论组成部分,言谈指的是让领会所筹划的东西被看到的能力。正是通过言谈,意义整体才得以形成言词。作为意义整体的世界,是由'领会'这一生存论的组成部分所筹划的;'言谈'这一生存论的组成部分是通过在生存论的情境中让各种意义被看这种方式而将意义整体清楚地表达出来的能力。"①

其次要看话语与语言的关系:"语言的生存论存在论基础是话语","把话语道说出来即成为语言。因为在语言这一言词整体中话语自有它'世界的'存在。于是言词整体就成为世内存在者,像上手事物那样摆在面前。"② 把话语加以表达便成为具有言词的整体性的语言,这是存在者层次上的形式意义的语言,它可以像用具一样被使用,也可以现成存在;而话语则具有生存论性质,它不是存在者,它的存在方式是世界性的。

现在我们就能看清楚话语与此在之"在此"的关系:"话语是此的可理解性的分环勾连,展开状态则首先由在世来规定";"话语按照含义来分环勾连的是此在的展开状态"。因此,我们将这种关系表述为:话语作为此在之"此"(展开状态)的源始生存论环节。

B. 话语本身的结构

"话语包含有如下构成环节:话语的关于什么(话语所及的东西);话语之所云本身;传达和公布。……话语之为话语,必然一向处在上述诸结构的整体性中。"③ 这说明建构话语的要素有三:第一,话语所及的东西。话语的"关于什么"之所指包含着所指向的事物和意义,或者说是根

---

① 〔美〕约瑟夫·科克尔曼斯:《海德格尔的〈存在与时间〉》,陈小文、李超杰、刘宗坤译,商务印书馆1996年版,第182页。
② 〔德〕海德格尔:《存在与时间》,陈嘉映、王庆节译,生活·读书·新知三联书店1999年版,第188页。
③ 同上书,第190页。

据意义分解出来的说话者行为的目的所向。所以在像命令、愿望、说情等言语行为中，尽管可能没有具体的对象，但都有它们的"关于什么"。话语之所以必然具有这一结构环节，是因为此在在世这一基本建构所形成的。第二，话语之所云本身。它指的是话语行为本身，它表现为语言上的各种指标如声调、抑扬、言谈的速度、道说的方式，等等。这些指标看起来似乎是言说者的内部表现，实际上恰恰是此在作为在世的存在已经有所领会地在"外"了，是此在当下的现身（情绪）方式。第三，传达和公布。传达不是指存在者层次上的把某些体验从这一主体内部输送到另一主体内部这类事情，而是指在广泛的存在论意义上的对此在作为共在的生存情态和可理解性的分享。只不过在话语中，共在以形诸言辞的方式被分享着。当然首先是公布，公布就是道出："在话语之所云中得到传达的一切关于某某东西的话语同时又都具有道出自身的性质。此在通过话语道出自身。"① 在此，道出自身，重点在"道出"。

话语本身为什么具有这样一些构成要素或环节？其根据在此在的存在。"它们并不是一些仅仅凭借经验敛在一起的语言性质，而是植根于此在的存在建构的生存论环节。从存在论上说，唯有这些东西才使语言这种东西成为可能。……话语之为话语，必然一向处在上述诸结构的整体性中。"② 这个整体性就是此在的存在。

C. 话语结构的存在论生存论整体及其组建作用

至此为止，我们所谈论的还仅仅是话语本身的结构，如果停留在对这些环节论述上，我们就不能把握话语的本质。我们必须回到话语结构的存在论生存论整体性上来，在此基础上我们才能看清楚话语对于此在存在的组建作用。

话语结构的整体性不在话语本身的结构，而在此在的存在。从此在存在的整体性，我们发现了上述话语结构中包含着的但还未出现的两个因素：听和沉默。听与沉默是话语的两个生存论可能性。

此在之所以"言"并"能言"，是因为有人"听"并"能听"，"听"

① ［德］海德格尔：《存在与时间》，陈嘉映、王庆节译，生活·读书·新知三联书店1999年版，第189—190页。

② 同上。

对话语所具有的构成作用在此得到显现。此在是共在，所以"每一个此在都随身带着一个朋友；当此在听这个朋友的声音之际，这个听还构成此在对它最本己能在的首要的和本真的敞开状态"。① 朋友不是外在于此在的他人，而是属于此在本质可能性（共在）的他人。所以，倾听他人的声音就是对自己最本己的能在敞开。

此在听，因为它领会。生存论上的听谓之"能听"（倾听），只有在这个生存论上原初的能听的基础上，才可能有听到声音这回事。与感知声响（纯响动）相比，听到声音（有意义的声音，如辚辚行车、呼啸的北风、行进的兵团，等等）更源始。这说明生存论意义上的听是一种领会。言与听皆奠基于领会，唯有所领会者能聆听。

话语的另一种本质可能性是沉默，沉默的生存论基础在于："在交谈中沉默的人可能更本真地'让人领会'，也就是说，更本真地形成领会。"② 这说明沉默同样是表达，沉默为什么能表达？因为领会和理解。对某事滔滔不绝、漫无边际的清谈反而阻碍理解，甚至入于不可理解之中。缄默这种话语样式如此源始地把此在的可理解性分环勾连，可说真实的能听和透彻的共处都源始于它。

因为话语结构具有存在论生存论上的整体性，所以它才能对此在的生存具有组建作用。话语对生存的生存论结构的组建作用通过听和沉默这些现象变得十分清晰。海德格尔非常明确地把人之话语归结为此在的存在："此在有语言。……人表现为有所言谈的存在者。这并不意味着唯人具有发音的可能性，而是意味着这种存在者以揭示着世界和揭示着此在本身的方式存在着。"③

2. 此在的沉沦

①闲言

A. 闲言是日常性的话语

话语本质上属于此在的存在建构，它与情绪和领会一道造就了此在的

---

① ［德］海德格尔：《存在与时间》，陈嘉映、王庆节译，生活·读书·新知三联书店1999年版，第191页。

② 同上书，第192页。

③ 同上。

展开状态。但在日常生活中，话语转变为闲言。这是如何发生的呢？从话语本身的结构层面看，闲言从话语的"关于什么"向"所云本身"滑动，但又没有完全转向"所云本身"。若彻底转向"所云本身"，话语就有了"诗性"。从理解的层面看，在这个滑动之间，对"说出过的话语"一向已有领会与解释，但这种解释因共同存在之故往往是平均的。对"正说出来的话语"而言，此在被交托给了这种已有的解释方式。结果是"它控制着、分配着平均领会的可能性以及和平均领会连在一起的现身情态的可能性"。在这个之间，常人的"平均解释"作为"什么"取代了正说出来的话语的"关于什么"，闲言就此产生。所谓闲言也就是常言——日常之言。

B. 闲言作为懂得了一切的可能性

所谓闲言，就是无须把事情据为己有就懂得了一切的可能性。此在与事情本就有一种源始的存在关系，"把事情据为己有"就是对这种源始存在关系的把握和理解。"关于什么"的话语就是对这种存在关系的表达。但在日常生活中，"话语丧失了或从未获得对所谈及的存在者的首要的存在联系，所以它不是以源始地把这种存在者据为己有的方式传达自身"。① 此在无须对事情作本己的领悟和理解就去表达，仿佛是懂得了一切，实质是不懂一切。其表现症候多种多样：人云亦云，鹦鹉学舌；千篇一律，公众讲法；浮皮潦草，漠视差别；就事论事，振振闲言；山南海北，什么都懂。

闲言之为闲言，在于它似乎并不像闲言。"听和领会先就抓牢话语之所云本身了。传达不让人'分享'对所谈及的存在者的首要的存在联系；共处倒把话语之所云说来说去，为之操劳一番。对共处要紧的是：把话语说了一番。只要有人说过，只要是名言警句，现在都可以为话语的真实性和合乎事理担保，都可以为领会了话语的真实性和合乎事理担保。"② 因为闲言作为话语仿佛是有真实性，仿佛是领会了话语的真实性，日常生活中的此在就不用冒遭受在据事情为己有的活动中失败的风险。

---

① ［德］海德格尔：《存在与时间》，陈嘉映、王庆节译，生活·读书·新知三联书店 1999年版，第 196 页。

② 同上。

C. 闲言的作用

闲言对此在的作用表现有二：其一，对在世的封闭；其二，对此在的除根。

话语通过分环勾连把所涉及的"关于什么"分成环节，成为含义之间的联络；通过含义联络的整体展开对世界的领会，并从而同等源始地展开对他人的共同此在的领会以及对向来是本己的"在之中"的领会。但在闲言中，"这种话语不以分成环节的领会来保持在世的敞开状态，而是锁闭了在世，掩盖了世内存在者"。① 这就是说，闲言固定了事物的意义，使得事物的种种可能性无法展开。因为闲言本来就不费心回溯到所谈及的东西的根基上去，所以闲言本来就是一种封闭。说闲言是封闭，是指它对此在存在的封闭。而更有甚者，人们在闲言之际自以为达到了对谈及的东西的领会，这就愈发加深了封闭。

闲言以封闭的方式把此在从对世界、对共同此在、对"在之中"的首要而源始真实的存在联系处切除下来，此在在漂浮不定的骇异之中得以驶向渐次增加的无根基状态。这就是闲言对此在的除根。但是处在无根基状态的此在并未演变成一种现成状态，它恰恰是以不断被除根的方式而在生存论上是除了根的。

D. 闲言组建着日常此在进行领会和解释的存在样式

以上的论述给人一种感觉，对于此在来讲，闲言似乎是一个贬义词。但海德格尔一开始就表明自己的态度："闲言这个词在这里不应用于位卑一等的含义之下。作为术语，它意味着一种正面的现象，这种现象组建着日常此在进行领会和解释的存在样式。"② 闲言作为日常性的话语，它体现了非本己此在的领会和解释。日常此在就是此在本身，此在在日常生活中，忘我地投入到周围世界中去和他物以及他人打交道，完全忘却了存在的意义。但日常状态完全不影响此在自身作为此在的性质；相反，它属于此在的本质状态。

首先，即便在无根基状态中，此在在闲言这种存在方式中依然始终是

---

① ［德］海德格尔：《存在与时间》，陈嘉映、王庆节译，生活·读书·新知三联书店1999年版，第197页。

② 同上书，第195页。

依乎世界、共乎他人、向乎自身而存在着。除根不但不构成此在的不存在，它反而构成了此在的最日常顽固的"实在"。其次，在对在世的封闭中，尽管掩盖了事物的意义，但是闲言并无这样一种存在样式：有意识地把某种东西假充某种东西提供出来。最后，处在无根基状态的此在并未演变成一种现成状态，此在不是世内存在者，而依然是"在世界之中存在"。一言以蔽之，闲言不过是、始终是、总是日常此在进行领会和解释的存在方式。

②好奇

A. 好奇是日常性的视见

领会作为此在之"此"的展开——此在的明敞——具有筹划的那种生存论结构，"此在作为此在一向已经对自己有所筹划，只要此在存在，它就筹划着"。[①] 筹划本身是一种生存论现象，它意味着此在将自己的可能的存在方式在我们面前打开，打开自己的可能性，就是从可能性领悟理解自己。领会理解包含着一定的观点，这就是"视见"。在日常生活中，"视见"转变为好奇。所以说好奇作为此在非本己的要素对应于领会。

"视见的基本建构在日常生活特有的一种向'看'存在的倾向上显现出来。我们用好奇这一术语来标识这种倾向。这个术语作为描述方式不局限于'看'，它表示觉知着让世界来照面的一种特殊倾向。"[②] 这说明"看"是此在与世界及其世内存在者相遇照面的方式，不应将其狭义地理解为眼睛的专职；而且更为重要的是，看是存在论生存论意义上的而不是认识论意义上的看，所以说是"看存在"。尽管"看"在哲学史上从古希腊开始就已经具有了"认识"的倾向，但海德格尔还是强调："我们阐释这种现象的目的原则上是生存论存在论上的，我们不拘泥于依循认识活动来制定方向。"[③]

B. 好奇对于此在的生存论建构

好奇作为此在日常性中的领会，它以非本己的方式揭示并组建着此在

---

① 〔德〕海德格尔：《存在与时间》，陈嘉映、王庆节译，生活·读书·新知三联书店1999年版，第169页。

② 同上书，第198页。

③ 同上。

的存在。这是如何发生的呢？此在在日常生活中消散操劳于周围世界，但它是在先行领会自身存在和世界现象的基础上与世内存在者打交道的。这个先行所领会的是"寻视"所看到的作为关联整体的意蕴，所以，寻视才能揭示着上到手头的东西并把它保持在揭示状态之中，才能为一切操持办理工作提供推进的轨道、执行的手段、正确的机会、适当的时刻。但在工作暂停或完成时，作为目的相关系统的意蕴整体消隐了，这时寻视变为自由的。也就是说寻视不再受制于目的相关系统，而可以自由地寻视，视见由此转变为好奇。这表现为：当此在操劳于世界之际，它通过寻视为世内存在者制定方向并使之去远，上手事物于是有了位置和场所，在世内存在者身上周围世界的合世界性呈报出来。但在寻视变为自由的时候，它就为自己创造出新的去远活动的可能性："它离开切近上手的东西而趋向于遥远陌生的世界。操心变成了对这类可能性的操劳：休息着、逗留着，只就其外观看'世界'。此在寻找远方的事物，只是为了在其外观中把它带到近前来。此在一任自己由世界的外观所收摄；它在这种存在样式中操劳着摆脱它自身，摆脱在世，摆脱对日常切近上手的东西的依存。"①

　　操劳于周围世界的寻视与取得了自由的寻视之间的区别在于：其一，前者让上手事物切近，使上手事物作为上手事物存在；后者则力图摆脱离开上手事物，而趋向于遥远陌生的世界和远方的事物。其二，前者使此在消散于世界，让此在自身在世；后者则为世界的外观所收摄，力图摆脱自身，摆脱在世。

　　如何理解上述区别呢？是实践活动与认识活动的区别？还是生存活动与审美活动的区别？显然都不是。如果好奇是一种认识活动，它就不可能组建此在的日常存在。如果好奇是一种审美活动，那就需要证明它与审美惊异的同一。

　　C. 好奇具有组建作用的三个环节

　　不逗留在操劳所及的周围世界之中，不逗留于切近的事物。这构成了好奇具有组建作用的第一个环节。从整体到部分，好奇所表现出的不逗

---

① ［德］海德格尔：《存在与时间》，陈嘉映、王庆节译，生活·读书·新知三联书店1999年版，第200页。

留，说明此在在好奇这种存在方式中对事物的意义以及整体意蕴的切断，但是它又没有完全切断与事物和周围世界的关联，它依然操劳，只是仅止为了看。看外观，看外观的新奇。"通过不断翻新的东西、通过照面者的变异寻求着激动和不安"①。这说明此在与事物和世界意义联系性质的改变，不再求事物的"何所用"，不再求世界的"为何之故"，而是求自己的心情的激动和不安。

目的改变了，但另种相关系统却存在着，世界仍然是此在的周围世界，事物依然是在这个周围世界中来照面的事物。这被看作是"涣散在新的可能性之中"，这一点构成了具有组建作用的第二个环节。

不逗留和操劳于不断涣散的可能性，奠定了好奇现象的第三种本质性质：丧失去留之所的状态。所谓"去"就是指对周围世界和切近的事物的不逗留；所谓"留"就是指涣散在新的可能性之中。在这"去"、"留"之间，"好奇到处都在而无一处在。这种在世样式崭露出日常此在的一种新的存在方式。此在在这种方式中不断地被连根拔起"②。

为了更准确地把握好奇对于日常此在的生存论建构，必须考察好奇与闲言的关联：闲言控制着好奇的方式，而好奇则把自己到处都在而无一处在的状态委托给了闲言。两者并排摆在手头，而且相互牵扯。"没有什么对好奇封闭着，没有什么是闲言不曾领会了的；它们自担自保，满以为自己——亦即如此这般存在着的此在——正过着一种真实而'生动的生活'。"③与闲言的密切关联恰恰证明，好奇不是认识、不是审美，而依然是此在消散在周围世界的非本己存在样式。

③两可

A. 两可——模棱在两种解释之间

两种解释，指本真的解释和作为常人的非本真的解释。"两可"作为一个生存论术语，指此在在对事物的领会和理解中游移在本真的解释和非本真的解释之间，以至于"无法断定什么东西在真实的领会中展开了而什

---

① ［德］海德格尔：《存在与时间》，陈嘉映、王庆节译，生活·读书·新知三联书店1999年版，第200页。

② 同上书，第201页。

③ 同上。

么东西却不曾","一切看上去都似乎被真实地领会了、把捉到了、说出来了；而其实却不是如此，或者一切看上去都不是如此而其实却是如此"。①这种无法断定的模棱两可由事物伸展到世界、共处以及此在自己，其范围覆盖了此在日常生活中的整个存在。

两可作为生存论现象，其根源在于此在作为常人的共处同在特性。"此在在'此'总是两可的，这就是说，此在在那样一种共处同在的公众展开状态中总是两可的。"② 这里所谓此在之"此"，不是本己性的生存论建构之"此"，而是日常此在的沉沦之"此"。虽说"两可"模棱在本真解释与常人的非本真解释之间，实质上它指的是日常解释所具有的一种特性：似乎是，怎么也行，无所谓。从这里可以看出，两可与本真解释还蹭不着边。这个论断可由两可与闲言和好奇的紧密联系作着证明。

B. 闲言、好奇与两可

闲言、好奇和两可标画着此在日常借以在"此"、借以开展出在世的方式，它们一同构成了此在存在的沉沦现象。"闲言为此在开展出向它的世界、向他人以及向它本身进行领会的存在来；然而是这样：这种'向…'的存在所具有的是一种无根基的漂游无据的样式。好奇巨细无遗地开展出一切来；然而是这样：'在之中'到处都在又无一处在。两可对此在之领会不隐藏什么，但只是为了在无根的'到处而又无一处'之中压制在世。"③两可借助于无根的闲言和到处而又无一处的好奇压制在世，所谓"压制在世"就是借非本真的在世压制本真的在世。

日常的领会和解释，起于对事情的预料、觉察，止于行动和实施。"唯当有可能仅止不负责任地一道预料一番，才可能存有这种兴趣，而其方式只是好奇与闲言。当且仅当察踪访迹之时，人们才共在群集，一旦预料之事投入实施，这种共在群集就拒绝服从。因为一旦实施，此在就被迫回它自身。闲言和好奇便失其大势。"④ 由闲言和好奇的起止点，可以看

---

① ［德］海德格尔：《存在与时间》，陈嘉映、王庆节译，生活·读书·新知三联书店 1999年版，第 201 页。

② 同上书，第 202 页。

③ 同上书，第 205 页。

④ 同上书，第 202 页。

出两可与本真领会和解释的距离。

此外，此在本真领会事情的时间与闲言和好奇的时间是不一样的，"在公众看来，它本质上比闲言的时间来得缓慢，因为闲言'生活得更迅速'"。由此引出的结果是，闲言和好奇早又来到另一件事情上，来到当下最新的事情上。在两可所在的日常此在之"此"那里，"最响亮的闲言与最机灵的好奇'推动'着事情的发展；在那里，日日万事丛生，其实本无一事"。①

④此在的沉沦

A. 沉沦作为日常存在的一种基本方式

沉沦意味着：此在，首先与通常寓于他所操劳的"世界"；多半消失在与他人的共处以及由此带来的常人的公众意见中；首先总已从作为本真的能自己存在的它自身脱落而沉沦于世界。此在与世界、他人和自身形成的这种"寓于…"、"消失在…"、"从…脱落"的关系标志着此在存在的非本真状态。

但非本真并不意味着此在"不存在"，而仅仅是作为"不是它自己存在"，这种"不存在"和作为"不是它自己存在"，恰恰构成了此在最切近的存在方式；沉沦也不应该被看作是从较纯粹和较高级的"原初状态"的"沦落"；沉沦作为存在论生存论上的结构，更不意味着在存在者层次上具有败坏可悲的特性以至于将来可以在人类文化的进步阶段被消除掉。

从正反两个方面，海德格尔所要证明的是：沉沦是此在日常存在的一种基本样式，沉沦是此在本身的生存论规定。所谓"基本"、所谓"生存论规定"意在强调，"沉沦"不是此在偶然——偶或碰上或才刚不碰上——的而是生存着就必然——"首先"、"通常"、"多半"、"总已"——如此存在的生存论现象。

B. 沉沦现象

操劳与操持所构成的此在的日常存在方式显现为：闲言、好奇和两可，沉沦就是这些现象的总称。沉沦自身特有的存在方式表现为：引诱、

---

① ［德］海德格尔：《存在与时间》，陈嘉映、王庆节译，生活·读书·新知三联书店1999年版，第203页。

安定、异化、自拘。

在世本身就是此在沉沦的诱惑：闲言虽是共处同在本身的存在方式，但它不是从共处中脱离出来的现成之物摆在世界之内，也不能作为普遍之物摆脱个别的此在；因此它对此在的作用就不是从外部发生；此在作为共在，自身就包含着他人的共同此在，所以闲言、公众意见就在作为常人的此在自身中。假如说此在本身在闲言中以及在公众讲法中失落并沉溺于无根基状态，那么这只能说明此在不断地引诱自己沉沦。此在的存在论状况——在世——决定了此在沉沦的内在可能性，沉沦就是它最基本的能在。或者说：在世本身就是此在沉沦的诱惑。

沉沦的安定作用：闲言、好奇与两可以见过一切、懂得一切、自以为是的展开状态向此在保证，其一切存在之可能性都是牢靠、真实而充分的，一切都在最好的安排中，一切大门都敞开着。这就把此在带入了一种无须自己操心、烦忙、筹划、选择、犹豫、决断——这样一些本真现身领会情绪之外的另一种情绪和心境——安定。究其原因，在此在之常人对此在本身的"代庖"所引起，在这样操持的"代庖"中，此在完全卸却存在之责，在无所事事中变成了一个无所操心的依附者。这是常人对此在本身展开独裁的必然结果。由此可见，安心是此在非本己的生存情绪，它遮蔽了本己的生存情绪及其领会和理解。作为非本己的生存情绪，安心是庸碌的象征。

沉沦在世是异化着的：一方面，日常此在带着安定的情绪无所事事；但另一方面，无所事事（卸却存在之责）却正是它忙忙碌碌（好奇）的证明。在为诱惑所加深了的沉沦中，多方探求的好奇（日日万事丛生，其实本无一事）与迄无宁静的一切皆知（闲言作为懂得了一切的可能性）假充为一种包罗万象的此在之领会（两可：似乎是，差不多）。就是在这种得到安定的、领会着一切的自我比较中，此在就趋向一种异化。在这种异化中，最本己的能在对此在隐而不露。海德格尔所谓"异化"是指此在处于日常状态，即非己状态，这时它一意外求，被无限的好奇驱使着追求一个又一个新的对象和领域，却忘了自己的存在本身。

此在自拘于它本身之中：异化并不意味着此在事实上被从它自己那里夺走，相反，异化驱使此在进入自我，当然是进入自我的一种作为非本真性的可能性之中。"沉沦的起引诱作用和安定作用的异化在它自己的动荡不定之中导致的结果是：自在自拘于它本身中了。"所谓"自拘"强调的是异化的自因，同时也是说此在存在的两种基本可能性的关系。

沉沦自身特有的存在方式已如上述，那么沉沦作为生存活动的动态特征则整体上表现为：跌落（坠落）和旋涡（骚动）。

"跌落"就是从本真性向非本真的日常生活的无根基状态与虚无的运动，当然这个动态过程发生在此在的内部，在它本身中。这个跌落的动荡对于此在来说往往是蔽而不见的，因为公众看法遮蔽了它。此在不但看不到自己的无根状态，反而以为"跌落"是在切近并展开具体的生活，是生存的上升。

跌落把领会和理解从本真的可能性拽开，拽入非本真的视野中，并与常人的视野合在一起，海德格尔把这种沉沦的动荡称为"旋涡"（骚动）。旋涡公开出此在现身中的被抛境况："只要此在作为其所是的东西而存在，它就总处在抛掷状态中而且被卷入常人的非本真状态的旋涡中。"① 此在身陷旋涡是不由自主的但却以为是自主的，是没有目的的但却以为是有目的的，是非本真的但却以为是本真的。

C. 如何理解沉沦现象？

沉沦作为日常存在的一种基本方式，它与"此的生存论建构"这个从形式上所提示的生存观念是一种什么关系？更深入一步地问，"如果此在这种存在者在其日常生活中恰恰丧失了自身而且在沉沦中脱离自身而'生活着'，还可以把此在理解为为能在而存在的存在者吗？"② 这两个问题实际上是一个问题。

只有当把此在看作是现成的主体、把世界看作是现成的客体的条件下，沉沦于世界才是与此在的生存论结构针锋相对的现象上的证明；反之，沉沦作为这种"在之中"的存在方式倒为此之生存论结构提供了最基本的证明。所以，在沉沦中，此在正是为能在而在世。

沉沦揭露着此在本身的一种本质性的存在论结构。"本真的生存并不

---

① ［德］海德格尔：《存在与时间》，陈嘉映、王庆节译，生活·读书·新知三联书店 1999 年版，第 207 页。

② 同上。

是任何漂浮在沉沦着的日常生活上空的东西，它在生存论上只是通过式变来对沉沦着的日常生活的掌握。"①

（四）操心——此在的存在

对此在的分析包括两个步骤：首先，解释"在世界之中存在"的构成因素；其次，阐明这些因素之间的统一性和相互依赖性。如果说第一步属于对"在世界之中存在"这一结构整体的分解，第二步所要做的就是对这一整体结构的综合。但这个"综合"不是对此前所分解因素的"合建"，而是"以某种简化的方式通达此在本身"。

1. 畏——通向此在结构整体的整体性

①出发点：沉沦

在日常生活中，此在操劳着与事物打交道，操持着与他人打交道。以这种方式此在消散于物和常人所构成的"世界"，自己的存在被忘掉了。海德格尔将此在的沉沦状况称为"在它本身面前沉沦着逃避"。"它本身"指的是此在本真的能够自己存在。当逃避到它自身的"后面"时，逃避的"何所面临"倒展开着，它就在"此"。

问题的关键在于，如何理解这个"逃避的何所面临"。此在既是存在者又是存在，所以此在有存在者状态和存在两个方面。从存在者状态看，此在从"它本身"逃避而转向的事物、他人及其所构成的"世界"就是存在者层次上的"何所面临"；从存在状态看，"逃避之何所面临本身"就是存在论层次上的"何所面临"。畏作为存在论层次上的逃避的"何所面临"，在"此"展开了此在的存在。

②作为别具一格的现身情态的畏

在生存论存在论上意味深长的基本现身情态是畏。"畏，作为此在存在的可能性之一，连同在畏中展开的此在本身一道，为鲜明地把握此在源始存在的整体性提供了现象基地。"② 畏包含着三个方面的内容：畏之所畏者、畏所为畏者、畏本身（生畏）。

A. 畏之所畏者：怕之所怕总是一个世内的、从一定场所来的、邻近

---

① ［德］海德格尔：《存在与时间》，陈嘉映、王庆节译，生活·读书·新知三联书店 1999 年版，第 208 页。

② 同上书，第 211 页。

的、有害的存在者；而畏之所畏者不是任何世内存在者：这包括上手事物以及上手事物和现成事物构成的因缘整体。畏之所畏者在"无处"，但无处并不意味着无，这个"无处"是具体事物在空间中得以显示或展现的条件，因为它为具体事物提供了意义域。这个上手状态的无就植根于全无意蕴的世界中。在这个意义上，我们说畏之所畏就是世界。但这个世界是全无意蕴的世界，不是作为意蕴整体的周围世界。全无意蕴的世界是世界纯粹的展示性。所以更准确地说：畏之所畏者就是在世本身。"因为畏暗中总已规定着在世的存在，所以在世的存在才能够作为操劳现身的寓于'世界'的存在而害怕。怕是沉沦于'世界'的、非本真的而且其本身对这些都还昧而不明的畏。"① 畏使怕成为可能。

B. 畏之所为畏者：畏不仅是"对…"生畏，而且作为现身情态也是"为…"而畏。后一种畏即是畏之所为畏者。畏之所为畏者不仅不是任何世内存在者，而且也不是此在的一种确定的存在方式与可能性。畏所为而畏者就是在世本身。在这里，在世存在不仅是畏的对象，也是畏的原因。"畏所为而畏者把自身暴露为畏对之生畏者：在世。畏之所畏与畏之所为而畏是一而二二而一的。"② 虽然，仍有进一步申说的必要。畏对之生畏者是此在沉沦着逃避的"它本身"，即此在的本真的能在，即可能的存在，即此在"为…"的自由的存在。这个最本真的能在的存在正是此在沉沦着逃避的原因。所以说"沉沦之背离倒是起因于畏"。

C. 畏本身（生畏）：畏不是现成的而是展开的，畏作为现身情态的展开就是生畏，生畏是在世的一种基本方式。"开展活动与展开的东西在生存论上是一而二二而一的：在展开的东西中，世界被作为世界展开了；'在之中'作为个别的、纯粹的、被抛的能在展开了。"③ 畏作为展开状态，就是"有所畏以其所为而畏者把此在作为可能的存在开展出来"。这个开展，一方面，是此在沉沦着逃避"它本身"，在不在家状态之前逃避，在茫然失所之前逃避；逃避到世内存在者那儿去，逃入到公众意见之在家

---

① ［德］海德格尔：《存在与时间》，陈嘉映、王庆节译，生活·读书·新知三联书店1999年版，第219页。

② 同上书，第217页。

③ 同上。

状态；另一方面，是此在被畏"抛回此在的本真的能在世那儿去"，被畏"从其消散于'世界'的沉沦中抽回来了"，被"带到它的'为…'的自由存在之前，带到它的存在的本真状态之前"。畏作为"别具一格"的展开状态，就是造就此在总是我的此在的"个别性"，"此在个别化了，但却是作为在世的存在个别化的"。① "把此在开展为只能从此在本身方面来作为个别的此在而在其个别化中存在的东西。"②

③畏对此在结构整体的整体性的揭示

论述至此，我们就可以并能够把寓于畏中的全部内容从形式上列出来：其一，生畏作为现身情态是在世的一种方式；其二，畏之所为畏者是被抛的在世；其三，畏之所为而畏者是能在世。

据此，畏的整个现象就把此在显示为实际生存在世的存在。由此可以看出此在的三种存在论状态：其一，生存论性质；其二，实际性（事实性）；其三，沉沦。"这些生存论规定并不是作为部件而属于一个组合体，……在这些生存论规定中编织着一种源始的联系，这种联系即构成所追寻的结构整体的整体性。"③ 这种整体性就是统一了上述三种状态的操心。

2. 操心——此在存在的整体性

操心不是指此在作为存在者层次上的一些特性，如意求、愿望、追求、嗜好这类欲望；操心指的是一种生存论存在的现象——此在的存在。操心作为此在在世的整体结构涉及以下三个方面。

①"生存论性质"与"先行于自身"

生存论性质，指的是此在存在的可能性——能在（此在不是现成物，而是它的可能性）。此在在其存在中总已经和它本身的一种可能性合在一起了（此在存在着就是向着它的可能性而存在）。此在"为…"的存在结构以及此在生存展开过程中的领会和筹划都先天地决定了它要为最本己的能在而自由存在。为最本己的能在，从而也就是为本己的和非本己的可能性而自由存在。这就是说：此在在其存在中已经并总是先行于自

---

① ［德］海德格尔：《存在与时间》，陈嘉映、王庆节译，生活·读书·新知三联书店 1999年版，第 218 页。

② 同上书，第 217 页。

③ 同上书，第 221 页。

身，先行于当下的存在。如果没有这种先行的能力，此在甚至不能认识它自身。"我们把这个本质性的'为…'的存在结构把握为此在之先行于自身的存在。"①

②"实际性"与"已经在…中"

此在在世就意味着，此在被交付给它本身，总已经被抛入了一个世界。先行于自身的存在，逻辑地包含着一个前提：此在已经存在。因而，先行于自身的存在就是：在已经在世的存在中先行于自身。换言之，生存逻辑地预设并实际地包含了实际性。"生存论结构本质上是由实际性规定的。"②

"在已经在世的存在中先行于自身"是对生存性和实际性内在关联的一个描述，它表明先于自身和被抛是同一个结构的两个维度。

③"沉沦"与"寓于…的存在"

如前所述，此在的实际生存是一个被抛的带着可能性的在世存在。而在世存在总已经消散在所操劳的世界中了。于是"沉沦状态"作为"寓于世内照面的存在者的存在"就构成了操心的一个环节。至此，"此在之存在说的是：先行于自身已经在（世）的存在就是寓于（世内照面的存在者）的存在"。③以上三个方面构成了操心的整体结构。作为一种生存论存在的基本现象，操心在自身之内也还是在结构上分成环节的：先行于自身的——已经在…中的——作为寓于…的存在。

需要注意的是，这是一个形式上的生存论整体结构，它并不表示此在本己性与非本己性的实行方式。海德格尔说："操心作为源始的结构整体性在生存论上先天地处于此在的任何实际'行为'与'状况''之前'，……因此这一现象绝非表达'实践'行为先于理论行为的优先地位。……'理论'与'实践'都是其存在必须被规定为操心的那种存在者的存在可能性。"④譬如"先行于自身"，这个作为形式的"自身"，在实行的方式上既可能是

---

① ［德］海德格尔：《存在与时间》，陈嘉映、王庆节译，生活·读书·新知三联书店1999年版，第221页。

② 同上书，第222页。

③ 同上。

④ 同上书，第223页。

本己自身，也可能是非本己自身。从而，作为形式的"先行于…"，既可能是本己性的先行，也可能是非本己性的先行。再如"作为寓于…的存在"虽对应着"沉沦"状态，但它并不必定是沉沦存在的实行方式。

二　此在与时间性

至此所进行的以生存为线索的此在基础分析，虽已达到了对此在生存性、实际性和沉沦三种存在状态的统一性把握，提供出了操心现象的整体结构。但是它并未能够给出实际此在存在的最源始的整体性。其中原因在于：此在的生存是"以其存在本身为本旨的有所领会的能在，而能在作为向来我属的能在，自由地面对本真状态或非本真状态以及这两种状态的无差别样式"，而前此的阐释从日常状态入手，只限于分析无差别的和非本真的生存活动。对本真能在的生存论结构的遗漏，造成了前此分析的本质性缺陷：从解释学角度看，引导着此前生存论阐释的先行视见就欠缺源始性；日常生活在"生"与"死"之间，未能把此在作为能在所指向的"向来尚不是的东西"包含在内，先行具有就欠缺着整体性。因此，对此在之存在的阐释需继续前进，以求得出一种更源始的现象。

为了把握能在的整体，必须对此在的终点进行分析，这个终点就是死。死从生存意义上被经验为向死亡存在，向死存在界定着、规定着向来就可能的整体性。为了把握生存的本真性，就需要寻找一种把此在从迷失于常人的非本真状态中带回来的生存现象，而作为这种现象的良知能提供出此在本真能在的证明，此在的本真能在就在愿有良知之中。

一种本真的能整体存在的操心结构已经给出，它为阐释此在的存在意义提供了一个基地，"但此在源始的存在论上的生存论结构的根据乃是时间性。只有从时间性出发，操心这种此在之存在的区划勾连的结构整体性才能从生存论上得到理解"。[①] 所以，"此在与时间"这一部分包含着三个主题：整体性、本真性、时间性，而时间性作为操心的存在论意义是其最终旨归。

---

① ［德］海德格尔：《存在与时间》，陈嘉映、王庆节译，生活·读书·新知三联书店 1999年版，第 270 页。

（一）向死存在与此在之可能的整体存在

1. 死亡的存在论阐释

①尚未、结束与整体性

A. 尚未与整体性

作为操心首要环节的"先行于自身"，意味着只要它存在，它就总在追求自己所不是的，即便此在陷入"无望"、"无所幻想"、"无所作为"的时候，也是如此。"能在"就是说尚未成为现实的。这说明，"先行于自身"处于一种持续的未封闭状态，这种状态可称为此在能在的"尚未"。从表面看，这显示了此在存在的不完整性。在此，我们看到了"尚未"与"整体性"之间所存在的矛盾。

应如何理解此在的这个"尚未"呢？如果把"尚未"理解为某种东西的"亏欠"例如债务，那么只要填补了债务，就意味着经济总额的完整；如果把"尚未"理解为果子的不成熟，那么果子的成熟就意味着完整。显然，上述理解是基于现成存在者的。

如果从存在论上来理解，那么，"尚未"构成了此在的存在方式。此在恰恰以这种方式生存：即它的尚未是属于它的。而且，此在必须生成为它尚未是的东西本身，它必须是这种东西本身。只要此在存在，它也向来已是它的尚未。假如此在不以"尚未"的方式生存，此在也就成了如果子、账务一类的现成存在者。

"构成此在的'非整体性'的东西即是不断先行于自身。它不是一种齐全的总额上还有亏欠，更不是指尚未成为可通达的。它是一种此在作为它所是的存在者向来就不得不是的尚未。"① 此在的"非整体性"与"尚未"的同一，也就意味着整体性不是指结果的整体性，而是指存在本身的整体性。离开尚未这个环节，存在恰恰是不完整的。海德格尔就此写道："从先行于自身中取出的尚未现象与操心的结构一样，根本不是反对某种可能的生存整体存在的证据，这种先行于自身倒才刚使那样一种向终结存在成为可能。"②

---

① ［德］海德格尔：《存在与时间》，陈嘉映、王庆节译，生活·读书·新知三联书店 1999 年版，第 281 页。

② 同上书，第 297 页。

B. 结束与整体性

在一般意义上，可以说死亡意味着此在的临终到头——结束或终结。但在存在论的意义上，结束不是指停止、就绪、消失的意思，像雨停了、工作就绪、风暴消失这样一些结束的诸种演变样式，都是对现成事物所进行的规定，它们都不可能恰当地标画作为此在之终结的死亡。"如果在结束的上述意义下把死领会为到头，那么此在从而就被设定为现成事物或上手事物了。在死亡中，此在并未完成，也非简简单单地消失，更不曾就绪或作为上手事物颇可利用。"①

究竟在何种意义上把死理解为此在的结束？

死是此在去存在的方式，这种存在方式就是向死存在。假如把死亡理解为此在的结束，那么死亡就是向终结存在。"只要此在存在，它就始终已经是它的尚未，同样，它也总已经是它的终结。死所意指的结束意味着的不是此在的存在到头，而是这一存在者的一种向终结存在。死是一种此在刚一存在就承担起来的去存在的方式。"②

向终结存在，向死存在，揭示了此在一种独特的存在之可能性："在死亡中，关键完完全全就是向来是自己的此在的存在。死显现出：死亡在存在论上是由向来我属性与生存组建起来的。"③ 这个须从生存论存在论上加以领会的现象说明，尽管此在作为共在与他人共处同在，但一个此在不可以代理另一个此在的死亡。即便此在也可以"共死者同在"，但我们并不在本然的意义上经历他人的死亡过程，我们最多也不过是在侧。

向终结存在，向死存在，同尚未一样揭示了此在存在的整体性。因为这一整体性是由作为"终结"的死亡组建起来的。

C. 三个论题

上述关于死亡所讨论的初步结果可通过三个论题得到说明。①只要此在存在，它就包含有一种它将是的"尚未"，即始终亏欠的东西。②向来尚未到头的存在的临终到头（以此在方式提尽亏欠）具有不再此在的性

① ［德］海德格尔：《存在与时间》，陈嘉映、王庆节译，生活·读书·新知三联书店 1999年版，第 282 页。

② 同上。

③ 同上书，第 276 页。

质。③临终到头包括着一种对每一此在都全然不能代理的存在样式。

②生存论存在论的死亡结构

如果我们要弄清楚结束作为向终结存在与整体性的关联，就必须从此在的基本建构——操心出发来对其作出阐释。但在此之前，首先必须把对死亡的生存论分析与对此现象的其他可能的阐释区别开来。其目的在于排除，这是现象学排除法的一次具体运用。

A. 排除其他解释

首先，我们必须排除对于生命和死亡的任何生物学和生理学的规定。这些规定并不是毫无意义的，但是，它们对于我们目前的工作不相干，因为它们在性质上是存在者状态上的。其次，我们必须排除任何对死亡的医学解释，即使这种解释有可能是存在论上的。因为，我们在此所感兴趣的是按照此在之存在论对死亡所作的存在论上的领会。此在如同其他任何有生命的事物一样会消亡；但是，如果临终状态代表了此在于其中走向死亡的存在方式，那么，这样的此在就永远不会消失。再次，我们必须排除对死亡传记学的、人种学的和心理学的阐释。因为这些阐释都以存在论阐释为前提。最后，我们的分析无意决定是否人死后仍有另一种可能的存在形式这类问题。只有当死亡在其完全的存在论本质中被构想之后，才能有意义地提出这一性质的问题。这也同样适应于对死亡的形而上学思考。

总之，在方法论上，对死亡的生存论分析先于死亡和临终的生物学问题、心理学问题、神正论问题以及神学问题。

B. 对死亡的生存论存在论结构的描绘

此在的基本建构是：先行于自身的（生存性）——已经在世界之中的（实际性）——作为寓于世内来照面的存在者的存在（沉沦）。死亡属于此在之存在，因而，此在的生存、实际性和沉沦都会借死亡现象表现出来。

与生存相关联：死亡绽露为最本己的、无所关联的、不可逾越的可能性。所谓"最本己的"，指的是此在的死亡是不可替代的，唯有自己面对。所谓"无所关联的"，指的是此在与其他此在的一切关联都解除了。所谓"不可逾越的"，指的是此在绝无越过死亡的可能性，只要此在在，它就在死着。

与实际性相关联：死亡不是设计或偶然碰上的事件，而是只要此在生存着，它就已经被抛入这种可能性。它本质地属于此在在现身情态中这样那样绽露出来的被抛境况。被抛入到死亡中这个生存的实际性在畏这种现身情态中得到了透彻和源始的显现。"在死之前畏，就是在最本己的、无所关联的、不可逾越的能在'之前'畏。"①

与沉沦相关联：此在首先与通常以在死亡之前逃避的方式掩蔽最本己的向死存在。只要此在生存着，它就实际上死着，但首先与通常是以沉沦的方式死着。

生存、实际性、沉沦是操心的三个结构要素，死的存在论意义归根到底是以操心为基础的，它实际上也属于操心结构。

至此为止，我们看到，"尚未"、"终结"、"向终结存在"、"向死存在"所标画的无非是此在生存的一种可能性——去死性。而此在生存的整体性，不是指存在者状态上的完整性，而是指此在之可能的整体存在。

2. 日常的向死存在

①死亡的非本真样式

日常平均的向死存在作为死亡的一种非本真的存在状态，决定于日常此在展开状态的结构，同时，沉沦自身特有的存在方式——引诱、安定、异化、自拘——也在日常的向死存在中有着具体的展现。

首先是闲言。闲言作为公众意见在死亡问题上通常的表达是："有人死了。"这种表达揭示了常人的理解：即死亡对于此在是一个偶然的事件，而不是它的存在方式。因为每个人都可以说，死的是别人，而不是我。常人对死亡的另一种说法是："人总有一天会死，但暂时尚未。"在"总有一天，但暂时尚未"这种说法中，日常状态承认了死亡的事实是确定无疑的，但不是举足轻重的，因为它尚未迫近。谁都不会怀疑人会死，死亡是确定无疑的，但是这一确定无疑的事实把死亡领会为在周围世界中来照面的事件，这样就把向终结存在的死亡保持在遮蔽之中。约瑟夫·科克尔曼斯对此评论说："由于一般而言此在在其日常状态中掩藏了其存在最本己

---

① ［德］海德格尔：《存在与时间》，陈嘉映、王庆节译，生活·读书·新知三联书店1999年版，第288页。

的可能性，即死亡，所以作为实际的此在处于不真之中。与此相当的确知是持以为真的不适当方式。'常人'说确知死亡将临，然而人们遗忘了此在本身必须始终确知其最本己的无所关联的能在。确知死亡是经验性的而不是在逻辑上自明的。此在在其日常状态中确知死亡，但它不是在本真的意义上确知其自身的死亡。'常人'讲人要死去，但不是在当下就死。死亡被推延给以后的事情。'常人'掩盖了死亡的确知中独特的东西，即死亡每时每刻都是可能的。"①

其次是情态。在本真的向死存在中，此在的现身情态是畏；而在日常的向死存在中，"常人则操劳着把这样一种畏倒转成在一种来临的事件之前怕。"畏面对的是"向死存在"，没有对象；而怕的对象是"死亡事件"。常人不允许畏死的勇气，因为畏死的前提是直面死亡，不直面死亡而回避死亡，就不会畏死。常人通过回避死亡的办法来对死亡保持镇定，因此消除了对死的畏惧。"日常的向死存在作为沉沦着的存在乃是在死面前的一种持续的逃遁"，"有所掩藏而在死面前闪避"，"按照常人的无声谕令，理所当然之事就是对人总有一死这件事实漠然处之"。所谓"逃遁"、所谓"闪避"、所谓"漠然"，都是对死亡这个事件怕的表现形式。

最后是两可。在海德格尔的论述中，两可是此在之此展开环节中理解的日常表现方式，但实际上，两可在情态和话语这两个环节上均有展现。

日常向死存在中的"两可"在情态上的典型表现是：一方面，貌似大无畏地面对死亡；另一方面，又小心翼翼地操劳于对这一确知"事实"的优越感。一方面，有着"想到死"的胆小多惧（软弱）；另一方面，又有着"此在是不该识知这种软弱"的自信。由常人来加以解释的公众意见的统治不仅已经决定好了选用何种现身情态而且也同样已经决定好了用何种两可的现身情态来规定对死亡的态度。

两可在话语上的表现是："有人死了"，但不是具体的何人，而是常人，但又无此人。日常向死存在的闲言本就是两可的人云亦云，说说而

---

① ［美］约瑟夫·科克尔曼斯：《海德格尔的〈存在与时间〉》，陈小文、李超杰、刘宗坤译，商务印书馆1996年版，第223页。

已，任谁也不会去深究。

两可在理解上的表现尤为明显：说"人终有一死"，其意本就包含了此在自己，但因"自己当下还没碰上"，即可将自己排除在外。说"死确定可知地会到来，但暂时尚未"，常人以"但"字否认了死亡的确定可知，以"暂时尚未"这种解释把自我指引向此在当下操劳的事务。结果就出现了如下的情形：何时死亡的不确定性与死亡的确定可知结伴同行。这是在解释死亡现象时两可的必然表现。

在日常的向死存在中，两可与闲言、情态和理解一道构造出沉沦的存在方式：诱惑、安定与异化。把死亡看作是一个偶然事件，这就掩藏了死亡的可能性质，并从而一起掩藏了隶属于它的无所相关和不可逾越这两个环节。常人以此向自己掩藏了其最本己的向死存在的诱惑，同时也就开启了另一种沉沦在世的诱惑——自己尚未。面对那些临终者，共处中的人们以模棱两可的话语劝其相信将会逃脱死亡，这既对他人也对自己提供了对死亡的持续的安定。面对死亡，按照常人的无声谕令所表现出的漠然使此在异化于其最本己的、无所关联的能在。

②整个生存论存在论的死亡概念

此在向死存在的非本真状态，使其错置于自身之中。虽然它在闪避、逃遁着死亡，但它向来也已经从它自己所是的和所领会的某种可能性方面向其终结存在着。况且非本真状态是以本真状态的可能性为根据的。这样，我们就可以把日常此在对于死的确定可知与不确定性这两种性质纳入到对死亡的整体规定中来，使其更为充分。

由此我们就得到了整个生存论存在论的死亡概念："死作为此在的终结乃是此在最本己的、无所关联的、确知的、而作为其本身则不确定的、不可逾越的可能性。死，作为此在的终结存在，存在在这一存在者向其终结的存在之中。"①

3. 本真的向死存在如何可能

实际上此在首先与通常把自己保持在一种非本真的向死存在中，由此

①　［德］海德格尔：《存在与时间》，陈嘉映、王庆节译，生活·读书·新知三联书店1999年版，第297页。

带来的问题是：本真的向死存在如何可能？海德格尔认为，首先需要对本真的向死存在之存在论的可能性进行标画，也就是把向死存在的各个环节清理出来，阐述其存在论特征，找出先行到死中去之具体结构；以此为基础，就可以标明本真的向死存在之实际上的可能性。

①向死存在就是向着一种可能性存在

向着一种可能性存在，不是指向着一种可能的事物存在，因为死作为可能的东西不是任何可能上手的或现成在手的东西，而是此在的一种存在可能性。因为死不是作为现成之物的事件，所以向死存在不是指"实现"死亡，也不是指停留在终结的可能性中。

如果我们把此在的存在领会为一种展开状态的话，那么向死存在就是一种展开的可能性。"在向死存在中，这种可能性就必须不被减弱地作为可能性得到领会，作为可能性成形，并坚持把它作为可能性来对待。"[1] 按此理解，期待现象所领会的可能性也就被排除在外了，因为期待本质上在等待实现。"死亡，作为可能性，不给此在任何'可实现'的东西，不给此在任何此在本身作为现实的东西能够是的东西。死是对任何事情都不可能有所作为的可能性，是每一种生存都不可能的可能性。"[2]

所谓向一种可能性存在，就是先行到可能性中去。向死存在，作为先行到可能性中去，才刚使这种可能性成为可能并把这种可能性作为可能性开放出来。向死存在，就是先行到这样一种存在者的能在中去：这种存在者的存在方式就是先行本身。

②先行到死的具体结构

作为具有先行本身的存在方式的存在者，此在通过展开自身的能在领会自身之死：死是此在最本己的、无所关联的、无可逾越的、确知的而作为其本身则是不确定的可能性。

死是此在的最本己的可能性。从存在论上看，就是死亡作为可能性，只关涉此在自己的能在而无关他人，死只是自己的死；从生存论上看，死

---

① ［德］海德格尔：《存在与时间》，陈嘉映、王庆节译，生活·读书·新知三联书店 1999 年版，第 300 页。

② 同上书，第 301 页。

亡作为别具一格的可能性，使此在在其能在中脱离了共在同处的常人，为自己而死。

最本己的可能性也就是所谓无所关联的可能性。此在是个别化的此在，因此死也就把此在作为个别的东西来要求此在。此在固然可以寓于操劳的东西和操持他人，但在向死存在中，他人和他物都是无能为力的。当然这并不意味着此在把操劳和操持这两种方式从本真的自己存在身上隔断，而是要在这两种方式中把自身筹划到最本己的能在上去：主动把它的最本己的存在承担起来。

最本己的、无所关联的可能性是无可逾越的。无可逾越揭示的是此在无法避免死亡这一事实。当死这种可能性悬临时，存在把它作为最本己的可能性接受下来，这也就是放弃汲汲于求生的自己，给本真的自身以自由。为自己的死而先行着成为自由的，这就把此在从在偶然的拥挤着各种可能性的情况中解放出来；同时也把排列在这种可能性之前的诸种可能性一齐开展出来，此在因此先行拿取了整个此在的可能性。

最本己的、无所关联的而又无可逾越的可能性是确知的。对死亡可能性的确知为此在的展开所规定，有生必有死，此在存在之展开就是对死亡可能性的确知。所以，死亡之确定可知既不是靠对死亡事故的统计计算出来的，也与现成事物无关。与对现成事物的确定可知相比，对死亡可能性的确定可知更为源始。确信死亡之为真显示了一种确知，其原因在于确信死亡之为真要求此在处于其生存最完全的本真状态中。

死是最本己的、无所关联的、无可逾越的而又确知的可能性，而其确定可知本身确是不确定的。之所以说确定可知本身是不确定的，是因为对生存的完完全全的不可能性何时变为可能的那个"何时"的不确定。向死存在本质上是畏，畏是真正能将对自己全然持续的威胁保持在敞开状态的现身情态，这一威胁来自此在最本己的个别化存在。在畏中，此在就现身在它的生存之可能的不可能状态的无之前。

③本真向死存在的存在论上的可能性

在清理向死存在的各个环节、阐述其存在论特征的基础上，海德格尔对本真的向死存在做了如下的概括："先行向此在揭露出丧失在常人自己中的情况，并把此在带到主要不依靠操劳操持而是去作为此在自己存在的可能性之前，而这个自己却就在热情的、解脱了常人的幻想的、实际的、确知它自己而又畏着的向死的自由之中。"①

先行作为此在这种存在者的存在方式，向此在揭示了它在日常存在中丧失自身于常人的情况，同时也就把此在带到了本真存在的可能性之前。就是说，先行带着此在从非本真状态回到了本真状态，此在因此看到了成为自己的可能性。从此，此在本真地生存在向死的自由中，充分地领悟、理解自身存在的意义。

随着本真向死存在的存在论上的可能性的展现，此在的本真整体能在的可能性也得以浮现，但"不过只是作为一种存在论的可能性浮现"。这也就是说，它还须要在此在的生存行为上来加以证明。这一部分的主题，在于揭示向死存在与此在之可能的整体存在之关系。从理论上讲，只要论证了向死存在之原理，也就显明了此在之可能的整体存在。但海德格尔发现，在向死存在与被确证的本真能在之间缺少着本质性的联系，这个本质联系不是从外面强加于此在，而是此在从它最本己的能在方面为其作出证明，没有这样的自我证明，此在本真的整体存在还悬而未决。更为重要的是须这样作证："此在不仅表明这种本真状态在生存上是可能的，而且是由它自己要求的。"②

（二）良知与此在的本真能在

1. 良知的生存论存在论基础

对海德格尔而言，良知不是一种心理现象（如知、情、意一类灵魂能力），而是此在的存在现象。作为此在的现象，良知不是摆在那里的、偶尔现成在手的事实；它只存在于此在的存在方式中；它只同实际生存一道并在实际生存之中才作为实情宣泄出来。良知的有所开展，归属于此在的展开状态。所以必须在此在生存论存在论的视野里对其加以分析。

①良知与此在之"此"的生存论现象

在此之前，此在之"此"的展开被表述为两种方式：一是本真的，其生存论现象有现身、领会、话语；二是非本真的，其生存论现象是沉

---

①　[德] 海德格尔：《存在与时间》，陈嘉映、王庆节译，生活·读书·新知三联书店1999年版，第305页。

②　同上书，第306页。

沦（包括闲言、好奇、两可）。良知的展开归属于组建此之在的这种展开状态的生存论现象，但是不能把良知作为一种特殊的例子填到上述当作表格的结构里去。因为，"良知阐释是要推进早先对'此'之展开状态的分析；不仅如此，它还要从此在的本真存在着眼而更源始地把握早先的分析"①。为什么说良知阐释要推进并能更源始地把握早先对此之展开状态的分析？这说明，良知在此在之"此"的展开中有其独特地位。如果要求作严格的表述，那么此在之此的展开有三种方式：本真的、非本真的、无差别的。沉沦属于非本真的展开，现身、领会、话语属于无差别的展开，而良知则属于本真的展开。这也就是说，良知从本己的方面深化了现身（畏）、领会（良知）和话语（沉默）。此外，良知同时关联着沉沦，这表现为：良知向沉沦中的此在发出呼唤，召唤其回到本己的自身。

②此在之此的非本真展开与良知的呼唤

此在通过展开状态而是它的此，这种展开有两种可能性或向度，或向着它本身的种种可能性筹划自己；或消散于常人而听任公众解释向自己提供某些确定的可能性。显然，前者是本真的，后者是非本真的。但由于此在是一被抛的存在者，所以它就无所选择地首先向着常人展开自身：听从他人的指令，迷失在常人的公论与闲言中。在去听常人本身之际，它对本己的自我充耳不闻。

如果此在能从这种沉沦状态的迷失中被带回，它就首先必须能够作为某种不再听到自己的东西找到自己。只是通过它自己打断听常人，由此在本身给予它自己一种听的可能性。

这样一种打断的可能性以及听的可能性在于——直接被呼唤。

与公众闲言喧嚷嘈杂、模棱两可、趋新骛奇相比，这种打断了听常人的呼声简单明白、无容好奇立足。"以这种方式呼唤着而令人有所领会的东西即是良知。"②

良知的呼喊就是良知的开展，良知的开展以此在之此的非本真的展开

---

① ［德］海德格尔：《存在与时间》，陈嘉映、王庆节译，生活·读书·新知三联书店1999年版，第310页。

② 同上书，第311页。

为前提条件。这就使我们从一种新的角度来理解海德格尔本真生存与非本真生存的关系："本真的生存并不是任何漂浮在沉沦着的日常生活上空的东西，它在生存论上只是通过式变来对沉沦着的日常生活的掌握。"①

③呼唤作为话语的一种本真样式

良知所归属的范围是组建此之在的这种展开状态的那些生存论现象：现身、领会、话语、沉沦，它所对应的应是领会，知就是领会。"良知总给出某种可领会的东西"，"以这种方式呼唤着而令人有所领会的东西即是良知"。这些表述说明海德格尔也是把它看作领会的本真样式，但他又非常明确地将良知把握为呼唤，进而把呼唤把捉为话语的一种样式。当然，他也没有完全切断话语与领会之间的联系，而且强化了这种联系："话语使可理解性得以分环勾连"，"'声音'实被看作'供人领会'"②。他之所以把良知把握为"呼唤"，意在强调它的非实体的展开性，良知在呼唤中现身存在。于是就有了这样的判断：良知的呼声性质。

2. 良知的呼声性质

话语的结构包含三个要素：话语之所及，即话语指向的对象；话语之所言，即所说的什么；话语之声音，借此将什么传达给他人。

良知的呼唤作为话语，也同样具有话语的上述结构，只是有了特殊性。话语之所及特殊化为召唤之所及；话语之所言特殊化为呼唤什么；话语即声音特殊化为不付诸任何声音。

①呼声之所及

在良知的呼声中，呼声之所及是此在自身，但它是操劳着共他人存在的常人自身。此在以日常平均方式操劳着而又总已领会自身之际，呼声及于此在。此在被召唤到何处？向其本己的自身。在常人自身与本己自身之间，此在于良知的呼唤中发生着什么？听到呼声的是常人自己，听呼声之际，此在对他物、他人以及对自己的日常理解就被跨越过去了；常人就崩塌了，常人被驱入于无意义之境。于是，在召唤中被剥去了栖所和遮蔽的

---

① ［德］海德格尔：《存在与时间》，陈嘉映、王庆节译，生活·读书·新知三联书店 1999年版，第 208 页。

② 同上书，第 311 页。

自身通过呼声被带回自身。其实，并没有两个自身，有的只是一个栖居于常人自身中的遮蔽着的自身，此时，经过呼声的解蔽，"常人自身"作为本真的自身就凸显出来了。

常人自身被召唤到自身，但这个本己自身并不是那种能够变自己为判断对象的自身，而是以在世方式存在的自身。也就是说，本己自身无非是作为在世。

②呼唤什么

良知向召唤所及者没有言说什么，因为呼声并不是要让被召唤的自身去商谈，也不是希冀在所唤及的自身那里开放出一种"自身对话"，严格来说，呼唤无。无"无物"，但有意义，无就是存在。在当前的语境里，无就是唤起此在本身的去在世。这就是呼声的呼声倾向：自身向它自身被唤起，向它自己最本己的能在被唤起，把此在呼唤上前来而到它最本己的可能性中。

③呼声的声音——沉默

话语通常是通过有声语言来表达的，但良知的呼声却有着最为独特的存在形式：良知不付诸任何声音和言辞，良知只在而且总在沉默的样式中言谈。就其自身意义而言，沉默明了一义，无言并不意味着神秘莫测无所规定；相反，言辞却常常晦暗不明。就其对被呼声所及者而言，让其进入其本身的缄默之中，在缄默中体会自身的在世存在——无。

当然，呼声也可能被曲解而出现错觉，但这不是由于呼唤的无声，而是由于听呼唤的方式被常人自身引入商谈式的对话之中，其开展方向遭到歪曲所致。

通过对呼声话语结构的分析，海德格尔再次强化确认：我们所称的良知，即呼唤。其实质是说良知具有话语的特性。

3. 良知之为操心的呼声

既然良知是呼唤，它就不仅具有话语的结构，如果将其放在一个更大的语境里看，那就必然还包含着呼唤者和被召唤者。这一部分就是要从此在（呼唤者和被召唤者）的生存实情来看良知的存在论特性。海德格尔提出的要求是："我们不仅要弄清在呼唤中被唤的是谁；而且还要弄清：谁本身在呼唤？被召唤者与呼唤者的关系如何？必须怎样从存在论上来把捉这种作为存在关联的'关系'？只有这些问题都弄清楚了，我们才能获得一种在存在论上充分的良知解释。"①

实际上，之前和现在，海德格尔已经对呼唤者和被呼唤者是谁作过多次表述："良知从丧失于常人的境况中唤起自身。"② "呼声出自我逾越我又来到我这里。" "此在在良知中呼唤自己本身。" "此在既是呼唤者又是被召唤者。"③ "呼唤者与被召唤者向来同是本己的此在本身。"④ 乍一看，呼唤者和被呼唤者是谁已经非常清楚明白了，但在海德格尔看来，这些空无规定的表述具有形式上的空洞和想当然的性质。停留在这种表述上，就容易产生错误的阐释。其中之一是把呼声解释为一种闯入此在的异己力量，然后为其加上一个拥有者，如神学的上帝、哲学的理念，等等，另一种是从生物学上解释良知。这两种解释都跳过了良知现象，其原因在于都把呼唤者当成了现成的东西。正确的做法是从此在这一存在者的生存论建构出发解释呼唤者和被召唤者的存在方式。

①呼唤者的存在与此在的存在建构

此在的生存论建构就是由三种存在论状态：生存论性质、实际性（事实性）、沉沦构成的操心结构整体。生存论性质，指的是此在存在的可能性——能在，这说明此在不是现成物，而是它的可能性。但此在并非飘浮无据地自身筹划，此在在世就意味着，此在总已经被抛入了一个世界，它总曾已托付给并仍不断托付给生存。此在的实际生存是一个被抛的带着可能性的在世存在。而在世存在总已经消散在所操劳的世界中了。这就是作为"寓于世内照面的存在者的存在"的沉沦。沉沦就是此在躲避自己的生存可能性和被抛境况，就是逃避无家可归的状态。无家可归在畏的基本现身情态中本真地暴露出来。由此，海德格尔把呼唤者规定为：在其无家可归的根基处现身的此在就是良知呼声的呼唤者。

根据这一规定，就可以清晰地看出呼唤者、呼唤甚至被召唤者的现象

① ［德］海德格尔：《存在与时间》，陈嘉映、王庆节译，生活·读书·新知三联书店1999年版，第314页。

② 同上。

③ 同上书，第315页。

④ 同上书，第320页。

特征。因为此在不是一个现成的存在者，所以无法确定呼唤者为谁，只能说它存在："它是无家可归的此在，是源始的、不在家的被抛在世的存在，是在世界之无中的赤身裸体的'它存在'。"① 这样的作为存在的呼唤者，不能用名衔、地位、出身、声誉等来规定，呼声的呼者决然远隔于任何一种知名。呼唤者的与众不同之处在于它的不确定与不可确定性，呼者所致力的只是"向……唤起"。

由呼唤者的不能确定为谁（无此人），就可以看出呼声的存在方式：呼声不是明确地由我呼出的，倒不如说"有一声呼唤"；一声呼唤，不期而至，甚至违乎意愿；呼声出于我而又逾越我。如此存在的呼声当然不报道什么，甚至不凭借任何声音言辞，呼声在无家可归的沉默样式中言谈。

被召唤者与呼唤者既然都是此在，所以呼唤者的存在方式也就是被召唤者的存在方式。呼唤者以良知的呼声把被召唤者唤回到生存的能在的缄默之中。

经以上规定和描述，此在既是呼唤者又是被召唤者这一命题就摆脱了形式上的空洞性质和想当然性质。海德格尔在此为他所提出的呼唤者和被召唤者为谁的问题提供了他的存在论答案："良知公开自身为操心的呼声：呼唤者是此在，是在被抛境况（已经在…之中）为其能在而畏的此在。被召唤者是同一个此在，是向其最本己的能在（领先于自己）被唤起的此在。"② 操心既是此在的生存论结构，同时也是此在的存在方式。说"良知之为操心的呼声"，也就是说良知是此在存在方式的呼声。作为呼唤者的此在不是常人自我的非本己状态的此在，而是被抛向它的本己存在的此在。被召唤的就是那个被唤起向它最本己的能在的此在，这个此在是沉沦于常人状态中的此在。

②对"良知之为操心的呼声"的质疑和解答

良知的呼声，即良知本身，在存在论上之所以可能，就在于此在在其存在的根基处是操心。这就是"良知之为操心的呼声"的存在论含义。

对此人们会提出两种质疑，一是把良知看作是由非此在式的力量发出

① ［德］海德格尔：《存在与时间》，陈嘉映、王庆节译，生活·读书·新知三联书店1999年版，第317页。

② 同上书，第318页。

的具有普遍合法性的声音，这种良知是世界良知、公众良知。海德格尔认为，到某种现成的东西那里寻找良知的起源，从而使良知也变成了现成的东西，世界良知、公众良知只不过是常人的社会性声音。这种阐释实际上是在逃避良知现象。二是把良知视为操心的呼声与所谓的"自然经验"相去甚远。在日常经验中，良知总是表现为责斥与警告。如果是这样的话，良知作为将此在唤向最本己能在的唤起者，应该如何起作用？唤起最本己的能在似乎与指责和警告相去甚远。或者说，仅仅唤起而不警告或斥责的良知不是真正的良知。海德格尔对这种反对意见的答复是，我们不是提供一个包括生存状态和存在者状态在内的对良知的全面阐释。迄今为止，我们只是致力于将作为此在现象的良知追溯至这一存在者的存在论构成上。

4. 召唤之领会：愿有良知

有呼声，就有相应的听；即使是对呼声的每一漏听和误听都会有此在的一种确定的存在方式。听就是对召唤的领会，完整的良知体验，不仅包括呼唤，同时也包括领会，而且只有从召唤之领会并与这种领会一道才能得以把握。为了从现象上把握在领会召唤时听到的东西，就须回到召唤上来，看呼声给出了什么东西供人领会。

①呼声给出了什么可加领会的东西

由于呼唤者不是现成的主体，而是在被抛境况（已经在…之中）为其能在而畏的此在，所以此在的呼声说出的不是任何对象性的东西。呼声来自被抛的个别化的无家可归状态，它指引被召唤的此在向前到其能在之处。"在唤上前去到…之际，呼唤的何所由来就是唤回的何所归去。"① 张汝伦对"何所由来"和"何所归去"作了如下的解释："从此在的存在结构上说，呼唤的那个来处属于此在'先行呼向…'的结构，'先行呼向（Vorrufen auf…）'是'先行于自身'的另一种说法，表示此在的被投性。呼唤的本源，也就是它的来处在'先行呼向…'，这个'先行呼向…'是此在的本己存在，是呼唤将此在唤回的去处（Wohin）。这说的也就是（本己的）此在将（非本己的）此在（常人—自我）唤回本己此在的意思。"②

---

① ［德］海德格尔：《存在与时间》，陈嘉映、王庆节译，生活·读书·新知三联书店1999年版，第321页。

② 张汝伦：《〈存在与时间〉释义》（下），上海人民出版社2012年版，第754页。

呼声的开展特点正在于"唤上前来的唤回",即先在的呼唤将沉湎于日常性的此在唤回到被它的日常性遮蔽的它最本己的能在。依循这一方向来领会呼声,我们就得到了呼声所给出的供人领会的东西:此在"有罪责"。

②什么"是"罪责

此在"有罪责",但罪责不是作为现成的东西强加在此在头上的,"有罪责"的源始生存论意义必须来自对此在存在的解释。这个阐释的标准来自这个事实:"有罪责"是作为"我是(存在)"的谓语出现的。但日常解释倒置了它的含义。

A. 罪责概念的日常解释

首先是"负债于…"某人,如"债务"、"负债"、"赊欠"等所表达的都是这个意思;其次是"有责于"某事(对某事负有责任)。"负债于…"和"有责于…"这两种流俗的含义可归于"使自己负罪责"的行为。其意是对于伤害某种债权的事负有责任并且使自己受到惩罚;同时还具有"对他人成为有责"的性质。

日常对罪责的理解与阐释,局限在操劳行为的"结算"和操持行为的"应当"领域,这不仅不能把握它的本质,反而模糊和掩盖了它的生存论特征。罪责现象与欠债和违法不一定有关。因此,不能通过那些日常操劳行为来说明罪责现象,正确的做法是从此在的存在方式来理解"有罪责"的观念。

B. 罪责概念的生存论存在论阐释

此在"有罪责",而且罪责存在总都是此在的存在方式。但为了将流俗的罪责现象如"欠债"、权利伤害等排除掉,就有必要首先把"有罪责"的观念加以足够的形式化。这个过程又分成两步。

第一步,指出罪责存在与缺欠有关:"是某一他人此在中的缺欠的根据。这一作为根据的存在按照它是造成何种缺欠的根据来规定自己'欠什么'。这种缺欠在于它不满足生存着共他人存在的某种要求。"[①] 这里的

---

①　[德]海德格尔:《存在与时间》,陈嘉映、王庆节译,生活·读书·新知三联书店1999年版,第323页。

"缺欠"尽管已经形式化了，但仍然和某种可能的或被要求的现成事物有牵涉，这就需要更彻底的形式化。

第二步，因为日常操劳领域某些事物"缺欠"或"缺乏"也就是阙失物所具有的不之特性，这样就自然地从"缺欠"过渡到"有罪责"观念中的不的性质："作为一种由'不'规定的存在之根据性的存在，这就是说：是一种不之状态的根据。"① 生存论罪责的"不"不是因为不能满足某些道德要求，更不是缺乏某种现成事物。此在有罪责，不是因为它欠债不还，不是因为它触犯了什么道德法则或一般的善；而是它对自己有责任。因为它在存在方式上就是有罪责的，即要对排除现成的可能性和要求负责。这里所谓"不之不性"就是否定性的意思，也可以说存在的否定性就是此在的原罪，但又是此在不得不承担的原罪，承担就是它的"责"。

如此一来，生存论上的"不"与日常操劳领域的"缺欠"的关系就表现为这样："'是…的根据'所具有的不之特性无须等同于根基于它、自它发源的阙失物的不之特性。根据无须反过来从根据它的东西那里才能得到它的不之状态。"② 把这个道理落实到罪责与欠债的关系上就是："有罪责并非作为某种欠债的结果出现，相反，欠债只有'根据于'一种源始的有罪责才成为可能。"③

③罪责怎么存在

从生存论存在论看，罪责存在总都是此在的存在方式。因此，从此在的存在来把握罪责观念，才能弄清罪责怎么存在。此在的存在是操心，操心包括实际性（被抛）、生存（筹划）与沉沦。"有罪责"观念中有着的不的性质在操心的三个环节里展示自身。

A. 实际性（被抛）中的"不"主要是作为根据的不

何谓根据？根据有基础、前提、理由的意思。海德格尔对根据的解释是：存在是根据，此在的存在是此在的根据；此在被抛地生存着，被抛就是此在生存的最终根据。而这个最终的根据具有不性。由此就可以看到如

---

① ［德］海德格尔：《存在与时间》，陈嘉映、王庆节译，生活·读书·新知三联书店1999年版，第324页。

② 同上书，第325页。

③ 同上。

下的情况。

此在回不到其被抛境况后面："生存着的此在从不回到其被抛境况后面去，以便能把这一'它存在，且不得不存在'从它的自身存在割舍掉并把它引入'此'。"① 释义：被抛就是此在的存在，这种存在是一个先验的事实。此在存在的这种先验规定，不是它可以决定是否有或是否要的。只要它存在，就被抛入了这种情况：它存在并不得不存在。正因为如此，此在不可能回到被抛境况的后面去。

此在不曾设置、不能控制、不得不接受这根据："此在委托给了这个存在者，它只有作为它所是的存在者才能生存；作为这样一个存在者，此在生存着就是它能在的根据，虽然此在不曾自己设置这根据。"② 释义：此在生存着就是它能在的根据，但这是一个被抛的能在的根据，所以此在不曾也不能自己设置，而且不能控制这根据："它向着它被抛入的种种可能性筹划自己。自身之为自身不得不为自身设置它的这根据；这自身却绝不能控制这根据，而是不得不生存着接受根据性的存在。"③ 此在为自身所能设置的根据是自身的存在，因为存在就是根据；这是此在存在的第二层次的根据。但它不曾也不能自己设置根据的根据（最终的根据），所以不得不生存着接受最终的根据这个根据性的存在。

根据之不从不控制最本己的存在："它作为被抛的此在生存着。作为这一存在者，此在始终落在它的种种可能性之后。此在在生存上从不在它的根据之前存在，而一向只出自这根据并作为这根据存在。从而，作为根据性的存在就等于说：从根本上从不控制最本己的存在。"④ 释义："这一'不'属于被抛境况的生存论意义，此在这一存在者作为根据，其本身就是它本身的一种不之状态。不之状态绝不意味着不现成存在、不实存；它所意指的'不'组建着此在的被抛境况这一存在。"⑤ 再释义：作为属于被抛境况的生存论意义的"不"是此在被抛结构的构成要素，它不是可有

① ［德］海德格尔：《存在与时间》，陈嘉映、王庆节译，生活·读书·新知三联书店 1999 年版，第 325 页。
② 同上。
③ 同上。
④ 同上书，第 326 页。
⑤ 同上。

可无的，而是必定存在的；从这个意义上讲，它是此在存在的天命。这个作为被抛结构构成要素的"不"之不性是如此强大，以至于此在从根本上从不控制最本己的存在。

B. 生存（筹划）中的"不"主要展现为可能性的不

此在生存着是它的根据，这是第二层次的根据。第二层次的根据所具有的不性，一方面来自最终根据的不性，这使得它不得不；另一方面开展出自己的不。其情况是：此在的生存是可能性的生存，此在筹划着打开一种可能性，也就意味着关闭了其他可能性，这就是作为可能性的"不"。

此在生存根基处的可能性的不："此在向来就以能在的方式处在这种或那种可能性中，它始终不是另一种可能性，在生存的筹划中它已放弃了那另一种可能性。"① 释义：被抛的存在就是此在的存在，因此，在此在筹划之始，它就不是另一种可能性了。或者说它就不得不已放弃另一种可能性了。

此在筹划中的可能性的不："筹划不仅作为向来被抛的筹划是由根据性的存在的不之状态规定的，而且筹划之为筹划，其本身本质上就是具有不性的。这种规定却又绝不意指'无结果'或'无价值'这一类存在者层次上的属性，而是筹划活动的存在结构的生存论组建因素。"② 释义：这里所指的"不性"属于此在面对其生存上的诸可能性的自由存在。但自由仅在于选择一种可能性，这就是说，在于把不曾也不能选择其他可能性这回事承担起来。再释义：此在被投向种种可能性，但绝不是说它有无限的可能性。虽然它被投向种种可能性，但它只能拥有一种可能性。选择一种可能性是自由，不选择其他可能性也是自由；只是这是从否定方面所肯定的自由。

C. 沉沦中的"不"主要展现为非本己存在的不

此在的非本己存在之"非"，就是本己存在之"不"。此在作为被抛的生存的存在者，在被抛和筹划结构中所存在着的"不"首先与通常展现

---

① ［德］海德格尔：《存在与时间》，陈嘉映、王庆节译，生活·读书·新知三联书店1999年版，第326页。

② 同上。

为沉沦结构中的"不"。

被抛境况结构中所有着的不之状态是沉沦中的非本真此在的不之状态之所以可能的根据。作为存在者，此在是被抛的此在，但却不是把它自身带入它的"此"。因被抛之故，此在一向总已作为这一沉沦实际存在着。

筹划结构中的不之状态使沉沦中的非本真状态成为可能。"作为存在者，此在被规定为这样一种能在：它听到了它自身，但却不是作为它自身把自己给予本己的。"① 此在在其日常存在中是领会到有一个本己存在的，但却不是把自己给予本己，而是把常人给予本己。

来自被抛结构和筹划结构中的不构成了沉沦结构中的不，沉沦结构中的不使此在首先与通常作为常人沉沦在世。

D. 作为操心结构中的整体的"不"之展现

"就其本质而言，操心本身自始至终贯穿着不之状态。从而作为被抛的筹划，此在的存在即操心就等于说：是不之状态的（具有不性的）根据。而这意味着：此在之为此在就是有罪责的——苟若从生存论上讲确乎可以从形式上把罪责规定为不之状态的根据性的存在。"② 此在为什么有罪责？因为它不能控制它本己的存在。它是它行动的发动者，但却不是它自己的存在的发动者。它是它行动的根据，但不是它自己的（整体）存在的根据，它的有限性归根结底是由于这种"不能"，这就是它的罪责。此在的这种结构上的局限性（"不"是自己整体存在的根据）是此在存在结构的不性（被抛的不性和筹划的不性以及非本己此在的不性）的根据。

此在存在的不性不是由于它没有筹划什么和没有达到什么这样的缺失，在它能筹划和多数能达到的事物之前，作为筹划，此在的存在已经具有不性了，即已经是有限的了。所以，这种不性不是偶然在此在出现，像一种模糊不清的属性附着于它，等此在有了足够的进步就能将它排除。这种不性就是此在存在的构成要素，是它的本质规定。

④生存论上的不之状态的不性的存在论意义

论生存论上的不之状态的不性的存在论意义，也就是问一般的"不"

① ［德］海德格尔：《存在与时间》，陈嘉映、王庆节译，生活·读书·新知三联书店 1999 年版，第 325 页。
② 同上书，第 327 页。

之存在论本质。前面通过充分的形式化，已经把不及其不性的存在论地位确定下来了。现在就可以把生存论上的不之状态的不性径直转换为此在的源始的有罪责存在或本质的有罪责存在。

经此转换，我们就看到了此在的罪责存在与伦理道德的奠基关系："其存在为操心的存在者不仅能背负实际的罪责，而且它在其存在的根据处就是有罪责的。唯有这种'是有罪责的'才提供了使此在实际生存着能够成为有罪责的存在论上的条件。"① 这是不之状态的不性的存在论意义之一。意义之二："这种本质性的有罪责存在也同样源始地是'道德上的'善恶之所以可能的生存论条件，这就是说，是一般道德及其实际上可能形成的诸形式之所以可能的生存论条件。"②

⑤良知为源始的罪责存在作证（唤起）

源始的罪责存在首先与通常保持其未展开状态，因为它处在被抛结构之始；再则，此在存在的沉沦又使其保持着封闭。一方面，这恰恰显示了我们所说的不之状态；另一方面，它使良知的呼唤得以可能（有遮蔽就有敞开，有沉沦就有良知）。既然罪责存在组建着操心，而呼声又是操心的呼声，那么，呼声所提供出来让人领会的其实就是这一罪责存在。

良知作为呼唤就是为源始的罪责存在作证，良知从何唤起？唤向何处？从此在的无家可归状态唤起。"无家可归状态把这一存在者带到它未经伪装的不之状态面前；而这种'不性'属于此在最本己能在的可能性。只要此在是为其存在操心，它就从无家可归状态中把自己本身作为实际的沉沦的常人向着它的能在唤起。"③ 良知的呼唤是此在自己向自己的呼唤，海德格尔把从此在的无家可归状态向它的能在的呼唤表述为：召唤是唤上前来的唤回。"向前就是：唤到一种可能性中去，生存着承受它所是的被抛的存在者；唤回就是：唤回到被抛境况，以便把被抛境况领会为它不得不接纳到生存中来的不的根据"④。

---

① ［德］海德格尔：《存在与时间》，陈嘉映、王庆节译，生活·读书·新知三联书店 1999 年版，第 328 页。

② 同上。

③ 同上。

④ 同上。

　　良知这种无声的呼唤其实不是别的，就是此在的存在结构中本己性因素在日常性中的作用，这种作用使此在看到自己被抛在世，沉沦为常人；但被抛也就是生存，生存就要筹划自己的可能性。

　　⑥召唤之领会：愿有良知（准备被召唤）

　　"良知的这种唤上前来的唤回使此在得以领会：此在——在其存在的可能性中作为其不之筹划的不的根据——应把自己从迷失于常人的状态中收回到它本身来，也就是说：此在是有罪责的。"①"此在是有罪责的"说的是罪责就是此在的存在。

　　此在作为生存的存在，它是筹划之不的根据；既然筹划作为选择使此在沉沦于非本己状态，当它被良知唤醒意识到自身的沉沦处境，它就有责任也有能力重新选择，让自己回到本真存在。这就是召唤之领悟的内涵：愿有良知。

　　愿有良知之"愿"不是指人的主观意志或意愿之类心理因素，愿有良知就是准备着被呼唤，就是让最本己的自我根据它选择的能在自行其是。本真地倾听呼声意味着把自己带入实际行动。呼声把此在最源始的能在作为罪责存在开展出来，愿有良知则把它承担下来。

　　5. 在良知中得到见证的本真能在的生存论结构

　　首须明确三点：一是见证层次：此在自身之中的存在者层次，因为只有在存在者层次上，所见证的此在的本真状态才不是一个空洞的名号和虚构的概念；二是见证方式：由良知以唤上前来的方式向罪责存在唤起；三是如何见证：让最本己的自身根据它选择的能在自行其是就是此在的本真能在。

　　①愿有良知与本真能在的生存论结构

　　愿有良知作为在最本己能在中的自我领会，是此在展开状态的一种方式。所以，此在在愿有良知中的展开状态就构成了本真能在的生存论结构。此在展开状态的三个环节（领会、现身情态、话语）是由愿有良知联络建构的。愿有良知作为召唤的领会是说：向着能够在世这样一种一向最

―――――――――

　　① ［德］海德格尔：《存在与时间》，陈嘉映、王庆节译，生活·读书·新知三联书店1999年版，第328页。

本己的实际可能性筹划自身。在愿有良知这个对召唤的领会中，一道被揭示出来的无家可归状态天然地通过这一领会中包含的畏之现身情态而被开展出来。这种现身情态被称之为"良知之畏"，愿有良知成为畏之准备。属于愿有良知的有所勾连的话语样式就是缄默和保持沉默，缄默抽掉了常人的知性闲言之言，此在在缄默中让自己领会到它最本己的能在。对这个本真展开状态的概括是："此在在愿有良知之中的展开状态是由畏之现身情态、筹划自身到最本己的罪责存在上去的领会和缄默这种话语组建而成的。"①

为了对这个本真能在的生存论结构有更深入和准确的理解，就需要作一点引申和发挥。"在愿有良知之中的展开状态"，是行动中的展开状态，缺少了行动，这个展开是理论的展开，不是实际的展开。愿有良知就是"在其罪责存在中从它自身出发而'让'最本己的自身'在自身中行动'。这种'让在自身中行动'在现象上代表着在此在自身中所见证的本真能在"。② 本真此在是脱离了常人的、具有向来我属性的此在，因此，在无家可归状态中悬临的畏之现身情态必定是个别化的。所以说"呼声之领会在此在个别化的无家可归状态中开展着本己的此在"。

②决心现象

海德格尔进一步把此在在愿有良知之中的展开状态规定为决心："这种与众不同的、在此在本身之中由其良知加以见证的本真的展开状态，这种缄默的、时刻准备畏的、向着最本己的罪责存在的自身筹划，我们称之为决心。"③ 海德格尔对决心的表述虽内涵丰富但相对比较简洁，乍一看，决心的规定就是对本真能在的生存论结构的重复性表述。但实际上，此处的决心概念涉及了与筹划、愿有良知、真理、操心、行动、处境等一系列概念之间非常繁复微妙复杂的关系。只有厘清了这些关系，才能对其有准确的理解。

决心与真理：源始的真理就是此在生存论上的展开状态，而决心是此

① ［德］海德格尔:《存在与时间》，陈嘉映、王庆节译，生活·读书·新知三联书店 1999 年版，第 339 页。

② 同上书，第 337 页。

③ 同上书，第 339 页。

在展开状态的一种突出样式，因而，决心是本真的真理。此在存在于真理中，所以，决心以自己的方式展开了此在的本真能在。

决心与愿有良知：愿有良知是对召唤的领会，但是在行动中的领会；所以，决心作为向着最本己的罪责存在的自身筹划，就不仅仅是理解和自由选择，而是以实际行动面对生存之不，并对此担负责任。

决心与操心：操心是此在存在的结构整体，它既包括此在的本己存在，也包括它的非本己存在，即日常性。决心只是操心本身的本真状态，通过决心操心中的非本真状态转化为本真状态。但决心只有作为操心才可能成为操心的本真状态。

决心与处境：处境是此在的生存论规定性包含着的结构环节，其意是："处境是那向来已在决心中展开了的此，生存着的存在者就作为这个此而在此。"[1] 处境有空间含义，但它不是前来照面的环境与偶然事件的现成混合，而是此在本真生存经验的统一性。所以，动态的本真能在的生存论结构就可以作为处境来理解，因为处境只有通过决心并在决心之中才存在；而决心把此之在带入其处境的生存。由此，决心才能界说着在良知中得以见证的本真能在的生存论结构，即愿有良知的生存论结构。这个"界说"就是决心之为本真的展开状态的本真的在世，所以说，两者是同一的。

③决心与"在世界之中存在"的本真展开

此在之此的本真的展开状态——愿有良知（领会）、畏（现身情态）、缄默（话语）——同样源始地开展着当下整体的"在世界之中存在"。

"在世界之中存在"这一整体在日常生活中的展开首先与通常是非本己性的。日常自己是作为常人存在，常人带着自己的"为何之故"来领会世界、构建意蕴整体，日常世界就这样得以展开。在这个前提下，世内存在者也随着世界的展开状态以"为了作…之用"的方式与此在相遇，此在由此操劳于这些上手事物。以上手事物为因缘关联，他人作为共同此在也来与此在相遇，此在由此操持于他人而与他人共同存在。如此的日常生存

---

① ［德］海德格尔：《存在与时间》，陈嘉映、王庆节译，生活·读书·新知三联书店 1999年版，第 342 页。

情形表明："此在实际上向已被指派到一个特定的'世界'——它的'世界'。与此同时，这些切近的实际筹划是由操劳着丧失于常人的境况来引导的。"① 这就是说，日常此在对自己、他人、他物以及整个世界的理解是受公众意见的指导和左右，完全丧失了自身，忘记了存在的意义。

在这个地方，就发生了由非本己性存在向着本己性存在转折的可能：当下本己的此在向这种境况发出召唤，此在自己聆听着良知的呼声，以决心的方式加以领会。生存情况由此发生了根本性的转变：日常自己存在变成了作为"我在"的本身，日常生存的这种目的性的"为何之故"（具体的就是为介入之故、为居持之故、为发展之故，等等）转化为自身的能在这种"为何之故"。日常业已被揭示的"世界"的被揭示状态和与他人共处的展开状态都因此在这一本真的展开状态而改变样式。

当然，这并不是说，日常展开的世界、他物和他人都消失了，把此在隔绝在一个漂游无据的我中。假若如此，这个"在世界之中存在"的开展就是空洞的、虚假的，因而也就不可能是本真的。世界、他人、他物都没有更换，所改变的是它们的存在方式，这就是："领会着操劳着向上手事物的存在和操持着共他人的存在现在都从其最本己的能在本身存在方面得以规定了。"②

这是如何发生的呢？关键在于此在的"决心"。决心就是本真的自身存在，决心之为本真的展开状态恰就是本真地在世。在把自身带到当下有所操劳地寓于上手事物的存在之中以及把自身推到有所操持地共他人存在之中的时候，决心以选择了自身的能在这种"为何之故"解放了自己，自由地面对世界、他人和他物。自由地面对就是让一道存在着的他人在他们自己最本己的能在中去"存在"，而在率先解放的操持中把他们的能在一道开展出来。同样地让上手的事物以及由其指引关联组建而成的世界以其本然去"存在"。

如此开展出来的本真的"在世界之中存在"就是存在者层次上的见证。在决心中，此在让最本己的自身根据它选择的能在自行其是就是此在

---

① ［德］海德格尔：《存在与时间》，陈嘉映、王庆节译，生活·读书·新知三联书店1999年版，第340页。

② 同上。

的本真能在；这就是由此在自己要求并由此在自己证明的本真能在。

（三）时间性与此在的本真整体能在

1. 先行与决心

此在的本真的向死存在证明了此在的整体能在，这在生存论上即是"先行"；此在生存的良知见证了此在的本真能在，其生存状态上的选择即是"决心"。显然，到此为止，先行与决心还是不相关的；现在所面临的问题是：应得怎样合聚这两种现象？以期把整体能在和本真能在整合为此在的本真整体能在，从而为下一步论证"此在的本真整体能在与时间性之为操心的存在论意义"打下基础。

解决这一问题的方法，不可能是从外部把两种现象硬凑到一起，正确的道路是：从在其生存的可能性中证实了的决心现象出发并追问："就其最本己的生存的存在倾向来说，决心是否先就指向作为自己最本己的本真可能性的先行着的决心？"①"先行着的决心"这一表述就暗含着决心现象包含先行现象于自身。现在的任务就是要证明先行与决心的这种关系。

①逻辑的证明

决心的现象学规定：期求自己去畏的缄默无言的自身筹划：向着最本己的罪责存在的自身筹划。先行的现象学规定：本真的向死存在是最本己的、无所旁涉的、不可逾越的、确知的，然而又是不确定的可能性。

决心规定中的"罪责存在"其意是：作为一种由"不"规定的存在之根据性的存在，这就是说：是一种不之状态的根据。先行规定中的"向死存在"之"死"其意是：此在生存特有的不可能的可能性，亦即此在的绝对的不之状态。

先行规定中的"向死存在"本质上就是向着一种可能性存在。而决心规定中的"向着…自身筹划"就是在前一个沉沦于非本己状态的选择基础上的向着最本己可能性的重新选择。

由以上的论述可以看出，先行和决心中有着共同的因素："不性"和

---

① ［德］海德格尔：《存在与时间》，陈嘉映、王庆节译，生活·读书·新知三联书店1999年版，第345页。

"可能性"。两者的内在联系于此得以逻辑地证明："决心把本真的向死存在隐含在本身之中作为其本己本真性在生存上的可能样式。"① 对两者内在联系的简洁表述是：先行的决心。

先行与决心内在联系更密切的表现是：从决心的角度看，决心只有作为先行的决心才是向着此在最本己的能在的源始存在；从先行的角度看，只有当决心有资格作为向死存在，决心才始领会能有罪责的这个"能"。

②逻辑证明基础上的生存上的证明

逻辑所证明的是理论的构架，作为现象的先行与决心则需要生存上的证明。海德格尔对自己探讨这项工作的方法为读者的理解指明了一丝线索。由生存论观念指引自己的全部步骤这一原则体现在先行与决心之间的联系问题上，就彰明了具体做法：要把这些生存论现象向着在它们那里草描出来的生存的可能性作筹划，再从生存论上对这些现象"刨根问底"。这种做法会取得这样的结果：研究先行着的决心（作为生存上的可能的本真整体能在）的工作就去掉了任意虚构的性质。这项工作就成为以阐释方式进行的此在的解放——把此在向着它最极端的生存可能性解放出来。

所谓生存上的证明，就是从现象上廓清此在的整体存在（操心结构）、先行向死存在（死亡结构）、向着最本己的罪责存在的自身筹划（决心结构）三者的关系。

此在的整体存在包含着死和不（罪责存在），或者说正是因为死和不的存在，此在的存在才是整体存在。海德格尔对此的表述是多样的：不之状态源始地统治着整体此在存在；操心同样源始地隐含着死与罪责于其身；死并非在此在到头之际拼砌到此在身上，此在作为操心倒是其死的被抛的（具有不性的）根据。

此在整体存在所蕴含着的死与罪责首先在日常的向死存在中得到展露。此在把死亡看作现成的事件，以"有人死了自己尚未"的方式闪避死亡；来自被抛结构和筹划结构中的不构成了沉沦结构中的不，沉沦结构中

① ［德］海德格尔：《存在与时间》，陈嘉映、王庆节译，生活·读书·新知三联书店1999年版，第348页。

的不使此在首先与通常作为非本己的常人沉沦在世。

现在，问题的关键就在于，日常此在虽然处在向死存在和不之状态的"一般形势"里，成为非本己的存在；但它并没有理解到自己的本真的死和作为被抛结构和筹划结构中的不。

正是在这个点上，良知的召唤使沉沦于世的此在领悟到此在是有罪责的。于是，决心在对召唤的领会的愿有良知中以行动把自己从迷失于常人的状态中收回到它本身来。这就是决心把此在带入其"处境"的生存，这就是此在本真的向死存在。

因为决心也只有决心，本真的先行到死这一活动才使罪责显而易见；因为先行的决心也只有先行的决心，才本真地且具体地亦即源始地领会能有罪责。因此我们就会看到决心出自自身驱向于本真的向死存在这些样式化的环节：最本己的、无所旁涉的、不可逾越的、确知的、然而又是不确定的可能性。这也就是说，在这些环节里，先行与决心如何在一起交织：决断属于此在的先行结构，先行始终隐藏在决断中。决心只有作为先行的决心才本真地整体地是它所能是的东西。

本真的向死存在之所以是最本己的可能性，只是因为决心把此在从失落到常人的境况中拉回到它最本己的自身能在。之所以是无所旁涉的可能性，只是因为此在作为最本己的自身能在就是与常人无涉的个别化的自身在畏中面对罪责并承担罪责。之所以是无可逾越的可能性，只是因为决心先行着赶上了死的可能性直至其能在，此在的本真存在就不再能被任何东西逾越。之所以是确知的可能性，是因为决心明确地揭示了此在向死存在的实情并将这种实情占为己有，决心于是获得其本真和整体的确知性。之所以是确知的不确定的可能性，是因为本己能在的不确定性只有在向死存在中才整体地公开出来，"先行活动把此在带到一种可能性面前：这种可能性持驻地是确知的；然而就其可能性何时变为不可能而言，这种可能性却时时刻刻保持其为不确定的"。① 死的不确定性在畏中源始地开展自身，这一源始的畏则又趋近于期求自己下决心。

---

① ［德］海德格尔：《存在与时间》，陈嘉映、王庆节译，生活·读书·新知三联书店1999年版，第352页。

③刨根问底

前述虽谓证明，实际上证明作为揭示同时也是此在本真整体能在本身的展示，所以海德格尔说至此还只能被视为存在论上的筹划。而现在则要从生存论上对先行与决心现象刨根问底。一开始海德格尔问了两个问题：一是"如果按照决心的最本己的存在倾向把它'想到头'，决心能带我们向本真的向死存在走出多远？"，二是"从生存论上把决心现象'想到头'，又是什么意思？"

经过了以上的证明，现在的论述可视为对先行、决心亦即先行的决心现象所作的总结。可分而述之。先行是在此在中得到决心见证的生存上的能在的样式，这个样式是决心的本真状态的可能性。这种可能性遮藏在从生存上得到见证的决心之中，但这种遮藏也一道得以见证。决心是先行的本真可能的样式化，它造就了此在的本真的整体能在，这个本真的整体能在在从生存上得以见证的决心中一道得以见证。

先行的决心是追随着良知呼声的领会，这一领会向死开放出掌握生存、彻底摧毁一切逃遁式的自身遮蔽的可能性；先行的决心是对此在诸实际的基本可能性的清醒领会，与之相应，清醒的畏把此在带到个别化的能在面前，坦然乐乎这种可能性。

现在就可以回答上面的两个问题：如果按照决心的最本己的存在倾向把它"想到头"，决心能带我们向本真的向死存在"走到头"——整体能在。从生存论上把决心现象"想到头"，就是本真能在这个意思。把先行与决心合起来所表达的就是"生存上的此在的本真整体能在"。

2. 操心与自身性

①问题：操心与自身性之间的生存论联系

操心作为此在存在的结构包含着诸多因素和环节，它是一个整体。先行于自身、向终结存在、死亡、良知和罪责这些参与构建操心结构整体的生存论现象把结构整体的整体性环节划分得更为丰富。但关于这一整体性如何统一的生存论问题并没有得到解答。就此，须要问的是：我们应该如何理解这种统一？此在为何可能在其存在的上述种种方式与可能性中统一地生存？

海德格尔认为答案只能是这样："它即是在其诸种本质可能性中统一

存在本身；我即一向是这一存在者。'我'似乎拢集了结构整体的整体性。'我'和'自身'自古就在这一存在者的'存在论'中被理解为起承担作用的根据（实体和主体）。"① 问题在于如何理解这个"我"和"自身"，对于"我"和"自身"的规定就构成了我之所以为我的"我性"和自身之所以为自身的"自身性"。回答此问题的指导线索，从否定的方面说，要禁用一切现成性（实体）范畴；从肯定的方面说，必须从生存论上加以理解。从生存论看，操心已经隐含着自身，于是，这个问题就转换成了"操心与自身性之间的生存论联系"。

②"我"的存在论阐释

从存在论的角度看，"在说我之际此在把自己作为在世的存在说出"。这就是说，"我"就是"在世存在"。但对在世存在又存在着两种解释，一是日常阐释；二是存在论阐释。

日常此在在说"我"时所意指的存在者确是它自身一向所是的存在者，这说明日常自我阐释也属于存在论阐释，但是这种阐释有从操劳所及的"世界"方面来领会自己的倾向。世界在此就成了由上手事物和现成事物组成的现成的世界，从这个世界所领会的自己也就成了现成的存在者。这是此在对自己的误认，其原因在于此在的沉沦。此在因沉沦而逃避它自己，逃到常人中去。日常自我是常人自身，但却不是本真自身。

存在论境遇中的"我"，是作为"在世的存在者"所是的那个存在者，是为着它所是的存在者的存在的那个存在者。"从生存论上说，只有在本真的能自身存在那里，亦即只有在作为操心的此在存在的本真性那里，才得掇取出自身性来。"② 操心有两种情况，一种是日常非本己的操心，在这种情况下，操心借"我"说出自己，其方式首先与通常是操劳活动的逃遁式的言我；另一种是本己的操心，在这种情况下，自身的持续常驻从操心上得到说明："独立性或常驻于自身的状态就是针对无决心的沉沦的无独立性或常驻于非自身状态这一情形的本真的反可能性。独立自驻在生存论上恰就意味着先行的决心。先行决心的存在论结构展露出自身的

---

① [德]海德格尔：《存在与时间》，陈嘉映、王庆节译，生活·读书·新知三联书店1999年版，第362页。

② 同上书，第367页。

自身性的生存论结构。"① 常人自我千篇一律，并不以个别化的方式存在。本己的此在则不同，它本己地存在于决心这种源始的个别化模式中。这个由下了决心生存的缄默揭示出来的自身就是本真自身。

论述至此，海德格尔以一段总结性的话回答了一开始提出的问题："操心不需要奠基在某个自身中，而是生存性作为操心的组建因素提供出此在自身持驻的存在论建构。"② 这是说操心结构中生存环节是此在自身之所以持续地是自身（存在）的存在论根据。但是"向着持驻于非自身状态（无独立性）的存在的实际沉沦也包含在这一建构之中"则从否定的方面也就是把非自我的持续性看作是此在自我持续存在状况的变式方面肯定了操心结构所包括着的自身性现象。

3. 时间性之为操心的存在论意义

①意义意味着什么

意义意味着什么？海德格尔对此作了如下的表达："意义就是某某事物的可理解性持守于其中之处，而同时这某某事物本身却并不明确地专题地映入眼帘。意义意味着首要的筹划之何所向，从这何所向方面，某某事物作为它所是的东西能在其可能性中得以把握。""意义意味着存在之领会的首要筹划的何所向。"③ 这段话包含着这样几个要点：一、存在之领会的首要筹划的何所向；二、事物作为它所是的东西；三、事物在其可能性中得以把握；四、但是，同时这某某事物本身却并不明确地专题地映入眼帘。

"何所向"就是筹划展开的可能性，也是事物得以把握的可能性。"筹划的何所向"既是指筹划本身的何所向，又是指被筹划者的何所向。但由于是"存在之领会"的筹划的何所向，所以在对存在"首要的（原初的）"的理解中，"筹划的何所向"和"被筹划者的何所向"是合而为一的。这种筹划的施动者和被动者的合一，就同时摒除了将被筹划者作为对象进行专题认识的可能。

---

① ［德］海德格尔：《存在与时间》，陈嘉映、王庆节译，生活·读书·新知三联书店 1999 年版，第 367—368 页。

② 同上书，第 368 页。

③ 同上书，第 369 页。

就筹划的何所向看，"这些筹划包藏一种何所向于自身之中，存在之领会就仿佛是从这种何所向吸取养分。"① 这无非是说，筹划作为存在的筹划，本身就存在着展开的可能性。对存在的领会就要从自身的可能性中来领会自身。正是在这种筹划的何所向中，事物才能作为它所是的东西。

就被筹划者的何所向看，被筹划的是此在的存在，而存在是存在者向之得以筹划的何所向。这是说被筹划的是此在的存在，而被筹划的何所向也是存在。"所以，存在才'本真地''有意义'。存在者'有'意义，只因为存在已经事先展开了，从而存在者在存在的筹划中成为可以领会的。"② 成为可领会的就是事物在其可能性中得以把握。

就此在这种存在者的存在和其他存在者的存在的关系而言，随着此在自身存在可能性的展开，它也就同样源始地领会着世内被揭示的存在者的存在。这就是说，在自身存在意义被把握的同时，其他存在者因被自身存在所揭示，其意义也同样源始地被把握。

②此在存在的意义

追问此在的存在意义，就是追问领会着的自己的此在本身，这也就是追问使此在的存在成为可能并从而使它的实际生存成为可能的东西。此在的存在是操心，操心作为此在的实际生存包含着如下环节：生存、被抛、沉沦。问此在存在的意义，首须问构成操心结构各环节的意义。

追问"生存"的意义就是追问此一环节所蕴含的先行的意义，然而此处对此在存在意义的追问是对此在本真存在意义的追问，所以，生存环节的被筹划者是先行的决心。"先行的决心在生存论上就是朝向最本己的别具一格的能在的存在。"③ "朝向"是先行，"最本己"是本真，"别具一格"是个别化了的自身。"保持住别具一格的可能性而在这种可能性中让自身来到自身，这就是将来的源始现象。"④ 这即是说，作为源始现象的将来是被筹划者——先行的决心——的何所向，即作为"可理解性持守于

---

①　[德] 海德格尔：《存在与时间》，陈嘉映、王庆节译，生活·读书·新知三联书店 1999年版，第 370 页。

②　同上。

③　同上。

④　同上。

其中之处"的意义。将来作为先行的决心的意义展现为：先行使此在本真地是将来的。

此在的生存是被抛的生存，只要此在生存着，它就不得不承担自己的被抛境况。被抛环节的被筹划者是已经存在，不得不承担自己的被抛境况就是此在对被抛的生存理解，按"某某事物作为它所是的东西能在其可能性中得以把握"来阐释的话，被抛作为此在所是的东西在其生存的可能性中得以把握就构成了"被抛"的何所向："如其一向已曾是的那样本真地是此在。……将来的此在能够是它最本己的'如其一向已曾是'，亦即是它的'曾是'。"① 此在"被抛地生存着"这一现象决定了曾在不可能独自构成被抛环节的意义，它必然地是源自将来的曾在，而且，只有当此在是将来的，它才能本真地是曾在。

沉沦是对此在当下生存状态的刻画，当下存在构成了该环节的被筹划者。沉沦关联着先行，先行的决心这样开展着此的当下处境：生存有所行动地寻视操劳周围世界上手的东西，有所行动地让周围世界在场的东西来照面。沉沦同样关联着被抛的已是：作为存在者，此在是被抛的此在，但却不是把它自身带入它的"此"。因被抛之故，此在一向总已作为这一沉沦实际存在着。因此双重关联，该环节的被筹划的何所向就不是独自的当前，而是当前化意义上的当前。但这个当前化意义上的当前是将来从自身放出的，惟其如此，"决心才能是它所是的东西：无所伪饰地让它有所行动地加以把握的东西来照面"。②

将来、曾在、当前化都不能各自构成相关此在存在环节的意义，作为此在整体存在的何所向的意义是时间性，时间性是一个有机的结构整体，但这个结构整体是以将来为核心加以联结的："从将来回到自身来，决心就有所当前化地把自身带入处境。曾在源自将来，其情况是：曾在的（更好的说法是：曾在着的）将来从自身放出当前。我们把如此这般作为曾在着的有所当前化的将来而统一起来的现象称作时间性。只有当此在被规定为时间性，它才为它本身使先行决心的已经标明的本真的能整体存在成为

---

① ［德］海德格尔：《存在与时间》，陈嘉映、王庆节译，生活·读书·新知三联书店1999年版，第371页。

② 同上书，第372页。

可能。"① 作为有机结构整体的时间性是此在存在整体性的根据和保证。

③操心的存在论意义——时间性

操心固然是分成环节的，但这些铺展开来的环节又是统一的。所以海德格尔对此在存在意义的追问并不满足于对上述各环节的粗略的标明，所以他继续问：借操心的意义而问的是：什么东西使操心的分成环节的结构整体在铺展开来的环节划分的同一中成为可能？但这不是在重演而是要深化上述分析。

操心的结构是：先行于自身的——已经在（一世界）中的——作为寓于（世内照面的存在者）的存在。这个结构的源始统一在于时间性，其中三个环节都在时间性中有其根源。

先行于自身根源于将来，已经在…中表示曾在，寓于…而存在在当前化中成为可能。

"先行"不是指"现在尚不——但是以后"那种现成意义上的先于，先行指向将来，而将来才使此在能够为其能在而存在。先行是操心的结构性环节，生存性是操心的生存论要素，而将来则是二者的时间性根据。从对意义的规定来说，将来就是存在之领会对先行的生存或生存的先行进行筹划的何所向。所以说生存论建构的首要意义就是将来。

"已经"不是指"现在不再——但是以前"意义上的现成的过去，而是指在被抛中存在这样一种时间性意义上的曾在，而只有当此在存在着它才能是曾在的。曾在构成了对已经存在进行筹划的何所向，与其对应的生存论要素"实际性"首要的生存论意义即在于曾在。

"寓于…的存在"虽没有像先行和已经这样的指示词，但沉沦同样根源于时间性。沉沦于所操劳的上手事物与现成事物这一状况之首要的基地就是当前化。这种当前化作为源始的时间性的样式，始终包括在将来与曾在中。下了决心的此在恰恰是从沉沦中抽回身来了，以求当下即是地愈加本真地朝向展开的处境在"此"。② 当下本真地向展开的处境在此作为被筹划者的何所向就是当前化。

---

① ［德］海德格尔：《存在与时间》，陈嘉映、王庆节译，生活·读书·新知三联书店1999年版，第372页。

② 同上书，第374页。

时间性使生存论建构、实际性与沉沦能够统一，并以这种源始的方式组建操心之结构的整体性。至此一开始所提出的问题就得到了圆满的回答。

④时间性到时

时间性不是由曾在、当前、将来组成的纯粹的、无始无终的现在时间序列，所以时间性不是存在者；作为现成存在者的时间性不存在，但作为存在的时间性它存在（有）。作为操心的意义，它总要表现出来，时间性表现为"到时候"。"时间性到时，并使它自身的种种可能方式到时。这些方式使此在形形色色的存在样式成为可能，尤其是使本真生存与非本真生存的基本可能性成为可能。"①

A. 时间性在诸种绽出的统一性中到时

将来、曾在与当前显示出"向自身"、"回到"、"让照面"的现象性质，"向…"、"到…"、"寓于…"等现象把时间性公开为绽出，将来、曾在、当前就是时间性的诸绽出。所谓绽出，不是说从作为存在者的时间性自身中走出来，而是源始的、自在自为的出离自身本身。换言之，绽出就是此在进入时间性本身敞开的理解境域。正是绽出使得此在对时间性的理解成为可能。

时间性如何到时？时间性在诸种绽出的统一性中到时。因时间性具有不同的类型，如本真的时间性（源始时间）和非本真的时间性（流俗的时间），所以到时的样式也随之不同。

源始而本真的时间性是从本真的将来到时的，其具体表现是：源始而本真的时间性曾在将来而最先唤醒当前。可以看出，将来在源始而本真的时间性的绽出的统一性中拥有优先地位，但这不是说将来比其他绽出更早到时，实际上诸绽出是在同等的源始性中到时的。非本真时间性是本真时间性的一种衍生出来的现象，它把将来、曾在、当前这些时间性现象敉平为前后相继的现在序列，这就是流俗领会所通达的时间，它的到时方式就是现在。

―――――――――――

① ［德］海德格尔：《存在与时间》，陈嘉映、王庆节译，生活·读书·新知三联书店 1999 年版，第 374 页。

B. 从到时样式看源始时间的有终性

现在须要问的是，为什么将来在时间性中具有如此的优先地位？这首先是由操心的向死存在的结构所决定的。死是此在绝对的不可能性，而先行的决心就是向此在的这种绝对不可能的可能性的本真存在。在这种向其终结的存在中，此在本真地整体地生存着。但这是有终地生存着。因而，本真的将来绽露其本身为有终的将来。正是有终的将来首要地使构成先行决心的意义的那一时间性到时。

其次是由源始将来的绽出性质决定的。源始而本真的将来是来到自身，到自身，以及作为不之状态的不可逾越的可能性而生存着。源始的将来封闭能在，所谓封闭能在，也就是显现能在的有限性；而此在作为封闭了将来的此在使自己对不之状态的领会成为可能，此在因这种封闭而领会了自身生存的有限性。源始而本真的来到自身就是在最本己的不之状态中的生存的意义。这等于说，源始而本真的将来是此在有限生存的意义。

说本真的将来是有终的，也即是说本真的时间性是有终的。说本真的时间性是有终的，并不表明否定了流俗时间是无终的。那么，应当如何理解本真时间的有终性与流俗时间无终性的关系呢？从对事物理解把握的次序上看，应先从时间的无终性入手，然后才可以看清时间的有终性。但对问题的提法是由领会着源始时间现象的眼光决定的，所以，"问题不能是：现成事物'在其中'生灭的那种'派生的'无终的时间如何变成源始的有终的时间性？而是：非本真的时间性如何源自有终的本真的时间性？以及：非本真的时间性作为非本真的时间性又如何从有终的时间使一种无终的时间到时？"① 问题的提法和角度就已经阐明了两者之间的层次关系：只因为源始的时间是有终的，"派生"的时间才能作为无终的时间到时。

第三节　思想的转向与事情的回行

一　如何理解海德格尔的转向

《存在与时间》意在通过此在追问存在，但是这部著作只是完成了对

---

① ［德］海德格尔：《存在与时间》，陈嘉映、王庆节译，生活·读书·新知三联书店1999年版，第377页。

此在的生存论分析，而一般存在则付之阙如。以 20 世纪 30 年代为期，之后有两类文本：一是直接探讨存在本身的，如《形而上学是什么》、《论根据的本质》、《论真理的本质》、《时间与存在》、《从本有而来》等。这类文本按海德格尔的自称就是追问存在本身，这其实走的是一条思的道路。二是论艺术、诗歌、语言的，如《荷尔德林诗的阐释》、《艺术作品的起源》、《作为艺术的强力意志》（尼采，第一卷）、《在通向语言的途中》、《物》、《诗人何为》、《筑·居·思》等。这类文本走的是诗的道路。

就前一条道路而言，它依然走在《存在与时间》所设定的路线上，所以海德格尔自称"我一直在按照在《存在与时间》中在'时间与存在'这个标题下所指明的看法追问不休"[1]。"如果说询问存在的问题触动了我们的此在，那么，甚至在今天，这条道路也仍然是必需的。"[2] 据此，一种意见认为，海德格尔的思想从根本上没有发生重大变化，他一直在思考存在问题。如国内学者叶秀山认为海德格尔后期的 Ereignis 在实质上就是 Sein，在意义上没有根本的差别。

但是，探讨问题的侧重点和方式毕竟有了变化。海德格尔自己认为"产生于《存在与时间》的思想，其强调存在的敞开本身要甚于面对着存在的敞开的此在的敞开，这就是转折的意义。通过这一转折，思始终更坚决地转向了作为存在的存在"[3]。一些人，比如 J. L. 麦塔（Mehta）和 O. 波格勒，将此转向理解为从此在转向了存在本身。阿兰·布托则认为是由从存在理解现象的预备性分析直接地转向存在本身去思考存在或存在的真理。这种看法与海德格尔自己的论述相印证："在其关键的步骤上，也就是从作为正确性的真理到绽出的自由，从绽出的自由到作为遮蔽和迷误的真理，思想在这些步骤上却实行了一个追问的转变。"[4]

其实在转向存在本身或存在的真理之后，此在也并非被弃之不顾，而是其地位有了变化，此在由存在者的主人转变为存在的看护者。这是海德

---

① ［德］海德格尔：《海德格尔选集》（下），孙周兴选编，上海三联书店 1996 年版，第 1276 页。

② 同上书，第 1277 页。

③ ［法］阿兰·布托：《海德格尔》，吕一民译，商务印书馆 1996 年版，第 47 页。

④ ［德］海德格尔：《路标》，孙周兴译，商务印书馆 2000 年版，第 232 页。

格尔从存在之为存在的真理方面对人的本质所作出的规定。阿兰·布托对此作了如下的评述:"对存在真理领域的这一深入伴随着海德格尔作品的样式与态度的转变。第一个海德格尔的'英雄式'风格(例如《存在与时间》里,在死亡的决断先行中对此在本真状态的呼唤)让位于'寂静主义',甚至如某些人所说的,让位于第二个海德格尔的神秘主义(倾听存在的声音)。"① J. L. 麦塔(Mehta)和 O. 波格勒则称之为从传统形而上学的主体主义转向非主体主义。孙周兴则把转向理解为运思态度的转变,即从"问"到"答"。"前期海德格尔突出了能够'问'存在的此在,……后期海德格尔则一反这种主观的倾向,试图重新摆正人与存在的关系。人不是'问'存在,而是'答'存在,响应存在,契合于存在,居于'存在之邻'。"②

针对由此在转向存在的说法,张祥龙提出了尖锐的批评:"'从缘在转向了存在本身'是个相当蹩脚和'离了谱'的说法。在海德格尔这里,缘在之缘正是理解存在本身的关键,在后期不再强调时间视域的特殊地位的著作中也是这样。语言和技艺同样是缘在之缘,而且是更切近和富于含义的缘分。"③ 其实,存在本身与人相关,人被归属到本有之中,转向存在本身也仍然要涉及人,问题的关键在于如何理解人与存在的关系。

就后一条道路而言,海德格尔的思想明显地有了变化。乔治·斯坦纳说:"海德格尔所做的正是他绝望地要加以避免的事儿。因而他的语言、他关于其(存在)定义和翻译的可理解性的诉求,都在压力之下一次次破产。他对词源学的发掘达到了前所未有的也是高度随意的深度。正是在那深奥之处他再度发现了古代诸神。由此出现了向诗和艺术的转向。这个转向自身固然充满无穷的魅力,但也表明,海德格尔似乎意识到他不仅在政治上,而且在哲学上都遭到了决定性的失败。在追随谢林和哲学审美主义(这是受尼采的影响)而进行的思考中,海德格尔栖身于荷尔德林抒情诗和梵·高绘画所带来的'令人战栗的神秘'中。相对于绝对在场和存在论的自指,它们体现了一种'他者性'。海德格尔希望借此来避免获得神学

---

① [法]阿兰·布托:《海德格尔》,吕一民译,商务印书馆 1996 年版,第 48 页。
② 孙周兴:《语言存在论》,商务印书馆 2011 年版,第 93 页。
③ 张祥龙:《海德格尔思想与中国天道》,生活·读书·新知三联书店 1996 年版,第 154 页。

的一形而上学的影响。还有，更神秘的是海德格尔后期作品中向'诸神'、向源于异教或原始宗教的所谓'四重结构'的转向。对后期海德格尔来说，存在就是在我们信赖的诗和艺术作品中体现出的'当下性'。"① 显然，走纯思的道路，不管采用多少新的词汇和概念，既然是证明，那么其结局仍然是形而上学的。而诗的道路则在于体现存在。国内学者张祥龙把诗的创作与存在的生成联系起来考察，认为创作具有"构成"、"引发"的意义，"诗化"就意味着那样一种被抛投出的、居中的缘构态。"这样，诗以及语言所具有的引发意义和在场境域的机制就可以代替《存在与时间》中牵挂与时间性的三相缘构机制的存在论功能。"② 陈嘉映则更为直接地把艺术作品看作此在以代替人这个此在，"存在在哪里显现，哪里就是存在的此。那么，人不应再是唯一的此在。尤其当我们注意到，人和物的关系也扭转了。物不再只作为工具供人使用，相反，物成为人的条件。物拢集四大，而人是四大之一"③。

上述观点需要和海德格尔关于本有中的转向思想结合起来才能得到深入的理解。海德格尔认为转向首先不是在发问的思中的某种进程，而是属于在"存在与时间"、"时间与存在"这样的标题之下所称谓的实事内容本身。这个作为实事内容的本有中的转向，指的是"把此－在带向它本身，并且因而把此－在带向那种内立地被建基的真理的实行（即庇护）——这种真理被建基于存在者之中，而这个存在者在'此'之被澄明的遮蔽中找到了自己的场所"④。而思想对于事情本身的回应则构成了自身的回行特性，即返回步伐。波尔特就此评论说："海德格尔还是将对'物、器具、艺术作品、机巧以及所有存在者的空间性和时间性'的某种解释设想'成对真理的庇护。……这种解释必定会唤起一些从物开始的新体验。……从时间－空间和存在而来的路和从存在者而来的路相会了'。"⑤

简括地说，在海德格尔那里有两种转向，一种是思想道路的转向：由

---

① ［美］乔治·斯坦纳：《海德格尔》，李河、刘继译，浙江大学出版社 2012 年版，第 19—20 页。

② 张祥龙：《海德格尔思想与中国天道》，生活·读书·新知三联书店 1996 年版，第 169 页。

③ 陈嘉映：《海德格尔哲学概论》，生活·读书·新知三联书店 1995 年版，第 391 页。

④ ［德］海德格尔：《哲学论稿》，孙周兴译，商务印书馆 2012 年版，第 432 页。

⑤ ［美］波尔特：《存在的急迫》，张志和译，上海书店出版社 2009 年版，第 284 页。

此在到存在，即存在与时间——时间与存在——本有与时间－空间；另一种是存在事情本身的转向：由本有到此－在，在由本有到此－在的转向中有着一个中介环节，即拢集天、地、神、人于一体的物化之物。这个物化之物，就是真理自行设置而入于其中的作品。如果从时间的角度着眼，这个本有中的转向体现在此在的层面上，则是以时间性阐释此在；体现在此－在的层面上，则是以"时间－空间"阐释"物"、诗、语言等艺术作品。

二　此在的时间性阐释

由操心结构所引导出的"此在的意义是时间性"还仅仅是一个纲领性的命题，因此，它需要由此在的基本建构的具体内容加以验证，这是思想的道路所要求的；从存在作为事情的回行来看，则是根据时间性指明此在存在建构的可能性，这也就在更广泛的范围内肯定了时间性的组建力量。

对此在的时间性阐释，其范围有三：日常状态（此在的非本真状态）、持驻于自身的状态（此在的本真状态）、时间内状态（日常的时间）。对以上三方面的时间性阐释，显示出日常性、历史性和内在时间性其实就是此在时间性的不同到时形式。

由于迄今为止未能澄清一般存在的观念，所以，重演对此在的时间性分析是不完整的，而且会有许多不明之处。这会在今后的存在追问中逐渐显示出来。

（一）日常状态的时间性

此在的源始整体性恰恰是由多样性的环节建构而成的，这就意味着时间性阐释不能排除多样性，根据准备性的此在分析所经历的诸阶段，也就确定了时间性阐释日常此在的步骤：一是一般展开状态的时间性；二是在世的时间性；三是此在式空间性的时间性；四是此在日常状态的时间性意义。

1. 一般展开状态本身的时间性

此在展开状态的环节有领悟、现身情态、沉沦和话语，这些环节都具有各自的时间性样式，但上述现象各具的时间性建制向来都引回到这样一种时间性：这一时间性担保领会、现身、沉沦与话语可能从结构上达到统一。

①领会的时间性

领会奠基在将来中。领会的生存论规定是：有所筹划地向此在向来为其故而生存的一种能在存在。它表明领会是此在生存可能性的展现。在一种生存可能性中有所筹划地领会自己意味着领会原本奠基在将来中。

将来：所谓将来，即从当下的可能性来到自身，也就是说此在总是以领先于自己的方式生存。当此在以先行的决心领先于自己的时候，其将来是本真的；反之，如果缺少先行的决心，其将来则是非本真的。本真的将来在决心那里绽露出来：此在在其最本己的而无所旁涉的能在中来到自己；而非本真的将来在无决心中从它所操劳之事来到自己。非本真的将来具有期备（期待）的性质，期备说的是：此在有所操劳地从它所操劳之事的结果或无果方面期备能在。期备的派生形式是预期和等待，此在实际生存中之所以能预期和等待某事某物，是因为此在从所操劳之事期备自己的可能性。

当前：当前在本真的领会中绽露为当下即是，因为"决心的先行中包含有一种某项决定依之开展处境的当前，在决心中，当前不仅从涣散于切近操劳之事的境况中被拉回来，而且被保持在将来与曾在中"。[①] 当下即是不等于现在，现在是作为时间内状态的现成的时间，当下即是作为本真的当前使作为存在在"一种时间中"的东西来照面。当下即是是从本真的将来到时的。非本真的当前绽露为当前化，当前化意指非本真的、不是当下即是的、无决心的当前。当前化与非本真的将来——期备相应：一方面，只要非本真的领会是从可操劳之事来筹划能在，这就意味着它是从当前化方面到时的；另一方面，只要非本真的领会正当前化地寓于所操劳之事，这就意味着它是从有所当前化的期备方面到时的。

曾在：先行的决心使此在回到自身，但这个自身是被抛的已是的曾在着的自身。此在在先行中下决心把它已是的存在者接受下来，并复又把自己领向前去领入最本己的能在。这种本真的曾在被称之为"重演"。但在非本真的领会中，此在的诸种可能性不是来自面向自身的筹划，而是来自面向可操劳之事的筹划。之所以如此，是因为此在在其最本己的被抛能在中遗忘了自己，遗忘自己就是封闭自身。所以，有所当前化的

---

① ［德］海德格尔：《存在与时间》，陈嘉映、王庆节译，生活·读书·新知三联书店 1999年版，第 385 页。

期备中所包含着的曾在是非本真的曾在——遗忘。正是基于遗忘，记忆才是可能的。

总而言之，"有所遗忘有所当前化的期备是一种本己的绽出统一性，非本真的领会就其时间性来看就是按照这一统一到时的。这些绽出样式的统一封闭着本真的能在并从而是犹豫不决之所以可能的生存论条件"①。

②现身的时间性

现身奠基在曾在中。此在是被抛的此在，但它如何被带到它的被抛境况面前？"唯当此在的存在按其意义来说是持驻地曾在，才可能够在生存论上把此在带到'它存在且不得不存在'这一本己的被抛境况面前。"② 这同时就是说，曾在的绽出才使得此在以现身方式发现自己的被抛境况，现身在曾在状态中到时。现身的时间性使诸种情绪的存在得以可能，其中怕和畏分别构成了此在非本己的和本己的现身情态。

A. 怕的时间性

曾在：怕作为现身的非本己情绪是由一种非本己的曾在——自身遗忘组建起来的，"这种自身遗忘是：在本己的实际能在面前迷乱放溜，而被威胁的在世就作为这种迷乱放溜而操劳于上手事物"。③ 自身遗忘的派生形式是抑制和迷乱，抑制把被抛状况封闭起来，让此在放任地操劳于上手事物；因遗忘自己，此在不具有任何确定的可能性，从而也就迷乱于一切"可能的"可能性。

将来：怕总有所怕的东西，这个现成的"在时间中"的"将来的东西"使此在产生着预期。但预期即将到来的有威胁的事物还不足以怕，因为它缺乏怕的特殊的情绪性质。"这种情绪性质在于：怕这种期备让威胁者回到实际操劳着的能在。只有当所回到的东西根本已经以绽出方式敞开着，威胁者才以回到我所是的存在者的方式被期备，于是此在才被威胁。"④ 这说明，怕既涉及外在的将来的威胁者，更涉及此在所处的生存处

① ［德］海德格尔：《存在与时间》，陈嘉映、王庆节译，生活·读书·新知三联书店1999年版，第387页。
② 同上。
③ 同上书，第389页。
④ 同上。

境。怕的源始的时间性意义就是将来和已是。因为曾在在怕这里展现为遗忘，所以它也改变了期备的样式，使它的特性成为受到抑制的迷乱的期备。

当前：因为遗忘了自身存在的可能性，也就把一切未经把持的"可能的"可能性摆在了眼前。这样遗忘在改变期备的样式的同时也同样改变了当前的样式，使之成为非本真的焦躁不安的当前化。

总之，怕的时间性是一种期待着当前化的遗忘。

B. 畏的时间性

将来：从形式上看，畏与怕具有相同的结构：何所畏（何所怕）、因何而畏（因何而怕）；但从其内涵看，两者有所区别：何所怕与因何而怕不相涵盖，何所畏与因何而畏则互相涵盖。畏之所畏，不是某个具体的事物，而是"它把此在带到其最本己的被抛存在之前，并绽露出日常所熟悉的在世的无家可归性质"所展示的世界之无，此在也就是因这个世界之无而畏。由此看来，将来组建着畏。但组建畏的将来是本真的，它与怕的非本真的将来所具有的期备性质是不一样的。"在…之前生畏"既没有预期的性质也没有一般期备的性质。因为畏之所畏已经在"此"了，那就是作为在世存在的此在本身。

曾在：畏展开了世界之无，而这一无则显露出日常此在所操劳之事的虚无性（不之状态——不可能），这一不可能向着植根在所操劳之事的能在来筹划自己生存的不可能恰恰意味着让一种本真能在的可能性出场。畏把此在带回到最本己的、个别化的"它存在且不得不存在"的被抛境况。这一带回既不是一种闪避的遗忘，也不是一种回忆，它是一种本己此在的展开方式。在这一展开中，此在有可能直面自己的本己能在，但还未使此在进入本己能在。因为此在虽畏但尚未决心，所以说此在"并非在畏中已经重演着把生存承接到决定之中"，其实情是：畏把此在带回到作为可能重演之事的被抛境况。"就这样，畏一道揭示出一种本真能在的可能性，这种能在必得借重演而作为将来的能在回到被抛的此。带到可重演性面前，这是组建畏这一现身的曾在状态所特有的绽出样式。"①

① ［德］海德格尔：《存在与时间》，陈嘉映、王庆节译，生活·读书·新知三联书店1999年版，第391页。

　　当前：在怕中，处于遗忘迷乱状态的此在不可能把持住本己的可能性，它只能把未经把持的"世间的"诸可能性摆到当前，它由此改变了当前的样式，使之成为非本真的焦躁不安的当前化。在畏中，此在被带回到最本己的被抛境况中，它没有迷失于可加操劳之事，而是把持住了本己的可能性并将其摆到当前。虽然，它却并非已经具有那在决定中到时的当下即是的性质。畏只是带入某种可能作决定的情绪，在畏面前，此在为那本真的"当下即是"的时刻做好了准备。

　　总之，畏的时间性源始地奠基在曾在状态中，而将来与当前只从这曾在状态到时。或者说，畏的将来与当前从一种源始的曾经存在到时，这曾经存在的意义是带回到可重演性。

　　③沉沦的时间性

　　沉沦奠基在当前中：与将来首要地使领会成为可能、曾在状态首要地使情绪成为可能不同，对于沉沦来说，起首要作用的绽出样式是当前。

　　尽管沉沦包含着闲言、好奇与两可，但在好奇这里可以最容易地看到沉沦所特有的时间性。好奇的生存论规定是：好奇是此在的一种别具一格的存在倾向。这个"别具一格"体现为：此在借好奇操劳于一种能看。看作为一种广义上的知觉着眼于外观而让事物就其本身亲身来照面，这种让照面奠基于当前。因为只有当前才提供出存在者能在其内亲身在场的绽出境域。当前这个绽出境域表现为生存论的现象就是好奇。

　　当前：为好奇奠基的当前是非本真的拘囚于自身的当前化。好奇之把现成事物摆在当前并不是为了逗留于此对其加以领会，而仅仅是为了看看而已。为看而看的时间性意义也就是为当前之故而当前化。好奇的不逗留于事物，既表现为无所延留又表现为无所去留。它力图摆脱离开上手事物而趋向于遥远陌生的世界和远方的事物，在不断地追求新的事物的好奇过程中，它把此在与周围世界意蕴整体的联系切断了。这种涣散的状态导致好奇到处都在而无一处在。与本真的当下即是把生存带入处境并开展着本真的"此"相反，好奇以只顾当前化的方式把自己拘囚于非本己的常人自身。

　　作为这种拘囚于自身的当前化，好奇处在一种与之相应的将来和曾在状态相统一的绽出方式中。

将来：好奇的趋新鹜奇原本就是趋向于"尚未"的，而且一直是在趋向着"尚未"的，这就表明好奇完完全全以非本真的方式是将来的，只不过这个将来是非本真的期备。

由于好奇为当前之故而当前化，而且只为当前化而当前化，这就与期备形成了带有游戏性质的双边关系。一方面，当前化总在设法从期备中脱身、撤回、跳开，这就是说，好奇以从期备中跳开的方式当前化；另一方面，这种跳开同时也是期备的一种绽出变式，即期备跟着当前化跳，期备通过跳开着的当前化变为跟着跳的当前化。

从以跳开的方式当前化这个时间性绽出的角度看，在生存上，好奇不期备一种可能性，而是可能性已经只还作为现实的东西在鹜好中被欲求；它不是投身于事，而是在看到一眼之际就已向最新近的东西转盼；从期备跟着当前化跳以至于变为跟着跳的当前化这个时间性绽出的角度看，在生存上，此在在"去"中切断了与周围世界的意蕴联系，但又无所"留"，于是涣散于常人之中。期备以当前化的方式绽出的式变过程正是涣散之所以可能的生存论时间性条件。

曾在：在好奇中，曾在状态展现为非本真的遗忘。好奇的当前化使此在有所封闭地逃离一种确定的能在，而跟着当前化跳的期备也不能带此在回到被抛境况之前。于是，在当前跳开之际，同时就有一种增长着的遗忘，好奇总已经去抓下一个而遗忘了上一个；在期备跟着当前化跳之际，同时就更有一种根本性的遗忘在增长。这两种遗忘不是因好奇才刚产生出来的结果，而是好奇自身的存在论条件。

在好奇中，当前的当前化、期备的当前化和由两种当前化决定的遗忘共同组成了当前的这种"跳开"的到时样式。表面看来，这样一种时间性的绽开，会使此在完全背离本真的当前、将来和曾在状态，从而完全背离本真生存。此在在被抛境况中被裹携，构成了被裹携状态的生存论意义的当前从来不能从自己获得另一种绽出的视野。但深处来看，当前这种"跳开"的到时样式是奠基在其本身为有终的时间性的本质之中的。当前的这种"跳开"的源头就是沉沦到失落状态中去的源头，就是那使被抛的向死存在成为可能的本真时间性本身。只要此在下了决心，在领会良知的呼声中绕开当前，以便作为有所居持的当下即是来开展当下的处境，就可直面向死存在。

④话语的时间性

此在的展开状态是由领会、现身情态与沉沦构成的，而这种展开状态通过话语得以勾连。这表明，话语并非首要地在某一种确定的绽出样式中到时。然而，话语实际上通常在语言中表达自己，而说的方式首先是从操劳的事物及其周围世界说起，所以当前化就当然具有一种占优势的组建作用。

语言中动词的"时"、"态"、"序"这些时间现象，其源头并不在于话语对在"时间中"照面的过程有所说，也不在于说话这种活动在一种"心理时间"中进行。话语就其本身而言就是时间性的，因为一切"关于…的"、"对…的"、"向…的"话语都奠基于时间性绽出的统一性中。

用传统的时间概念不可能解释话语中的时间现象，只有在存在与真理的关联从时间性问题出发得到展开讨论之后，才能着手分析话语建构和解说语言构造的时间性特征。也就是说，对语言及其时间性的分析必须以存在论研究为基础。例如，"是"的存在论意义、语词"含义"实际上是如何发生的，都依赖于对一般此在的时间性的探讨。

⑤结论

领会、现身情态、沉沦是此在生存结构整体的一些环节，作为这些环节的时间性也必须被引回到此在整体存在的时间性上来，才能担保其结构上的统一。

领会首要的奠基于将来（先行与期备），现身情态首要地奠基于曾在状态（重演与遗忘），沉沦首要的植根于当前（当前化与当下即是）。但这不是说，这些生存论要素只是以某个绽出状态展现自己，而是仅仅以某个绽出状态为主为首。所以，领会也是向来曾在的当前；现身情态也是作为当前化的将来到时；而沉沦的当前也从一种曾在的将来发源和跳开，并且由曾在的将来所保持。在此，我们就看到了此在存在整体时间性的统一："时间性在每一种绽出样式中都整体地到时，即：生存、实际性与沉沦的结构整体的整体性，也就是说，操心之结构的统一，奠基于时间性当下完整到时的绽出统一性。"①

---

①　[德]海德格尔：《存在与时间》，陈嘉映、王庆节译，生活·读书·新知三联书店1999年版，第398页。

从上面的分析，可以清楚地看到：时间化并不是指诸绽出样式的前后相继。因此，将来并不晚于曾在状态，而曾在状态并不早于当前，时间性作为曾在的当前化的将来到时。

2. 在世的时间性与世界之超越的时间性问题

此的展开状态及其本真状态与非本真状态都建立在时间性之上，但展开状态同样源始地涉及整个在世界之中存在。所以，有必要以展开状态（此在存在的开放性）的时间性建构为取向，证明作为在世存在生存着的那个存在者（此在）之所以能够存在的存在论条件。

操心奠定了此的整个展开状态，以操心所具有的绽出统一的时间性就可以反过来明确地理解操劳活动了。

①寻视操劳的时间性

A. 分析操劳活动时间性的着眼点

操劳作为"寓于…的存在"就是此在在周围世界中与周围世界打交道，从现象上看，就是此在以无差别样式或以残缺的样式使用、操作和制造上手事物。但上手事物并不是操劳的原因，所以，不能从存在者层面上阐明此在"寓于…的存在"；反过来，也不能从此在的"寓于…的存在"推演出上手事物。在操劳与操劳所指向的上手事物之间存在着一种联系，这种联系被称之为意义整体（因缘整体）。从上手事物看，意义整体就是用具联系。因为这种联系，在存在论上不可能只有一件用具，即使在使用一特定用具或用一特定用具操作，这事本身就始终指向一种用具联系。从世界方面看，周围世界就是这种意蕴整体的显示。从此在方面看，它"寓于…的存在"就是寓于这种意蕴整体的存在。

用具意义关联整体是此在操劳之所以可能的条件，正是这个因缘整体构成了此在与之打交道的东西。如此看来，所谓在周围世界与周围世界打交道，就是依据对意义整体的在先领会与世内存在者建立意义关联——结因缘——了却因缘。而建立这种意义关联整体是世内存在者上手（有所寻视的被照面）之所以可能的条件。

至此，已经清楚地显示出，此在"寓于…的存在"的操劳活动就是结因缘——了却因缘。了却因缘就构成了分析操劳活动时间性的着眼点，这就是说，操劳活动的时间性也就是了却因缘的时间性。基于此，海德格尔说:"操劳以寻视方式有所揭示地寓于…而存在,这种存在是一种了却因缘,亦即有所领会地对因缘作筹划。如果了却因缘构成了操劳的生存论结构而操劳作为寓于…的存在属于操心的本质建构,如果操心却又奠基在时间性中,那么就必须在时间性的某种到时样式中寻找了却因缘之所以可能的生存论条件。"①

　　B. 了却因缘的到时样式

　　作为"寓于…的存在"的现象取样:对上手事物的使用、操作和制造,以及它们的残缺样式与无差别样式,构成了分析了却因缘时间性的基本思路。

　　a. 操作用具中的了却因缘之时间性

　　在使用用具时,用具有它的"何所用",即它的有用性之指向,这就是此在操作用具时有所领会地对因缘所作之筹划。对用具何所用的领会具有期备的时间性结构,领会奠基在将来中,时间性之将来在操作用具活动中的绽出样式是非本己的,所以是"期备"。从目的指向看,可把操作活动中的期备解释为对实践意图的理解的时间性结构。

　　操劳活动唯因期备于所用才同时回到因缘之何所因,"何所因"即是上手事物本身,它构成了实现目的指向的手段,"同时回到"意味着它已经在着了,并被此在居持。"居持"就是操劳活动中曾在状态的非本己样式。从用具自身看,可把操劳活动中的居持理解为到达目的的手段的理解的时间性结构。

　　操作用具活动本身只能是当前的当前化着的。对何所用的期备同对因缘之何所因的居持连在一道而在其绽出统一性中使用具所特有的有所操作的当前化成为可能,同时也使消散于其用具世界这回事成为可能。

　　海德格尔在这里尽管使用了"意图"一词,但期备既不是对"目的"的考察,也不是对实际地完成某件事的预期;包括对因缘之何所因的"居持"在内,都不具有专题把握的性质。它仅仅是对了却因缘的时间性的描述。以时间性为基础的了却因缘已经建立了种种关系的统一,操劳就在这

---

　　① 　[德]海德格尔:《存在与时间》,陈嘉映、王庆节译,生活·读书·新知三联书店1999年版,第401—402页。

个关系统一中寻视着活动。

b. 使用用具三种残缺样式中的了却因缘之时间性

操劳活动中也会存在用具的短缺、不合用甚至是阻碍操劳活动的状况，在此在与世内存在者打交道的上述三种残缺样式中，工具的指引联络或中断或发生扰乱。用具因不合用而触目、因短缺而窘迫、因阻碍而腻味。

了却因缘就是"让存在"，对于上手事物来说，让存在展示为让它作为它所是的存在者向寻视照面，通过对触目、窘迫和腻味的分析可以从另一个方面进一步澄清操劳的时间性。

用具因为不合用，所以才会引人注目，或者说它以不称手的方式来照面。在正常使用用具时，其所指引关联的意蕴整体是潜在的，并不会特别地被注意。这种情形在时间性上的体现就是：有所期备有所居持的当前化组建着熟悉。但在用具不合用的情况下，那种对用具的意义整体关联的理解就凸显出来了。这种情形在时间性上的体现就是：有所期备有所居持的当前化被损坏的东西持留住了。就当前化本身而论，它要碰得上不合用的东西，一方面，它就必定已经有所期备地居持于某种东西，因为其因缘就是随这种东西而有其何所因的；另一方面，它必须被用过的用具卡住。于是，它在与有所居持的期备的统一中更多地留在自己本身，以便对用具进行反顾检查、排除干扰。对因不合用而触目的时间性的表述是：有所期备有所居持的持留住了的当前化。

用具的短缺导致操劳活动变得窘迫，此时某物的短缺决不是不当前化，而是当前的一种残缺样式，其意义是把某种预期和某种总已可资利用的东西的不当前（不在场）摆到当前。这就是说，缺乏某种东西也同样展现了了却因缘的时间性统一：即有所预期有所居持的不当前的当前化的绽出统一。如果在寻视的结缘中一开始就不期备着所操劳之事，如果这种期备在与一种当前化的统一中到时，那么此在就不可能发现某个用具的短缺。由用具短缺所引出的另一种情形是：在没有预期的情况下，某种东西的当前化使我们吃惊。因为吃惊是在有所期备地把某上手事物摆到当前之际不曾期待与有所期备的东西处在某种因缘联系中的另一种东西的当前化之际发生的，所以吃惊的时间性根据是：有所期备有所居持的不曾预期当前化的当前化。

不需要的事物出现在操劳活动中，对操劳活动形成阻碍，而此在以制造、办理、嫌避、疏远、自卫等所有这些操劳打交道的方式都不能制服或克服的情况下，只得顺从它。顺从是寻视着让照面的所固有的一种样式。顺从的时间性结构在于：有所期备的摆到当前的不居持。

总之，在打交道之际，无论是正常的打交道，还是正常的打交道的残缺样式，只要这种用具联系成为可通达的，了却因缘之为了却因缘，总必奠基在有所期备有所居持的当前化的绽出统一性之中。

②世界之超越的时间性问题

此在在寻视操劳中，由首要的"为其故"指引出上手事物的"何所用"、"用于此"以及"为了此"等要素，并关联为意蕴整体，这就是我们称之为世界的东西。现在需要问的是：一、与此在相统一的世界在存在论上是如何可能的？二、世界以何种方式存在，才能使此在作为在世界之中的存在生存？

A. 世界之所以可能的生存论时间性条件

此在的生存论意义是时间性，与此在相统一的世界的存在论建构必定同样奠基在时间性之中。"世界之所以可能的生存论时间性条件在于时间性作为绽出的统一性具有一条视野这样的东西。"① 视野又称境域，时间性境域是世界之所以可能的存在论根据。

世界不是存在者，也不是存在者总和，世界是此在存在的意义境域，而此在生存着就是它的世界，世界与此在处在不可分离的统一中。论世界的时间性境域就要回到此在的时间性这个问题上来。

此在的时间性绽出有将来、曾在和当前三种样式，每种样式各自构成相应的境域性图型。从将来绽出来到自己的境域性图型被称之为"为它自己之故"，从曾在绽出向它自己展开的境域性图型被称之为"被抛到什么面前"，从当前绽出的境域性图型被称之为"为了此"。"为它自己之故"体现的是此在的存在可能性；"被抛到什么面前"指的是此在存在的被抛

---

① ［德］海德格尔：《存在与时间》，陈嘉映、王庆节译，生活·读书·新知三联书店 1999年版，第 414 页。

性，既不能不存在又要能存在；"为了此"体现的是此在非本己的遗忘了自己的存在。

将来、曾在、当前这些境域图型的统一奠基在时间性的绽出统一性之中。整体时间性的境域规定着此在本质上向何处展开。随着实际的在此，在将来的境域中就有一种能在得到筹划，在曾在状态的境域中就有已经存在得到展开，在当前的境域中就有所操劳之事得到揭示。这些绽出境域图型的统一性使诸种"为了此"的关联能够与"为自己之故"源始地联系在一起，以至于根据时间性绽出的统一性的境域构成，便总是有一个被展开的世界属于此在。

B. 世界存在的方式

从时间性结构上来说，世界就是此在之"此"。只要此在时间化，就有一个世界存在，如果没有此在生存，也就没有世界在"此"。但反之也可以说，世界也是在时间性中到时，世界随着时间性诸绽出样式的出离自己而在此，此在才能"在一个世界中"存在。

C. 世界的超越

世界奠基在绽出的时间性的统一境域之上，这个现象说明世界是超越的。探讨世界的超越问题，一方面是要解决世界的整体性的理解问题，它规定了此在对存在理解的边界；另一方面是为了解决此在与世内存在者相遇并将其对象化的存在论条件是什么的问题。

世界和此在不可分离的统一，体现在存在方式上是相互规定，同样在超越问题上也是相互规定。世界的超越是此在的超越，此在的超越也是世界的超越。不能把超越问题理解为：主体如何超出自己来到客体，而在那里客体整体又同世界观念同一。因为此在不是主体，此在是由生存规定的；世界也不是客体，因为无论一个客体如何在外，世界都要更在其外。超越问题的实质是：在存在论上是什么使存在者能在世界之内照面并作为照面的存在者被客观化？

从存在论上看，为了世内存在者能够从世界方面来照面，世界必定已经以绽出方式展开了；此在也必定对作为意蕴整体的世界先天地有所领会了。但从生存上说，世界的存在是由世内存在者的指引联络组建起来的，而此在亦是依于存在者存在。上述问题，只要回溯到时间性的绽出境域的方式就可找到答案。

3. 此在式空间性的时间性

①此在的空间性奠基于时间性

此在的空间性是在世界之中存在的空间性，而不是在之内的空间性。在之中的空间性是生存论上的空间性，因此，它必定由生存论上的时间性所规定。根据前此的分析，此在的建构和它去存在的方式在存在论上只有根据时间性才是可能的，这一点同样适应于此在的空间性。由此我们就可以说：此在的空间性奠基于时间性。但这并等于说可以从时间演绎出空间来，也不是说把空间化解为纯粹空间。康德意义上的时间先于空间，它所表达的是经验层面上的时空关系，他把"在空间中"现成事物的经验表象当作"在时间中"发生的心理事件，这样"物理的东西"也是间接发生在"时间中"。海德格尔所要求的是，应该从生存论的角度追问此在空间性之所以可能的时间性条件，进而确定此在的空间性对世内空间的揭示。于是出现了这样的奠基关系：此在时间性为此在空间性奠基，此在空间性为世内空间奠基。

②此在式空间性的时间性

此在是如何取得空间的？"此在之为空间性的，只因为它能作为操心存在，而操心的意义是实际沉沦着的生存活动。"① 从生存活动看，此在从不甚至也从不首先现成存在在空间中；此在生存着向来就占得了一个活动空间，从时间性的角度看，这就是对一个活动空间的居持。

此在以设置空间的方式取得活动空间，设置由定向和去远组建而成。所谓"定向"，即"使位于……"的活动，此在始终随身携带着的上、下、左、右、前、后这些方向都源自这种定向活动。定向包含了此在为自己定向、给某物定向，通过定向而揭示场所，或者说向着一定场所定向。向着一定场所定向这一活动奠基于期备，即以时间性绽出方式有所居持地期备着可能的向那里和到这里。所谓"去远"，就是作为具有生存论性质的去某物之远而使之近，即带到近旁的活动。它与已经曾在的"占得空

---

① ［德］海德格尔：《存在与时间》，陈嘉映、王庆节译，生活·读书·新知三联书店1999年版，第417页。

间"、期待着的对场所的定向展现为如下的关系："占得空间作为对场所的定了向的期待同样源始地也就是把上手事物与现成事物带近前来。"这就是去远所展现的时间性上的当前化。

此在占得空间并设置空间这样一种生存活动所展现的时间性统一绽出就是：有所居持地期备着从那里到这里的当前化。

4. 此在日常状态的时间性意义

当把此在存在建构的本质结构回收到时间性之后，此在存在的意义就被揭示出来了，这就是时间性。日常状态作为此在存在的一种方式，其生存论含义当然也可以说是时间性，但作为一种特殊的平均的存在方式，其存在意义的独特性依然是晦暗不明的，目前对此在之时间性给出的解释是否足以规定日常状态的生存论意义仍是可疑的。

日常状态，就是此在非本己的存在方式。"首先"与"通常"揭示了这一点："首先"意味着与他人共处成为常人，"通常"意味着此在虽非永远地然而却常规地显现自己的存在。

日常状态中的此在所过的日子是同质化了。今天，它沉沦于"白日的生活"，一切行为举止均按照共处同在的常人的"如何"来"如何"。即使此在也期备着明日之事，但这明日之事则是永久的昨日之事。结果日常状态的单调把无论这一日带来的什么事情都当作变化。与所有日子的重复单调相应的现身情态就是懒洋洋无情无绪的木木然。

由以上所述可以看出，日常状态所意指的无非就是时间性，但它独特的意义只有在对一般存在的意义及其种种可能的衍变的原则性讨论的框架内才能得到充分的界说。

（二）此在历史性的时间性——持驻于自身的状态（此在的本真状态）的时间性

1. 历史性问题的提出

对于海德格尔而言，生存论分析工作的一切努力都在于一个目标：找到回答一般存在的意义问题的可能性。但迄今为止所作的努力仍然存在着片面性，这就是：对此在整体存在的证明仅仅是由向死存在作出的。此在的整体性包含着两个开端，死只是此在整体性的一个"终端"，而另一个终端是"开端"。此前的生存论分析侧重于能在、将来这些向前生存的因素，而把已经存在的不得不在、曾在等因素留在了身后未能给予充分的考虑。"始终未经重视的不仅是向开端的存在，而且尤其是此在在生死之间的途程。对整体存在的分析所曾忽视的恰恰是此在这样那样总持身于其中这一'生命的联系'。"①

①此在的演历

对生死之间的"生命联系"存在着两种解释。一种是把这一"生命联系"看作是由在时间中——相继的体验组成，在这——相继的体验中，只有在各个现在中现成的体验是现实的，过去了的以及还未来临的体验则不是现实的，此在则现实地处在这两条界限之间的现在中保持着一定的自一性。这种流俗的解释，无疑是把"生命联系"看作是在时间中的现成的东西。另一种则是存在论的阐释。从存在论的观点看，出生和死亡不是此在生命过程中的两个点，不是生命的两个事件，而是生命整体关联本身。实际此在以出生的方式生存着，而且也以向死存在的意义上以出生的方式死亡着。只要此在实际生存着，两个终端及它们的之间就存在着。在存在着的出生和死亡之间此在伸展着自己，把自己组建为途程。在被抛境况与逃遁或先行着向死存在的统一中，出生与死亡以此在方式联系着。作为操心，此在就是那个之间。

把此在生死之间的"生命联系"放在时间性的视野上予以考察，可以看出，它不是现成事物的运动，而是此在生存的行运。"这种伸展开来的自身伸展所特有的行运我们称为此在的演历。"②"伸展开来的"属于被抛的曾在的伸展，这是此在不得不接受的伸展；"自身伸展"属于向前的作为此在能在的伸展。"这种伸展开来的自身伸展"就是生死之间的途程。组建途程构成了此在从曾在状态到将来的演历。

②此在的历史性

此在的演历就是此在历史性的存在。此在的演历是时间性的，而历史性则是此在时间性的具体体现。此在的演历本质上包含有开展与解释，正因为此在以开展与解释的方式历史地生存着，它才能明确地展示和把握历史。

---

①　[德] 海德格尔：《存在与时间》，陈嘉映、王庆节译，生活·读书·新知三联书店 1999年版，第 422 页。

②　同上书，第 425 页。

"历史"的含义有四：其一，过去之事。在这里"过去"指不再现成，不再现成的过去之事对当前或有效用或无效用，但无论如何，历史之为过去之事总是就其对当前的积极的或阙失的效用关联得以领会的。其二，出自这过去的渊源。在这里历史意味着一种贯穿过去、现在与将来的事件联系和作用联系。其三，在时间中演变的存在者整体。在这里，历史意味着与自然有别的人这种存在者的一个区域——精神和文化的演变。其四，传统。总括上述四种含义，海德格尔得出结论说："历史是生存着的此在所特有的发生在时间中的演历：在格外强调的意义上被当作历史的则是：在共处中'过去了的'而却又'流传下来的'和继续起作用的演历。"① 在这个定义中，海德格尔强调了作为事件主体的人和人的时间性在其中的联系作用。由此就把历史事件和此在的演历联系起来了。显然，历史事件本身之所以具有演历的性质，只是因为此在就其存在来说就是历史的。

对博物馆里"古董"的现象学分析可以说明这个道理。博物馆里的古董，一方面属于某一"过去的时间"；另一方面在"当前"还现成存在。非常明显，这个物件有了变化：就它属于某一过去的时间而言，它曾在其内来照面的世界已经过去了，那个世界不再存在；就它在当前还现成存在而言，曾一度在那个世界之内的东西还仍然作为在这个世界之内的东西现成存在着。显然，古董的这两个方面都与此在的存在发生着如下的关联：仍然保存着的古董属于此在的世界，而它们的历史性质就奠基于此在的"过去"。

当然，此在的"过去"并不是说此在已经过去了，而仅仅是说此在曾在此。"曾在此"不是说"此在只在曾在此的此在这一意义上才是曾在的此在"，而是说"它作为当前化的将来的此在就是曾在的"，即是说"在其时间性的到时中就是曾在的"。

由对古董所作的分析得出了如下的结论：首要的具有历史性的是此在，次级具有历史性的是世内照面的东西。非此在式的存在者由于属于世

① ［德］海德格尔：《存在与时间》，陈嘉映、王庆节译，生活·读书·新知三联书店1999年版，第429页。

界而具有历史性。海德格尔告诉我们说："此在历史性的分析想要显示的是：这一存在者并非因为'处在历史中'而是'时间性的'，相反，只因为它在其存在的根据处是时间性的，所以它才历史性地生存着并能够历史性地生存。"①

2. 此在历史性的构成、体现与时间性阐释

此在实际上向来有其历史并能够有其历史，因为这一存在者的存在是由历史性组建的。历史性植根于操心的时间性，与此相应，此在向来作为本真的或非本真的是历史性的此在而生存。作为本真地生存，此在历史性的构成首先就寄于先行的决心。

①先行的决心——以两个向度的筹划打开了生死"之间"

决心被规定为缄默的、向着本己的罪责存在的、准备去畏的自身筹划。其筹划的方式是：直走到死的眼睛底下以便把它自身所是的存在者在其被抛境况中整体地承担下来。所谓自身筹划，就是建立在领会基础上的对自身可能性的选择。由于此在自身生存可能性的多样性，这种选择便有两个大的朝向：一个是向生存的不可逾越的可能性即死筹划自己，它保证了此在生存的本真性与完整性；另一个是向由被抛境况提供的生存的实际展开的诸可能性筹划，它保证了此在的生存回到了实际的"此"上面来。前者指向将来，后者指向曾在状态。

由被抛境况提供的事实的诸可能性，是历史传统的遗留，包含了公众解释、文化遗产等诸多方面。所谓整体地承担被抛境况，首先是继承，其次是批判。批判是选择，继承也是选择。所以它是一种继承下来的、然而又是选择出来的可能性。以对公众解释的态度为例可以看出其中两种选择关系的奥秘："生存上的本真领会不是要从流传下来的解释中脱出自身，它倒向来是从这些解释之中、为了反对这些解释同时却也是为了赞同这些解释才下决心把选择出来的可能性加以掌握。"② 决心下的承受遗业就必然表现为承传给自己以组建自身。

如此一种下了决心的向着自身的对来自被抛状况的诸种可能性的筹

---

① ［德］海德格尔：《存在与时间》，陈嘉映、王庆节译，生活·读书·新知三联书店1999年版，第426页。

② 同上书，第434页。

划，就把此在从一切偶然和暂时的可能性中扯回自身，从而将其带入命运的单纯性中。

②命运——此在历史性的体现

命运，指的是此在在本真决心中的源始演历。所以，命运属于此在，而不是此在之外的一种不可征服不可避免的力量主宰的状态。命运涉及此在存在的两个方面：一是此在的被抛境况所展示的此在存在的被决定性和生存的有限性。这是此在所面对的一种无力的、一任困逆临头的超强力量。二是此在在决心中对自身自由存在的筹划，这也是一种以缄默着准备着去畏的方式向本己的罪责存在筹划自身这一活动的超强力量。前一种超强力量指向了此在的曾在状态，后一种超强力量指向了此在的将来。在曾在和将来之间，此在以最广阔和最充分的方式揭示自己，也就是说在时间性中、在历史性中揭示自己。时间性就构成为作为两种超强力量聚合的命运之所以可能的存在论条件。

因为此在在其生存的根据处是历史性的，所以这个存在者才能以命运的方式生存，才能够被命运的打击击中，才能够既可以迎候幸运的环境又可以面对残酷性的事故。如果缺少了朝向将来的决心，只靠环境与事故的碰头产生不出命运，所以海德格尔说没有决心的人不可能有任何命运。

此在作为在世存在，本质上也是与他人共在。因此，它的演历就是共同演历。因为此在本身就是共在，所以共同演历就不是有诸多个别的命运凑成。共同演历也就是共同体的演历、民族的演历，此谓之天命。这一天命构成了此在的完整的本真演历。这里的天命决不是指此在命运之集合，而是指共在对此在曾在和将来的影响。对于曾在而言，共处中才有遗业；对于将来而言，共处中才有本真的自由选择。

在把此在的命运归结为时间性和历史性之后，海德格尔作了如下概括："只有这样一种存在者，它就其存在来说本质上是将来的，因而能够自由地面对死而让自己以撞碎在死上的方式反抛回其实际的此之上，亦即，作为将来的存在者就同样源始地是曾在的，只有这样一种存在者能够在把继承下来的可能性承传给自己本身之际承担起本己的被抛境况并当下即是就为'它的时代'存在。只有那同时既是有终的又是本真的时间性才使命运这样的东西成为可能，亦即使本真的历史性成为可能。"①

③重演——此在历史性的时间性绽出

重演是明确地承传，即回到曾在此的此在的种种可能性中去。所谓"明确地传承"之"明确"，是指此在的传承是通过自己的决心所作的选择，而不是被动接受。它有选择地把这些曾经在此的此在的可能性作为自己的可能性传给自己。因为重演发源于下了决心的自身筹划，所以，所谓"回到"就不是回到曾在此的此在，不是回到"过去之事"，也不是把当前反过来联结于被越过的事。重演是回到以将来为指向的曾在此的此在的可能性中去，所以，重演就是选择最本己的不可逾越的可能性与选择曾在此的生存的可能性之间的对答，而且是在本真的当前当下即是地对答。

由决心所组建、命运所体现的此在的历史性，其重心既不在过去之事，也不在今天以及今天与过去之事的联系中，而在将来。海德格尔说："本真的向死存在，亦即时间性的有终性，是此在历史性的隐蔽的根据。"② 这话说的是，历史中的曾在源自将来。

此在下了决心承受遗业并承传给自己，这个"传"实现于当下，正如重演作为对答是当下即是的对答一样。所以海德格尔才这样说："在决心中有先行着把自己承传于当下即是的'此'这回事。"③

此在历史性的时间性统一的绽出是：源自于本真将来（先行的决心）的当下即是（本真当前）地重演（本真曾在状态）。这就是说，此在历史性的时间性在曾在状态中到时。由此可以找到诸如"过去"在历史概念中为什么具有显著地位、本真历史性的演历为什么在曾在状态中有其重心这些问题的答案。

（三）内在时间性

1. 内在时间性的含义及其地位

内在时间性，指的是世内存在者的时间规定性，海德格尔称之为

---

① ［德］海德格尔：《存在与时间》，陈嘉映、王庆节译，生活·读书·新知三联书店 1999年版，第 435—436 页。

② 同上书，第 437 页。

③ 同上。

"时间内性质或时间内状态"。从此在的角度看，这是一种"把时间本身领会为某种现成事物"的时间，亦即流俗的时间概念。虽然时间内状态这种时间发源于源始时间性的一种到时方式，但是，因为无论历史的演历还是自然进程都"在时间中"进行，或者说都是"通过时间"得到规定的，所以现成事物"在其中"生灭的时间也是一种真切的时间现象。因此，"我们也就必须明确地把对历史的实际的、'存在者层次上时间性上的'解释所具有的权力还给它"。① 而且，为了赢得对时间性的领悟，就必须以庸常地时间概念为出发点；或者说，穿越庸常的时间领悟而推进到时间性。

2. 内在时间性的起源

对海德格尔来说，存在着三种时间：本真整体存在的时间、非本真整体存在的时间、物理学时间。本真整体存在的时间是源始时间，非本真整体存在的时间是世界时间，物理学时间是日常时间。一方面，这三种时间是时间性的不同到时方式；另一方面，这三种时间之间具有一种隶属和衍生关系，即物理学时间起源于世界时间，世界时间起源于源始时间。海德格尔以此强调说："必须看到，被庸常地领会的时间确实以及如何属于且源于时间性的。"②

世界时间，就是此在与世内存在者"在其中"照面的时间，又可说是此在寻视着的知性操劳活动的时间，也可以说是日常生活实践的时间。它的根据在于时间性，故说"时间性本身就包含有世界时间这样的东西"。③其时间性的到时样式是：有所期备有所居持着的当前化。期备、居持、当前化标志着非本真的将来、曾在与当前。"操劳活动借'而后'道出自己之为期备，借'当时'道出自己之为居持，借'现在'道出自己之为当前化。"这三者虽非本真，但依然保持着本真时间性的整体性。在"而后"中有着"现在还不"，这是借有所期备有所居持的当前化说出的；

<hr>

① ［德］海德格尔：《存在与时间》，陈嘉映、王庆节译，生活·读书·新知三联书店1999年版，第457页。

② ［德］海德格尔：《现象学之基本问题》，丁耘译，上海译文出版社2008年版，第306页。

③ ［德］海德格尔：《存在与时间》，陈嘉映、王庆节译，生活·读书·新知三联书店1999年版，第457页。

"当时"则包含有"现在不再",居持借此道出自身之为期备着的当前化。"而后"与"当时"是着眼于"现在"而一道得到领会的,而当前化则主要说着"现在、现在"。如果说源始而本真的时间性的首要现象是将来,那么世界时间的首要现象则是现在。

世界时间具有可定期性、时段性、公众性、意蕴性等特征。

此在操劳活动中的"而后"、"当时"和"现在",一方面道出了某事,另一方面则道出了自己。就前者而言,它表现为对某事存在时间的确定:而后某事将发生,当时某事曾发生,现在某事正发生。尽管这个日期是不确定的,但是它具有定期的本质结构。"我们把'现在'、'当时'、'而后'的这种似乎不言而喻的关联结构称作可定期状态。"① 这种"关联结构"一是指"而后"、"当时"、"现在"与"什么时候"的关涉,即时间;二是指"而后"、"当时"、"现在"之间的关涉,即在一种对某物的当前化中的每一个现在,都是与预期和持留的统一中被说出的。这就是后者,即"意涉某事的解释道出了自己",这恰恰证明了"被解释的东西(时间)源出于解释自己的时间性。"现在、而后与当时的可定期性是时间性的绽出建构的反照并因而对道将出来的时间本身也是本质性的。"②

正是因为"而后"、"当时"、"现在"之间的相互关涉,使得它们各自所展现的时间不是显现为一个点,而是显现为"一段时间"。"而后"意味着"现在还不"和"直到那时","当时"意味着"过去曾经"和"现在已不"。不仅"一段时间"是延伸为时段的,而且每一"而后"、"当时"和"现在"各自本身也具有时段性,"现在":在休息,在吃饭;"而后":吃早饭时,登山时;"当时":在工作,在跑步,诸如此类。

此在日常操劳着与世内事物打交道,总有其实践目的即"为何之故",也就是说这是包含内容的操劳,而世内事物的指引联络则构成为整体的意蕴——世界。世界时间中的当前化所标志的"现在"都是为了去做这做那的时间,因此说意蕴构成了现在结构的本质要素。我们之所以把时间称为

① ［德］海德格尔:《存在与时间》,陈嘉映、王庆节译,生活·读书·新知三联书店1999年版,第460页。

② 同上书,第461页。

世界时间，这是因为它具有意蕴性这个特性。

每一此在的时间，因所做事情的不同而对"而后"、"当时"和"现在"有不同的定期，但因此在是共在，被解释、被道出的"现在正"、"而后将"从原则上说是人人都可通达的。正是这个可通达性把时间的特性确定为公开的。公众化就是操劳计算时间之时与他人共在地规定时间。"只要日常操劳从所操劳的'世界'领会自己，所取得的'时间'就不是作为它自己的时间得到识认；而是：日常操劳有所操劳地利用时间。时间'给定'在那里。人们计算时间。而实际此在愈是特特地计算时间从而明确地操劳于时间，'时间'的公众性也就愈咄咄逼人。"①

3. 内在时间性的发生及其特征

世界时间与日常此在与世内存在者打交道时的计算行为相关，但由此形成的"而后"、"当时"和"现在"并不是漫无差别的没有内容的"现在"系列，每一个"现在"都是向着"当时"与"而后"的现在的绽出。而流俗的时间领会则以敉平的方式遮蔽世界时间，时间因此显现为一系列始终现成的、前后相续的"现在"之流或时间长河，现在正在逝去，而逝去的现在构成过去，未来的现在界说着将来。"现在序列连续不断、严丝合缝。无论我们怎样'不断地'把现在'分割下去'，现在总还是现在。"② 内在时间性有如下特征：

第一，不可定时性。之所以不可定时，是因为它把时间仅仅理解为现在序列，本身没有任何意义规定。"不可定时"不是说不能确定某个时间，而是说它不会和任何操劳挂钩，没有实践相关性和世界性，现在就是现在，而不是"现在正……"。

第二，缺乏意蕴。对于流俗时间来说，时间就是钟表时间，这就使得先前、现在和后来这三种在世存在的样式没有任何实在的意义，它们完全是非生存性的"时间之维度"。

针对上述两点，海德格尔说："流俗的时间解释遮蔽了这两种结构。现在的可定期性与意蕴根据于绽出视野的时间性的建构，而这一建构在这

① ［德］海德格尔：《存在与时间》，陈嘉映、王庆节译，生活·读书·新知三联书店1999年版，第464页。

② 同上书，第478页。

种遮蔽中却被敉平了。"①

第三，时间是无终的："如果对时间的描述首先而唯一地拘泥于这种序列，那么在这种描述中本来从原则上就不可能找到始与终。每一个最后的现在其为现在就总已经是一种立刻不再，所以也就是在不再现在亦即过去这一意义上的时间。每一刚到的现在向来是刚刚还不，所以也就是在还不现在，即'将来'这一意义上的时间。从而时间'两头'都是无终端的。"②

第四，时间不可逆转："时间为什么不可逆转？恰恰是在这种盯着现在之流的眼界里本来就看不出——相续的现在为什么不也会得在逆转的方向上表现出来。逆转之所以不可能的根据在于：公共时间出自时间性，时间性的到时首要地是将来的，是以绽出方式向其终结'行进'的，也就是说，时间性的到时已经'是'向着终结的'存在'。"③

三　存在的时间特征（时间与存在发生结构）

（一）此在时间性的局限性

海德格尔的目标是追问存在的意义，但在《存在与时间》中，仅仅揭示了此在生存的意义——时间性，显然这种准备性的工作离目标还相差甚远。在《存在与时间》结尾，海德格尔这样写道："对存在有所开展的领会对此在来说究竟如何是可能的？回到领会着存在的此在的源始存在建构是否能为这一问题赢得答案？此在整体性的生存论存在论建构根据于时间性。因此，必定是绽出的时间性本身的一种源始到时方式使对一般存在的绽出的筹划成为可能。如何对时间性的这一到时样式加以阐释？从源始时间到存在的意义有路可循吗？时间本身是否公开自己即为存在的视野？"④问的是：此在的存在领会如何可能？答案是：必定是绽出的时间性本身的一种源始到时方式使对一般存在的绽出的筹划成为可能。这种问与答之间

①　［德］海德格尔：《存在与时间》，陈嘉映、王庆节译，生活·读书·新知三联书店 1999 年版，第 476 页。
②　同上书，第 478 页。
③　同上书，第 480 页。
④　同上书，第 494 页。

所揭示的是，从此在的时间性引向为存在的意义所独有的时间性。

（二）存在的时间特征的提出

从时间出发对存在及其诸性质与诸样式的意义的原始规定被称为"Temporalitat"，"Temporalitat"在汉语中被译作"时间特征"或"时态性"或"时－间性"。这个"Temporalitat"既然是对存在的原始规定，我们可把它称为"存在的时间特征"，或"存在的时态性"，或"存在的时－间性"。

就"Temporalitat"与存在领悟的关系来看，海德格尔反反复强调的是前者为后者之可能条件。

就时间性作为前存在论的以及存在论的存在领悟发挥作用而言，我们将时间性称为时态性。[1]

时间性乃是存在领悟一般之可能条件；对存在的领会与概念把握是从时间出发的。如果时间性作为这样的条件发挥作用，我们就称之为时态性。[2]

如果超越性使存在领悟得以可能，而超越性又植根于时间性之绽出—境域性建制，那么这个建制就是存在领悟之可能条件。[3]

就时间与存在的关系来看，"我们从时间（tempus 拉）出发阐释存在。这一阐释是时态性的（temporale）。存在论作为从时间出发对存在意义的规定，其基本的问题便是时态性（Temporalitat）"[4]。那么什么是时间呢？时间就是诸如存在之类一般由之得到领会的境域。就"Temporalitat"与时间性的关系来看，时态性乃是时间性本身之最本源的时间化，或者说时间性本身的一种源始到时方式。

总括上述，"Temporalitat"是此在存在领悟之可能条件，是此在时间性的源始到时方式，是从时间出发对存在的时态性阐释。这种种规定最终

---

① [德]海德格尔：《现象学之基本问题》，丁耘译，上海译文出版社 2008 年版，第 375 页。
② 同上。
③ 同上书，第 414 页。
④ 同上书，第 19 页。

落实到时间与存在的关系上来："时间"为"存在的境域"而是"境域性时间"，境域则是存在的"时间性境域"。如果说在《存在与时间》里，"时间"即"逸出"，"逸出"即"时间"，那么在"时间与存在"里，"时间"即"境域"，"境域"即"时间"。

（三）时间性之绽出特征与时态性之境域性特征的关联

时间性与时态性有别，时间性是此在存在的意义，而时态性则是存在的意义；此在的时间性具有绽出的特征，而存在的时间则具有境域性特征。但两者具有密切的关联，存在的意义使此在生存的意义成为可能，时间境域性特征使时间性的绽出特征成为可能。

时间性的绽出，首先说的是作为时间现象的将来、曾在与当前"出离自身"本身，"作为将来的东西，此在向着其曾是的存在能力出离；作为曾在的东西，此在向着其曾在性出离；作为行当前化的东西，此在向着另一个存在者出离"①。所以将来、曾在与当前被称为时间性之三重绽出。其次说的是这三重绽出在其自身之中以同源的方式相互归属，并在诸种绽出的统一中到时。"作为将来、曾在与当前的统一，时间性并不偶尔才使得此在出离；毋宁说它自身作为时间性便是本源的外于一自己，ekstatikon（希：出离、绽出）。我们在术语上把出离这个特性标为时间之绽出的特性。时间之出离并不是后起的、偶发的；毋宁说将来在其自身之中作为'向一去'就是出离的、绽出的。"②

与时间性的绽出特征密切相关，时态性的境域性特征，首先说的是时间性的每一重绽出都有一个"绽出之何所至"，并构成一个具有"敞开幅员"的"敞开之所"。"每一绽出在其自身之中以某种方式向之敞开之所，我们称之为绽出之境域。境域乃是绽出本身向之外于自己的敞开幅员。出离敞开，且将此境域保持为敞开的。"③ 所谓"幅员"、"境域"，是一个划定了界限的"域"，绽出并不提供确定的可能性，但它提供一般可能性之境域，在此境域内一种确定的可能性可以被期望。其次说的是作为将来、曾在与当前的本源统一，时间性在其自身之中便是绽出的一境域的。也可

---

①　[德]海德格尔：《现象学之基本问题》，丁耘译，上海译文出版社 2008 年版，第 365 页。

②　同上。

③　同上书，第 366 页。

以这样说，时态性乃是顾及到诸境域图型之统一（而言）的时间性（那些境域图型属于时间性）。

显然，本源时间性的绽出特征不可分离于每一绽出所具有的境域特征，绽出时间性与境域时间性总是相伴而生。

（四）时态性的境域图型

时间性之绽出，作为"出离到……"拥有一个既在自己之中，同时又属于它对"出离至何所至"这个形式结构的预先确定，这被称之为"绽出之境域"或"绽出之境域性图型"。

其一，"每一绽出在其自身之内都有一种全然特定的图型，该图型是以时间性把自己样态化的方式绽出，把自身样态化的"①。也就是说，时间性三维绽出对应着三种绽出境域图型。因此有作为时间性当前维度的绽出境域图型、作为时间性将来维度的绽出视域图型、作为时间性曾在维度的绽出视域图型。

其二，正如三重绽出在其自身之内构成时间性的统一，也总有其境域性图型的这样一种统一在那里对应于时间性之绽出的统一。三种视域图型的综合统一为本源时间性，或者说逸出—境域统一的时间性乃是时间性本身的最本源的时间化，它是存在领会得以可能的最终基础。

其三，诸境域时间图型之内在时态关联也总是随时间性之时间化方式而改变的，时间性一向在其绽出的统一之中把自己时间化，以至于一种绽出进程总是随同其他绽出进程一齐变样。

作为本源时间性，时间性本身就是本源的自身筹划。"作为'自身筹划'的逸出—境域统一的时间性，因其逸出特征而使一切筹划、超越与领会得以可能，又因其逸出的境域图型而使一般的'何所往'、'何所至'成为可能，那么，我们能否进一步追问这些图型本身被筹划向何处？答案是否定的。对诸存在者的领会向存在筹划，而对存在的领会则向时间筹划——这个前后衔接的筹划链条到时间性的逸出统一的境域就算到头了。"②

在《现象学之基本问题》中，海德格尔重点讨论了作为时间性当前维

---

① ［德］海德格尔：《现象学之基本问题》，丁耘译，上海译文出版社 2008 年版，第 414 页。
② 宋继杰：《海德格尔与存在论历史的解构》，江苏人民出版社 2008 年版，第 189—190 页。

度的绽出境域图型——出场呈现（Praesenz）。出场呈现与现在不同，"现在"是作为时间内状态的现成时间，上手者与现成者被规定为时间内的东西，对上手者之上手性的领会恰恰通过出场呈现才得以可能。出场呈现是一种比现在更本源的时间现象。出场呈现与当前有关联，当前作为此在时间性的绽出环节，而出场呈现则是作为此在时间性这一绽出环节的时间本身的境域，因此境域，时间性的当前绽出成为可能。所以海德格尔才说出场呈现与当前并不同一："当下在自身之中以绽出的方式把自己筹划到出场呈现上去，出场呈现则不同于当下；毋宁说，作为该绽出之境域图型之基本规定，出场呈现一同构建了当下之完整时间结构。"①

　　海德格尔虽没有论证其他两个时间性环节的境域图型，但他在论证出场呈现之后，曾简明地论断："相应的东西也对另外两个绽出有效：将来与曾在（重演、遗忘、持留）。"但这里留下了一个问题，即"相应的东西"是指有别于"出场呈现"的与将来和曾在相应的境域呢？还是就是"出场呈现"与将来和曾在相应呢？如果是前者，那么就应该提出明确的概念，但他未能；如果是后者，那就应该论证其为何相应。有的学者就直接将在场等同于统一的视域图型，即时－间性完整结构，再进一步又可等同于时间。② 由此，可明显地看出海德格尔在对存在本身的探索上所遇到的困难，于是进一步转向就是势所必然的了。

四　"时间－空间"与本有居有

（一）由在场的当前到本真的时间

　　《现象学之基本问题》中"时态性境域图型"所遗留的问题在后期的著作中得到了解决，其途径就是把"在场"规定为对当前、曾在与将来三个绽出性环节都有效。

　　首先，海德格尔区分了两种当前：在场状态上的当前和现在意义上的当前。现在意义上的当前，指的是作为时间内状态的现在，这样就把当前的现在与过去的不再现在和将来的尚未现在区别开来了。在场状态意义上

---

　　①　[德] 海德格尔：《现象学之基本问题》，丁耘译，上海译文出版社 2008 年版，第 420 页。
　　②　赵卫国：《海德格尔的时间与时·间性问题研究》，中国社会科学出版社 2006 年版，第176 页。

的当前，则是指本真时间的在场状态。"作为在场状态上的当前与所有属于这一当前的东西就可以叫做本真的时间。"① 这就是说，在本真的时间中，不仅当前，而且曾在和将来也属于这一当前的东西。或者按《现象学之基本问题》中的用语说，不仅当前的绽出境域图型是在场，而且曾在和将来的绽出境域图型也是在场。说当前在场容易理解，而说曾在和将来也在场，则需要接受海德格尔"不在场"也是一种在场的思想。在场状态说的是与人相关涉，而不在场也同样始终与我们相关涉。我们固然从在当前意义上的在场中所认识的方式存在并活动着，我们也同样从不再现在的东西仍然在其不在场中直接地存在并活动着，"也就是说按照与我们相关涉的曾在（Gewesen）的方式活动着，这种曾在并不像纯粹的过去（Vergangene）那样从以往的现在中消失了。毋宁说，曾在还存在并活动着，但却是以其本己的方式活动着。在场在曾在中被达到"。② 将来也是如此，"只要不在场作为尚未当前的在场总是已经以某种方式与我们相关涉，也就是说就像曾在那样直接地存在并活动着，将来就绝不会才开始。在将—来中，在'走向我们'中，在场被达到了"③。

其次，海德格尔进一步把"在场"规定为当前、曾在和将来三个时间性绽出环节的到达。"到来（Ankommen），作为尚未当前，同时达到和产生不再当前，即曾在，反过来，曾在又把自己递给（Zureichen）将来。曾在和将来二者的交替关系不仅达到同时也产生了当前。我们说'同时'，并以此把一种时间特征赋予给将来、曾在和当前的'相互达到'（Sich-einander-Reichen），即它们本己的统一性。"④ 它们所相互达到的就是它们本身——它里面的在场，正是这种当前、曾在和将来的相互达到，才使它们具有本己的统一性，进而构成综合统一的时间境域。

最后，本真的时间是四维的。当前、曾在和将来的绽出构成了时间的三维，而从当前、过去和将来而来的、统一着其三重澄明着到达的在场的切近则是第四维。"维度"其意有二：一方面被思为可能测量的区域，另

---

① ［德］海德格尔：《面向思的事情》，陈小文、孙周兴译，商务印书馆1996年版，第12页。
② 同上书，第13页。
③ 同上书，第14页。
④ 同上。

一方面被思为通达和澄明着的到达。从后一层意思讲，在计数上被称为第四维的东西，按事情本身说来则是第一维的东西。因为三维时间的统一性存在于那种各维之间的相互传送之中，它在将来、曾在和当前中产生出它们当下所有的在场。作为"相互达到"的在场的前提是"使它们澄明着分开"，然后才是"把它们相互保持在切近处"。由此，海德格尔提出了一个命名第四维的含有空间意蕴的概念"近"。"'近'通过它们的去远（entfernen）而使将来、曾在和当前相互接近。因为'近'将曾在的将来作为当前加以拒绝，从而使曾在敞开。这种切近的接近在到来中把将来扣留，从而使来自将来的到来敞开。"① 这个由接近的切近所决定的三重达到的领域，是先于空间的地方。由是，本真的时间被命名为"时间－空间"。"时－空"不是指可以计算的时间的两个点之间的距离，而是指敞开，"这一敞开是在将来、曾在和当前的相互达到中自行澄明的。这种敞开且只有这种敞开，把它的可能的扩张安置到为我们所熟知的空间中。这种澄明着的将来、曾在和当前的相互达到本身就是前空间的（vor-raumlich）。所以它能够安置空间，也就是说它给出空间"② 。美国学者波尔特对此作了如下的评述："时间－空间是一种时间和空间——更准确地说，是我们某天会在那里发现我们自己的那个瞬间场域。"③

（二）由存在和时间到本有

1. 作为在场的存在和时间

由此在的时间性规定此在生存的意义，到由时间之境域性规定存在的特征，再到由本真时间的到场规定存在。这条探索存在的线索使我们看到存在和时间难以分解的越来越密切的关系：其一，存在被时间规定。存在不是物，不是时间性的东西，但是通过时间流逝的持续不断性被规定为在场。其二，时间被存在规定。时间不是物，不是存在者，但是它永恒地处在它的流逝中，但是当时间一直在流逝的时候，时间仍然作为时间而留存，也就是说时间在场。其三，存在与时间交互规定。存在与时间以这样的方式相互进行规定：即不是将前者——存在——称为

---

①　［德］海德格尔：《面向思的事情》，陈小文、孙周兴译，商务印书馆1996年版，第16页。

②　同上书，第15页。

③　［美］波尔特：《存在的急迫》，张志和译，上海书店出版社2009年版，第276页。

时间性的东西，也不能将后者——时间——称为存在者。存在与时间相互规定对方为"在场"。

2. 作为给出存在和时间的实情

其实，从早期的西方——欧洲的思想直到今天，存在指的都是诸如在场这样的东西，如柏拉图的"相"，亚里士多德的"实现"，康德的"物自体"，黑格尔的"绝对理念"，尼采的"强力意志"，等等。问题在于这些不同的命名只是思存在，并没有思存在如何发生，其结果是把存在凝固成了存在者。海德格尔针对此种状况，明确提出："存在之历史的历史性质是从且只能从存在如何发生中得到规定的，……这就是说是从'它'如何给出存在的方式中得到规定的。"① 着眼于存在如何发生，海德格尔在存在与时间之外，提出了两个重要概念："有"和"它"。从语言表达的习惯来看，对于存在者，我们说它存在；但对于不是存在者的存在和时间而言，我们说有存在和有时间。有就是给出，就是它给出。

它（Es）：就其与存在和时间的关系而言，它产生了存在和时间；作为维系着存在和时间这两种事情的实情，是给出。就存在与时间的关系而言，它是"存在和时间"这个标题中的"和"，是一个"中性的如此"。海德格尔把它称为"本有"（Ereignis）。"规定存在与时间两者入于其本己之中即入于其共属一体之中的那个东西，我们称之为本有（Ereignis）。……存在与时间就属于这样的东西。……让此两种事情相互归属的东西，不仅把此两种事情带进它们的本性中，而且使它们持留和保持在它们的相互共属中的那个东西，即此两种事情的行止，实情（der Sach-Verhalt），就是本有。"② 但切不可因此把本有理解为包罗万象的可以把存在与时间纳入其中的最高概念，本有就是存在本身。

有（Es gibt）：给出（Geben），就是"作为关系维系着存在与时间二者、并且产生出这二者的那种给出"。其意有二，一方面是"在场"、"让在场"、"解蔽"、"带入敞开之中"，这就是作为在场的存在和时间的涵义；另一方面是"不在场"、"遮蔽"、"遣送"、"给出的给出"。通过给

---

① ［德］海德格尔：《面向思的事情》，陈小文、孙周兴译，商务印书馆1996年版，第8页。
② 同上书，第20页。

出的这一层涵义，我们看到了"本有"（Ereignis）的本性——隐逸，在给出存在和时间的同时，本有却克制着自己，恬然不居所成，自行归隐。通过这一归隐，本有本身不是放弃本身，而是保留住它的本性。合上述两方面的涵义，给出就是"澄明着—遮蔽着的达到"。由此，我们就可理解海德格尔关于存在与本有关系的一句话："存在有可能是一种本有，而本有却不可能是一种存在。"这就是"在场"和"不在场的在场"的区别所在。

3. 本有居有什么

显然，本有既不存在（作为在场的存在），也不有（作为让在场的给出），因此，只能说"本有居有"。

本有居有，首先表明的是"本有如何不可思"，即它不能被证明；其次表明的是"本有居有什么？"，即通过什么来领会本有。在此，我们注意到海德格尔思想道路的转向和存在事情本身的回行之间的微妙关系。按思想道路的转向，海德格尔是从追问在者之在到追问在本身；按存在事情本身的回行，则是借助于天、地、神、人所构成的四重整体来领会存在，即如他所说的"本有居有什么而成为有"。"本有居有什么而成其为有，也即本有把什么带入本己之中并且把它保持在本有中——那就是道出了存在与人的共属一体关系。进而，在这种共属一体中，共属一体者就不再是存在和人，而是——作为被居有的东西——在世界之四重整体（Geviert）中的终有一死者（Sterblichen）。"① "所谓对于本有只能说'本有居有'，这并非排除，而恰恰是涵括了对在本有本身中的有待思的东西的全部丰富性的思考。更何况关涉到人、物、诸神、大地和天空，也即关涉到被居有者，总还有待思索这样一回事情，即本有本质上包含着归隐（Enteignis）。"② 这里的意思可以理解为，本有居有四重整体并通过四重整体居有着人而使它化为"此 - 在"。

既然本有居有天、地、神、人四重整体才成为有，现在需要发问的是，是什么聚集天、地、神、人？海德格尔在不同文本中论及的有艺术作

① ［德］海德格尔：《面向思的事情》，陈小文、孙周兴译，商务印书馆 1996 年版，第 44 页。
② 同上书，第 45 页。

品（《艺术作品的本源》）、物（《筑·居·思》、《物》）、诗（《荷尔德林的大地和天空》、《在通向语言的途中》）、语言（《在通向语言的途中》），由此提出了一系列的命题：

> 艺术作品以自己的方式开启存在者之存在。艺术就是自行设置入作品的真理。艺术就是真理的生成和发生。①
>
> 艺术发生为诗，诗乃赠予、建基、开端三重意义上的创建。② 诗乃是存在的词语性创建。③
>
> 物居留四重整体。物物化世界。④
>
> 语言是存在的家。⑤
>
> 语言是存在本身的又澄明着又隐蔽着的到来。⑥

显然，海德格尔对存在的探讨最终进入了审美的领域。伊格尔顿在《审美意识形态》中对此作了如下的评述："如果海德格尔能够将美学拂之而去，也只不过是他实际上已将审美泛化了，他以一种先锋派富于反叛性的滑稽模仿泯灭了艺术与存在的界限。美学从其特殊的疆域中被解放出来，现象才得以延伸到现实的全部领域：艺术能使事物回归本真，故而艺术能够与存在的运动判为同一。"⑦ 艺术与存在的同一，意味着：正是凭借艺术作品，存在才得以显现。

---

① ［德］海德格尔：《林中路》，孙周兴译，上海译文出版社 1997 年版，第 23 页。
② 同上书，第 61 页。
③ ［德］海德格尔：《荷尔德林诗的阐释》，孙周兴译，商务印书馆 2000 年版，第 45 页。
④ ［德］海德格尔：《演讲与论文集》，孙周兴译，生活·读书·新知三联书店 2005 年版，第 189 页。
⑤ 孙周兴选编：《海德格尔选集》（上），上海三联书店 1996 年版，第 377 页。
⑥ 同上。
⑦ ［英］特里·伊格尔顿：《美学意识形态》，王杰、傅德根、麦永雄译，广西师范大学出版社 1997 年版，第 312 页。

第二章 殊途同归

第一节 萨特:存在—自由—艺术

一 存在

萨特哲学的出发点是存在,针对传统西方哲学存在与意识的对立,他要建立一种现象学的一元论。所谓现象,就是存在物之所显现,存在物之所显现就是存在物之存在。在此,现象与存在是同一的。"现象是什么,就绝对是什么,因为它就是像它所是的那样的自身揭示。我们能对现象作这样的研究和描述,是因为它是它自身的绝对的表达。"①

用现象规定存在,首先摆脱了把存在物中的内部和外表对立起来的二元论,因为显露存在物的那些显象,既不是内部也不是外表,它们是同等的。与此同时,它也使潜能与活动的二元性消失了,因为显象作为活动就是一切,在活动背后,既没有潜能,也没有潜在的持久性质和效力。最终,它同样否认了显象和本质的二元论。因为显象揭示本质,它就是本质。存在物的本质就是支配着存在物的显象序列的显露法则,作为系列原则的本质显然只是诸显象的联系,这就是说,本质自身就是一种显象。

但是,把存在物还原为它的各种显露,只不过是把上述二元论转化成了一种新的二元论:有限和无限的二元论。因为现象本身就是一个总体的无限的系列,而每一次的显现只不过是这总体的无限的显现系列中的一个有限系列。所以就显现的东西而言,它只是对象的一个侧面。一方面,对

---

① 〔法〕萨特:《存在与虚无》,陈宣良等译,生活·读书·新知三联书店1987年版,第2页。

象整个地在这个侧面之中；但另一方面，对象又整个地在这个侧面之外。所谓整个地在其中是指它在这个侧面之中将自己显露出来，所谓整个地在其外是指这个总体系列本身永远不显现。

以桌子为例可以看出有限和无限之间的关系。作为无穷的显现系列的是桌子本身的存在，而作为有限系列的是桌子—现象的存在。后者是从特定时间和方位看到的桌子，而前者可以从无数不同的观点：时间、方位等看到这张桌子。于是桌子本身的存在就可以还原为一个无穷的现象系列。但是这样一来，就是承认了除了显现出来的存在的现象之外，还有未显现出来的现象，所谓不在场的现象存在。真正说来，未显现的现象不能称为现象。这种不在场的现象的存在意味着有两种存在：一方面，有一种超现象的存在，它可以采取无数的观点使不在场的现象显现出来；另一方面，也必须有一个存在作为这些现象显现的客观条件。当然绝不能把这样两种存在认作是类似实体那样支持着现象的背后的存在。现象表现的就是这些存在本身，它们不是无数现象之和，存在是一个整体，现象只是证明有存在存在，而对存在本身，却不是通过现象本身去认识，而是通过苦恼或恶心等内心的体验直接把握的。

作为超现象的存在，一是意识的存在，二是意识在其存在中暗指着一种非意识的、超现象的存在。意识不是一种与客观外界对立的独立的存在，意识本身是虚无，它的存在是从客观存在那里借来的，它只是一种关系。只是从非存在是对存在的否定这最广泛的意义上说，意识才是存在的。存在物之所以能够显象，在于意识的存在。就此而言，意识就是现象。但意识之所以是超现象的，是因为它也处在存在本身显现的无限系列中。"因为发现了意识存在的超现象性，所以不必把超现象性给予现象的存在。我们将看到，事情完全相反，正是这种超现象性要求现象的存在有超现象性。"①

萨特由此要求把现象的存在与存在的现象区分开来。存在的现象就是存在的显现，而现象的存在则是存在物的显现。所以现象的存在不能还原

---

① ［法］萨特：《存在与虚无》，陈宣良等译，生活·读书·新知三联书店 1987 年版，第 19 页。

为存在的现象。如果把存在的现象归结为现象的存在，那无异于把存在归结为感知，把桌子归结为对桌子的知觉，这实际上就会以新的方式重复贝克莱的存在就是被感知的唯心主义原则。存在的现象，作为最原始的现象，是直接向意识揭示出来的。意识以不含有确定的概念和明晰的解释的方式领会存在。

现象的存在和存在的现象的区分意味着存在本身除了现象的存在之外还有未显现的即超现象的存在。它们构成现象的条件的两个方面，一是存在本身，即意识所显现的东西；二是意识，即使存在得以显现的东西。前者是自在的存在，后者是自为的存在。

（一）自在的存在

关于这种存在，萨特归结为三个命题："存在存在。存在是自在的。存在是其所是。"①

所谓"自在"，就是存在是它自身，不包含任何关系。它既不是被创造出来的（它没有保留任何一点上帝创造的痕迹），也不是自身创造的结果（创造自身就会假定它是先于它自己的）。它既不是能动的（存在没有目的和手段），也不是被动的（因为为了是被动的就必须先存在）。它既不是肯定的，也不是否定的。排除了所有的外在关系，我们就可以说，存在与自己没有一点距离地结成一体。但这并意味着存在具有内在性，存在与自己也同样没有任何关系。它是不能自己实现的内在性，是不能肯定自己的肯定，不能活动的能动性，因为它是自身充实的，它就是它自己。这就是存在的自在如一性。

存在是"自在"的也就意味着自在存在"是其所是"的特征。"是其所是"是同一性原则的一种表述，它不包含任何否定和相异性，因此存在没有超出自身的发展变化，甚至没有超越自身的可能性。"自在没有奥秘，它是实心的。在某种意义下可以把它指定为一个综合。但这是一切综合中最不能分解的综合：自己与自己的综合。从中自明地得出的结论是：存在在其存在中是孤立的，而它与异于它的东西没有任何联系。过渡、变化，

① ［法］萨特：《存在与虚无》，陈宣良等译，生活·读书·新知三联书店1987年版，第26页。

以及所有那些使人能说存在还不是其所将是和它已是其所不是的东西，原则上都与它无缘。"① 存在是其所是，这同时意味着，它本身甚至不能是其所不是，因为它脱离了时间性。

自在的存在存在。它既不派生于必然也不派生于可能，也不能是不可能的，它只是孤立地存在着，没有任何理由地存在着，它存在，如此而已。

总之，自在的存在是一种既无空间关系又无时间关系，既无内在关系又无外在关系，没有发展变化的孤立自存、充实而未分化的惰性实体。

但正是这个自在的存在支撑着意识，从而被证明为存在的本体。"意识是对某物的意识，这意味着超越性是意识的构成结构；也就是说，意识生来就被一个不是自身的存在支撑着。这就是所谓的本体论的证明。"②

（二）自为的存在

既然有存在的现象，那就应该有现象对之出现而它又不成其为现象的存在，这样的存在就是作为意识的自为的存在。"意识的存在完全是另一种存在，它的意义必须从另一类型的存在——自为的存在——的'被揭示—揭示'作出特有的解释，这种自为的存在是与现象的自在存在相对立的。"③ 自为的存在的特征与自在的存在截然相反：不存在（虚无），否定性（非自在），超越性（是其所不是又不是其所是）。

这里的意识指的是反思前的意识。反思的意识是把意识本身当作对象的意识，而反思前的意识则是直接指向对象而不是指向意识本身，反思前的意识是原始的、第一位的，它使反思的意识成为可能。反思前的意识是一种"意向性"的意识，一切意识都是对某物的意识，这意味着意识本身没有内容，同时也意味着意识总是指向对象，从而超越自身进入世界。但另一方面，一切意识又都是自我意识，当然这不是把自我当作对象的反思意识，而是非正题的意识。当我们指出一切意识都是对某物的意识时，某物是作为意识的意向对象，而这意向本身就是意识。在这里意识就是自我

① ［法］萨特：《存在与虚无》，陈宣良等译，生活·读书·新知三联书店1987年版，第25—26页。
② 同上书，第20页。
③ 同上书，第22页。

意识。在这里意识既不是自我的属性也不是意识自身的对象。例如，当我说我很快乐的时候，不是说我有对快乐的意识，而是我快乐，快乐就是意识。此时，意识是快乐结构本身中的对象而不是附加上去的东西。

1. 虚无

对象意识与自我意识的同一，证明意识本身是不存在的虚无。"意识没有实体性，它只就自己显现而言才存在，在这种意义下，它是纯粹的'显象'。但是恰恰因为它是纯粹的显象，是完全的虚空（既然整个世界都在它之外），它才能由于自身中显象和存在的那种同一性而被看成绝对。"① 自在的存在存在，而意识不存在，所以它完全是另一种存在——虚无。

①虚无与存在

虚无是不存在的，但是它从存在中获得其存在。它处在存在的范围中，而存在的完全消失并不是非存在的统治的降临，相反是虚无的同时消失。这意味着存在先于虚无并且为虚无奠定了基础。从逻辑上说存在先于虚无，而且正是由于存在，虚无才具体地发挥了作用。总之，一句话：虚无纠缠着存在。"虚无如果不被存在所支持，就会作为虚无而消失，而我们就会重新陷入存在。虚无只有在存在的基质中才可能虚无化；如果一些虚无能被给出，它就既不在存在之前也不在它之后，按一般的说法，也不在存在之外，而是像蛔虫一样在存在的内部，在它的核心中。"②

但是说虚无在存在中，虚无由存在所支持，并不意味着虚无是从存在出发孕育而成的，同时虚无也不是从自身出发孕育而成的。萨特所讲的虚无并不是纯粹的无，不是一种安置存在的无限的虚空，也不是一种与存在相对立的形而上学实体。虚无实质上是意识的非实体性和意识的一种不断形成否定的可能性。所以说，意识就是这种虚无。

②虚无与非存在

说虚无不存在，并不是说虚无是非存在。非存在与虚无的关系表现为：非存在在总体上可以区分为现象和超现象两种水平，现象的非存在是自为的虚无化行为的结果，而超现象的非存在则是自为的虚无化行为所要

---

① ［法］萨特：《存在与虚无》，陈宣良等译，生活·读书·新知三联书店1987年版，第14页。

② 同上书，第51页。

求的一种本体论存在。本体论的非存在（理想存在）是不可还原的综合体，而虚无作为内在于存在的否定在根本上是整体的人的存在的内在结构和特征。这就回答了虚无的来源问题：人就是这个虚无由之来到世界上的存在。

2. 否定性

自在的存在不包含任何关系，因此自在的存在也就不包含任何否定。自为的存在以对自在的存在的内在否定来规定自身，所以自为的存在具有否定性。

意识作为虚无面对自在的存在进行虚无化，虚无化使自在的存在产生了意义。虚无化就是对自在的存在的否定。"虚无不是作为未分化的空洞或作为将不被当作相异性的相异性而成为否定的基础的。它是否定判断的起源，因为它本身就是否定。它奠定了作为行为的否定的基础，因为它是作为存在的否定。虚无只有在被明确地虚无化为世界的虚无时才能够成为虚无；即只有当它在虚无化中明确地指向这个世界以把自己确立为对这个世界的否认时，才能成为虚无。"①

建立在对存在进行否定的基础上，才有了对外界、对自身和对否定的否定。对自身的否定，导致自为的存在不是其所是。

3. 超越性

自在的存在是自身的完全，所以它是其所是；而意识的存在是这样一种存在，对它来讲，它是在其存在中与其存在有关的存在，这就意味着意识的存在与自身并不完全相符一致。意识总是要超出自身追求自己尚不是的，这就是自为的存在的超越性特征：是其所不是。萨特说："人总是投身到自己的前方。不管是从空间的意义上还是时间的意义上讲都是如此。如果，人们把这种精神所特有的可以超出自身、超出一切事物、逃脱自身以抛到远处、抛到自身以外的什么地方，而又成为在别处的属性叫作超越的话，那么面貌的意义，就是成为可以看见的超越。"② 由于人的存在也有自在与自为之分，人也要虚无自己的自在。人

---

① ［法］萨特：《存在与虚无》，陈宣良等译，生活·读书·新知三联书店1987年版，第47页。

② 《萨特著作集》，转引自杜小真《萨特引论》，商务印书馆2007年版，第100页。

的自在是他现在所处的生活境况，人的自为表现为对已有的存在境况的否定。人的意识不断地否定他的自在，这是自我虚无化，即从自在中分离出自己所欠缺的存在。总之，意识的虚无化，就是否定自身的之所是，而指向自身之所不是。

超越的动力在于自为所具有的"存在的缺陷"。与自在的"存在的充实"相对，超越是没有自身基础的存在对自身基础的永恒的追求。欠缺具有一种三位一体的结构：欠缺者（欠缺物），存在者（欠缺欠缺物的东西），所欠缺者（被欠缺分解又被欠缺者和存在者回复的整体）。存在者是自为，欠缺者是可能，而所欠缺者是价值。价值是自为所不是但又应该是的自在存在，可能则是自为为了在实现价值的同时与自身重合而欠缺的自为，价值是超越性的根源，人的实在之所以超出自身，就是因为它向着它欠缺的价值而超越，并在这种超越中使自身存在。

自为的超越有两个方向，一是向外超越创造价值，创造世界，创造自在的自我；二是向可能超越，创造自为的自我、理想的自我。自为的超越表现出自为中包含着三重关系：与自我的关系、与自在的关系和与他人的关系。而这三重关系又表现出人的实在的三种存在方式，也可以说就是自为超越的三种方式：时间性是自为存在向自为的自我即"可能"超越的方式；而直观的认识则是自为存在向自在的自我即世界、自在的存在超越的方式；使自为有了边际的是他人，与他人的关系揭示了自为存在的第三种方式：为他。

（三）自在和自为的统一

自在的存在和自为的存在的分别描述，实际上是从人的在世的整体存在状态中进行抽象的结果。因此，意识在此是一种抽象物，因为其中隐含着趋向自在的本体论起源；现象在此也是一种抽象物，因为它必须对意识显现。从综合整体的角度看自在的存在和自为的存在，两者之间并不存在一道鸿沟。

首先，相对于自为，自在具有本体论上的优先地位。自在的存在是自在的，正是因为它不需要自为的存在它才可能是自在的，并且能够以是其所是的方式存在。但是自为不能独立存在，"自为没有自在就是某种抽象的东西：它就会像一种没有形状的颜色，一种没有音高和音色的声音一样不可能存在；一种意识如果是对于乌有的意识，那就是一个绝对的乌有"①。自为不是别的，只不过是自在的纯粹虚无化；它作为存在的洞孔包含在存在之中。自为作为虚无化，是凭借自在而被存在的，作为内在的否定，它通过自在而使自己显示它不是什么，并且因此显示它应是什么。

相对于自在来说，自为只是异在，但它是一个来源于存在的异在；另一方面，它同时是被它自己所造成的异在。"自为是一个'非自立的'（unselbständig）绝对，我们曾称之为非实体的绝对。它的实在纯粹是考问性的。它之所以能提出问题，是因为它本身总是处在问题中；它的存在永远不被给定，而是被考问的，因为相异性的虚无总是把它与它本身分开；自为永远是悬而未决的，因为它的存在是一种永恒的延期。如果一旦与这延期会合，相异性就一下子消失了并且与相异性一起，可能、认识、世界都消失了。于是，认识的本体论问题是通过肯定自在对于自为的本体论的优先地位而解决的。"②

其次，如果没有自为，自在便是没有意义的东西。追问什么是自在，这个问题本身就已经是在自为的范围内。所以当我们指出存在对虚无的优先地位时，就已经假设了虚无对存在的本体论在先。自在和自为的综合联系不是别的，就是自为本身。甚至可以更进一步说，自为恰恰是这个自在的虚无。凭借着起源于存在内部的一个细微的虚无化，自在达到了极度动荡，从而有了世界。

由以上论述可以看出，自在和自为是一种无法分为第一性和第二性，没有先后的结构。它们作为结构中的项，独立地看就是抽象，是不实在的，它们只是在被称为存在的意义下才是统一的，而这个存在就是人的实在。人的整个存在是被自在和自为的综合组织构成的，但自在与自为的统一是人的一种理想，自在与自为的走向统一是一个永恒的过程。

二　自由

自由问题是萨特思想的核心问题，也可以说《存在与虚无》的最终目

① ［法］萨特：《存在与虚无》，陈宣良等译，生活·读书·新知三联书店1987年版，第770页。
② 同上书，第767页。

标就是要论证人的绝对自由。

（一）存在与自由

1. 自由没有本质

自由是存在的自由，因此用来规定自由的是存在而不是本质。如果用本质来规定自由，那么自由就是现成的事实。首先，自由没有本质，相反自由是所有本质的基础。这正如海德格尔所说的："在自由中，存在先于并支配本质。"自由是偶然的，它不具有逻辑的必然性。其次，自由是个体的。因为意识涉及的是我的独有的意识。"我是一个通过活动而知晓自身自由的存在者，而我同样是一个以其个别及单独的存在作为自由时间化的存在者。这样我就必然是（对）自由（的）意识，因为意识中什么也没有，除非是对存在的一种非正题意识。于是，我的自由在我的存在中便永远是在问题中；它不是一种外加品质或者我的本性的一种属性，它完完全全地是构成我的存在的材料；由于我的存在在我的存在中是在问题中，我就应当必然拥有对自由的某一种领会。"① 强调自由的个体性，强调个体在存在的问题中对自由的领会，就是在强调自由没有现成的本质。

2. 自由就是存在的虚无化

人的整体存在是由自在和自为通过综合联系构成的，从自在不依赖于自为可以独立存在而言，自在具有本体论上的优先地位；但从自为对自在的综合来说，指出存在对虚无的优先地位时，就已经假设了虚无对存在的本体论在先。所以结论就是：自为恰恰是这个自在的虚无。正是在这个意义上，我们可以说自由就是存在的虚无化。在这里，虚无化是自为所表现出的功能，因为自为就是虚无，自为虚无化就是虚无虚无化；而被虚无化者则是自在，自在的虚无化就是存在的虚无化。

自由和存在的这种双重虚无化是一回事情。

从自为的方面看，正是由于虚无化，自为才像脱离其本质一样脱离了它的存在；正是由于虚无化，自为才总是异于人们论及它时所说的东西。"说

---

① ［法］萨特：《存在与虚无》，陈宣良等译，生活·读书·新知三联书店 1987 年版，第548 页。

自为应是其所是，说它在不是其所是时是其所不是，说实在先于本质并是本质的条件，或反过来按黑格尔的公式说'本质是过去的存在'，其实说的都是同样的一件事，即人是自由的。"① 这说明自由和自为的存在是一回事。

从自在的方面看，人的实在是不足够地存在着，所以它才需要虚无化自身，即它是自由的。人的实在是永远地不足够地有欠缺地存在着，所以他需要不断地脱离他自身，即它是自由的。一个虚无把他过去所是的东西和他现在所是的以及他将是的东西分离了，分离就是虚无化，就是自由。人的现在的存在本身就是在"反映—反应物"的形式下的虚无化，即它是自由的。"人是自由的，因为他不是自我，而是自我在场，是其所是的存在不可能是自由的。自由，显然就是在人的内心中被存在的、强迫人的实在自我造就而不是去存在的虚无。"②

3. 人命定是自由的

既然人的存在是自在和自为的综合，那么人的存在就是自由的存在。因为人命定是为着永远超出既有的存在而存在，所以人命定是自由的。

命定的自由意味着，除了自由本身以外，人们不可能在自身的自由中找到别的限制，或者可以说，人没有停止其自身自由的自由。

"自由不是一个存在：它是人的存在，也就是说是人的存在的虚无。……人不能时而自由时而受奴役：人或者完全并且永远是自由的，或者他不存在。"③

（二）行动与自由

1. 行动的规定性

行动之所以是行动的规定性在于：行动总是意向性的。非意向性的随意性活动不是行动，例如偶然的一举手，抽烟者不慎打翻了烟灰缸，都不是行动。行动的意向性意味着："它事实上应该有一个目的的，而这目的反过来又归属于一个动机。事实上，这是三种时间性出神的统一：我将来的目的或时间化意味着一种动机（或动力），也就是说指向我的

---

① ［法］萨特：《存在与虚无》，陈宣良等译，生活·读书·新知三联书店1987年版，第548页。

② 同上书，第550页。

③ 同上。

过去，而现在是活动的涌现。"① 目的、动机、活动这三种结构性因素构成了行动的整体。据此可以断定，一个工人服从命令引燃了炸开采石场的预定的爆炸，这是一个行动。因为他意向性地实现了一项有意识的谋划。

行动的三个组成部分——目的、动机、活动是相辅相成的，而不是互为因果的。因果性所展现的是各个构成要素的现成性，但在现象学的视野里，它们所展现的应是生成性。目的、动机、活动是在世界上出现的统一行动中构成的，这就是说，行动结构中的每一个要素都把其他两个要素当作自己的意义。

目的之所以是目的，是因为在人的已在中有欠缺，行动必然意味着它的条件是承认欠缺，承认欠缺，这就是对对象的否定。所以目的指向非存在的将来，或者说，一个活动就是自为向着不存在的东西的投射。

但这很容易被理解为已在的欠缺引起了行动，实际上，存在的东西完全不能自己规定不存在的东西，过去本身不能产生一个活动，指向过去的动机只能通过作为非存在物的目的来理解。动机本身当然是一种否定性，但"一切行动的直接条件不仅是发现事物的一种状态就是'欠缺……'，即否定性，而且还是——事先地——把所考察的事物的状态构成为独立系统。只有通过自为的虚无化能力，才有事实的状态——不管这种状态是否令人满意"②。于是，动机（动力）就被认为是依赖不存在的存在即理想的存在（将来）而存在的。因为我在自己虚无化走向我的诸多可能性时脱离了自在，这自在才能取得动机或动力的价值。动机和动力只能在一个恰恰是非存在物的总体即被谋划的整体内部才是有意义的。

指向将来的目的、指向过去的动机、指向现在的活动这三者，在时间性的出神中得到了统一的表现："动力、活动和目的都是在同一个涌现中形成的。这三者中的任何一个结构都要求另外两项作为它的意义。但是，由这三者组成的整体不再以任何单一的结构来解释，它的涌现作为自在的时间化的纯粹虚无化和自由是同一回事。正是活动决定它的目的和动力，

_____

① ［法］萨特：《存在与虚无》，陈宣良等译，生活·读书·新知三联书店 1987 年版，第545 页。

② 同上书，第 544 页。

活动是自由的表现。"①

2. 行动是自由的存在方式

把自为仅仅看作超乎自在之外谋划它的可能性是不够的，对可能性的谋划不是静止地规定世界的外形，而是要每时每刻地改变世界。行动的可能性应该被看作是自为的本质特性。所以，人的存在就是作为，就是由行为或举止构成的统一体，而没有作为、停止行动，就是不再存在。这就是萨特所谓"对于他来说，存在被归结为作为"的真实意思所在。但既然存在就是行动，为什么萨特还声称活动的基本条件是自由呢？

这当然不是说先有自由，然后行动才能得到展开。它实际上所要表达的是：自由的存在方式不是单纯的"是"，而是行动。更完整的表达应该是："自由变成活动，在一般情况下，我们通过由自由，用动机、动力以及活动所包含的目的组成的活动来取得自由。"② 这种"通过自由"并"用……的活动取得自由"就构成了自由的存在方式。因为自由表现为一种不可分析的整体：动机、动力和目的。

所以，如果说行动所包含的因素动机、动力和目的被组织在自由的范围内，应该从自由出发被理解；那么作为同样包含着动机、动力和目的的自由也同样被组织在行动的范围内，也应该从行动出发被理解。

如果说意识总是意向性的，那么行动的意向性是意识意向性的具体表达。站在意识意向性的角度来说，自由是行动的逻辑前提；站在行动意向性的角度来说，行动是自由实现的可能性。人的存在是一个不断超越自身已是的过程，每一次目的的到达就意味着自由的实现，这也同时意味着新的自由的开始。所以意识的意向性和行动的意向性是理解自由存在方式的根据，把握住了这一点，我们才能理解萨特的下面一段话："意向由于一种双重然而统一的涌现就从一种尚未存在的目的出发照亮了世界，并且通过对其可能的选择而自我定义。我的目的是世界的某种对象的状态，我的可能是我的主观性的某种结构；一个是向正题的意识显露，另一个则返回到非正题的意识上以便显示其特点。如果给定物不能解释意向，那么意向

① ［法］萨特：《存在与虚无》，陈宣良等译，生活·读书·新知三联书店1987年版，第546页。

② 同上。

就应该通过它的涌现本身去实现和给定物的分裂。……自在存在正是被非存在的光明照亮的。这就导致了给定物双重的虚无化色彩：一方面，它在它的分裂使它对意向的全部效力丧失的时候被虚无化；另一方面，它由于人们从一种虚无出发将这效力还给它而经受着一种新的虚无化，……人的实在作为活动，在其存在中只能被设想为与给定物的分裂。他是在与给定物分裂时，在尚未存在者的光明照亮它的时候使得世界上有了给定物的存在。"① 这就是说，自由的存在方式是时间性的。

3. 自由选择

既然一切意识都是对某物的意识，既然一切行动都是对某物的行动，那么意识和行动的自由的实质，就应该被理解为自由选择。说人是命定自由的，就是说人的在世存在就是要命定自由选择的。自由、选择、虚无化、时间化便只是同一回事。

自由选择具有三个特征：其一，自我行为的选择无处不在，无时不在，自我的每一个行动都意味着个人的选择；即便这种选择是在不快乐、不安、屈从、逃避、自欺、犹豫不决，甚至是在不进行选择的情况下，他也是在进行自由选择。因为在这些不同的情况下，目的就在事实的处境之外提出来了，而对这些目的的责任就落到了我们身上：不论我们的存在是什么，它都是选择。

其二，自我行为的选择没有先验标准，自我的每一个选择都是绝对自由的；自我的行为选择是没有因果关系的，没有任何客观的必然性束缚自我的自由选择。这种选择是从乌有出发，但为的是对抗乌有，这是绝对自由的选择。自由没有支撑点和中介的跳板，所以人为了存在就要不断地更新，人就要不断地自我选择，而且永远不能作为已被选择定的存在，否则就会重新落入单纯的自在的存在中去了。所以自由选择是没有等级的，无论在什么条件下，每个人都有选择的自由。

其三，选择是自由的，但并不意味着自由选择的行动是任意的为所欲为。譬如随意的起立或者坐下，进来或者出去。根据行动的规定性，非意

---

① ［法］萨特：《存在与虚无》，陈宣良等译，生活·读书·新知三联书店1987年版，第595—596页。

向性的随意性活动不是行动。譬如所选择的是远足，但在走了几个小时之后，感觉累了，于是听任自己躺倒在旅行袋旁边。这个举动是自由行动的选择吗？显然不是，这种沉湎于疲劳、炎热、饥饿和干渴而任自己舒舒服服地躺下来放松自己的举动，不过是对最初谋划的一种恢复。最初的谋划建基于自为选择与其人为性及与世界的原始关系，而这种原始关系就是自为的在世的存在本身。恢复到原始谋划，就是回到了对存在的自由选择。但如果我停止远足，作出新的谋划，回家或作其他事情，这就是作出了新的自由选择。这恰恰证明了自由的无限性。

（三）处境与自由

说自由是绝对的，但这并不意味着自由是没有限制的。这个对自由构成限制的就是处境。这里涉及对自为与自在之关系的理解，自在作为给定物，自为作为意识，两者的关系既不能理解为后者决定前者，也不能理解为前者与后者完全隔绝而没有任何关系，准确而全面的理解应该是：自为对自在具有一种单向否定和自由肯定的双重关系。一方面，自为通过对自在的虚无化分离而使自在丧失对自为的全部效力；另一方面，自为通过以自己的目的对自在的评价又把它对自为的效力还给了它，从而使它成为一个行动的动因和动力。自为与自在的这种既脱离又勾连的关系就是自由与处境的关系。萨特的自由概念，不是指获得人们所要求的东西的自由，而是由自己决定自己去要求的自由，即选择的自主。这种自由既不同于纯粹的梦幻和主观愿望，也不同于获取的自由，而是一种在处境中进行选择的自由。

所谓处境，就是自为通过向着一个自由设置的目的超越自在的给定物和我自身的给定物而揭示出来的包围着我的工具性和敌对性的世界。因此，处境是自在的偶然性和自由的共同产物。处境既不能被说成是客观的，也不能被说成是主观的。处境是一种自为和它所虚无化的自在之间存在的关系。这就是萨特所说的自由的悖论："只有在处境中的自由，也只有通过自由的处境。人的实在到处都碰到并不是他创造的抵抗和障碍；但是这种抵抗和障碍只有在人的实在所是的自由选择中并通过这种选择才有意义。"① 处境是自

---

① ［法］萨特：《存在与虚无》，陈宣良等译，生活·读书·新知三联书店1987年版，第609页。

由限制的根据。

处境作为给定物包括：我的位置、我的过去、我的周围、我的邻人、我的死亡等。自由既是对处境的否定性脱离又是介入处境的，自由只有从一个给定的处境出发并通过对这种处境的虚无化的逃离才能自由地追求自己的目的。自由与所有给定物的关系都包含着这种二律背反。

在人与位置的关系中，一方面，我所出生的位置以及我现在所在的位置，都是既定的我不能不接受的事实；但另一方面，正是在我自由谋划的未来目的的光照之下，我现在的位置才获得了作为流放地或作为宜居之地的意义。

在人与过去的关系中，一方面，我们有一个既定的过去，没有过去也就没有我的存在；但另一方面，正是从这个过去出发我们才能采取新的行动。我们虽然不能随意改变过去，但是我现在对将来的自由谋划则决定着过去是被确认的、仍然活着的过去，还是被否认的、被超越的、已经死亡的过去。

在人与周围的关系中，一方面，周围是包围着我的工具性事物连同它们的敌对和顺从的固有系数；但另一方面，周围是在我的自由谋划中并通过这个谋划显露的。正是由于我的谋划，风才可能显现为顶风或者顺风，太阳的光和热才表现为有利或令人讨厌。

在人与邻人的关系中，一方面，我在一个受到邻人纠缠的世界里生活，他人的存在给我的自由带来了一种事实上的限制，我成为为他的存在；但另一方面，只有在我自由地承担起我的为他的存在时并在我已选择的目的的光照下给予它一个意义时，我才能体验到这些限制。所以他人是为了一定的目的作为对象提出才存在的，因此，并不是他人限制了我的自由，而是相反，我的自由是他人限制的前提。这也就是说，他人除了我的自由给予它们的意义之外再没有别的意义。

在人与死亡的关系中，一方面，死亡是人的生命的终点，它是"墙"的另一边存在的东西，这是人所不能逃避的生命的最终现象；但另一方面，在自为的谋划下，死变成生命的意义，就像最终的和弦是旋律的意义一样，死亡逆向地影响着整个生命。

总之，人的自由是处境中的自由，而处境则是自由光照下的处境。关于处境与自由的关系的最后结论是："处境中的存在在同时考虑到它的此在和它的彼岸存在时定义了人的实在。事实上，人的实在是这样一种存在，它总是超出它的此在。而处境就是在彼岸存在中并通过彼岸的存在被解释并被体验的此在的有机整体。因此，没有享受特权的处境；……或反之亦然，没有那么一种处境自为在其中会比在别的处境中更自由。"① 因为处境都是被每个具体的人的目的所照亮，所以虽然它包含着抽象的和普遍的结构，但处境都是具体的，每个人在造就处境的同时，也造就了自己，反之亦然。

三　艺术

（一）艺术的界定

在萨特这里，艺术、文学与审美三者之间虽然有别，但同时又存在着交叉重叠的关系，为了论述的方便，我们可暂时忽略其差异，而将三者统称为艺术。

艺术首先是一种活动，它既是意识的活动，如想象；同时又是创作的行动，如文学的写作。意识与行动在艺术这里是同一的，或者说，艺术就是被归结为存在的作为。行动的结构要素在艺术活动这里显现为：动机——存在的欲望，活动——创造与欣赏，目的——审美意象。

萨特把拥有、作为和存在规定为人的实在的三个基本范畴，并认为这三个范畴把人所有的行为综合在它们的名下。这三者的本质关系是：自为的存在就是通过"作为"直接地并同时通过"拥有"获得"自在—自为"的理想存在。因为人的存在就是自由的存在，而自由的存在就是自由选择。"拥有"、"作为"所体现出的选择的意义就在于："它是存在的选择，或许是直接地，或许是通过把世界化归己有或毋宁说是同时直接地并通过把世界化归己有进行选择。于是我的自由是选择成为上帝并且我的所有活动，我的所有谋划表现了这选择并以成千上万的方式反映了它，因为它是无数存在的方式及拥有的方式。"②

对于萨特艺术活动的分析，一方面应该按照行动的结构要素逐一展

---

① ［法］萨特：《存在与虚无》，陈宣良等译，生活·读书·新知三联书店 1987 年版，第683—684 页。

② 同上书，第743 页。

开；另一方面要把艺术活动放在与拥有和存在的关系中加以考察。如此才能全面深入地把握其美学思想。

（二）艺术活动的动机

艺术活动的动机在于人的存在的欲望，存在的欲望是人的原始欲望。存在的欲望就是存在的欠缺，存在的欠缺就是自为的本体存在特征。自为所欠缺的存在就是自在，"自为是在被虚无化的自在和被谋划的自在之间的虚无。于是，我所是的虚无化的目标和目的，就是自在。于是，人的实在是对自在的存在的欲望"①。但这里要注意的是，对于萨特来讲，有两种自在，一种是与人无关的纯粹偶然的和荒谬的自在，另一种是与人的实在相遇并被自为虚无化的自在。前一种自在是一种抽象，后一种自在则是造成自为的欲望对象的存在，它是人为性的自在。从根本上讲，这个人为性的自在就是自为与自在相统一的理想存在，"所以，可能一般地被谋划为自为为了成为'自在自为'所欠缺的东西；并且支配着这谋划的基本价值恰恰就是自在自为，就是说，意识由于从其本身获得的纯粹意识而成为自己的自在存在的基础的理想的意识。人们能够称之为上帝的正是这个理想的东西"②。上帝作为最高的价值和目的，构成了人的存在的欲望的对象。是人，就是要成为上帝，人从根本上说就是要成为上帝的欲望。在这里，上帝指的就是通过自为与世界的融合理想地构成的应该是其所是的自在的整体。

追求自在自为的统一，构成了人的自由的基本的欲望；而经验的欲望则只是它的象征化。所以，分析一个作家之所以成为一个作家，就不能如一般心理学所做的那样停留在考察其遗传、教育、阶级、生理结构这些经验的解释上，而必须将这些欲望因素还原到存在的欲望上去。譬如，福楼拜之成为作家，就不是由崇高的雄心、心灵的早熟、敏感、激动等这些偶然性的事实所引起，从根本上说，是对自由的理想的欲望所引起。这就是艺术家们的原始选择和基本谋划。

在《什么是文学》中，萨特联系到人与世界的关系对这种原始选择作

---

① ［法］萨特：《存在与虚无》，陈宣良等译，生活·读书·新知三联书店1987年版，第703页。

② 同上书，第704页。

了更具体的表述："艺术创作的主要动机之一当然在于我们需要感到自己对于世界而言是本质性的。"这里所谓"本质性的",其内涵主要强调了意识对于自在之物的创造性,因此创造性,自在之物被唤醒、具有秩序、显示出精神和意义。"是我们使这一棵树与这一角天空发生关联;多亏我们,这颗灭寂了几千年的星,这一弯新月和这条阴沉的河流得以在一个统一的风景中显示出来。"①人是存在的揭示者,人的"每一个举动都在大地上勾画出一些新的面貌,每一项技术、每一件工具都是世界上一个开放的意义;有多少种使用物的方式,物就有多少种面貌。我们不是与想占有世界的人们站在一起,而是与想改变世界的人们站在一起,世界只对改变世界的谋划本身透露其存在的秘密"②。反之,如果我们弃之不顾,这个风景就会失去见证者,停止在永恒的默默无闻状态之中。从自在之物的角度说,艺术活动中的人成了万物显示自己的手段。

正是基于自为和它所虚无化的自在之间这种存在的关系,萨特提出了处境文学、处境剧的概念。自由是处境中的自由,而处境是自由光照下的处境。写作就是对某种人类和整体处境的自由超越。这就显示了处境文学的基本内涵:立足处境,通过文学的揭露和改变,超越处境,获得自由。

(三) 艺术活动

艺术活动包括创作与欣赏两个方面,就艺术创作而言,它既是对艺术家自由的直接证实,同时又是借助自由对世界的重新把握;就艺术欣赏而言,由于艺术创造只有在欣赏中才得以完成,欣赏就是读者对艺术家所发出的自由呼唤的回应。在这种回应中,读者同样是直接地证实了自身的自由,并同时借助这种自由重新把握了世界。

从艺术活动中的情感来看,艺术家并不是把现实中的情感直接表现在艺术作品中的,而是把它升华为自由的情感融入作品中。在审美活动中,欣赏者也是诉诸情感来创造的。"人们是用情感来重新创造审美对象的;如果审美对象是动人的,它只能通过我们的眼泪显现它自己;如果它是好

---

① [法] 萨特:《萨特文论选》,施康强译,人民文学出版社 1991 年版,第 2 页。
② 转引自汝信《西方美学史》第四卷,中国社会科学出版社 2008 年版,第 396 页。

笑的，它将得到笑声的承认。不过这些感情属于一个特殊的类别：它们根源于自由，它们是借来的。"① 萨特把这种以自由为根源和目的的情感称之为"豪迈的感情"，因此阅读也是豪情的一种运用。

　　艺术活动产生的审美快感，萨特称之为"审美喜悦"，审美喜悦与自由的关系显现为三个层次：第一，创造者因其创造得到了这一种喜悦，而欣赏者则以其审美意识与创造者的超越的、绝对的自由融为一体而喜悦。这种喜悦就是因自由辨认出了自身。第二，创造就是创造出审美对象，在这里审美对象被作为客体给予它的创造者。因此，创造者享受他的创造的客体。一方面，享受就是由于主观性与客观性之间的高度和谐而产生的安全感；另一方面，享受则是通过人的谋划的审美变更，把既有的作为我们境遇的地平线的世界重新把握为诉诸我们的自由的一个要求而出现的价值的世界。第三，审美活动本身，以及审美对象所具有的价值形式，在所有人那里都会产生同样的快感。"就这样，全人类带着它最高限度的自由都在场了，全人类支撑着一个世界的存在。这个世界既是它的世界又是'外部'世界。在审美喜悦里，位置意识是对于世界整体的意象意识，这个世界既作为存在又作为应当存在，既作为完全属于我们自己的又作为完全异己的，而且它越是异己就越属于我们。"②

　　因为艺术类型繁多，且相互之间具有不同程度的差异。萨特在非常相对的意义上区分了介入的文学和非介入的绘画、音乐、诗歌等艺术。绘画、音乐、雕塑等艺术所使用的色彩、形式、音符等不是符号，艺术家运用它们并把它们变成了想象的客体，这一客体具有文字无法表达的内涵，人们无法用它来表达意义，它不能指向自身之外。诗歌虽然运用符号，但是人选择了诗的态度，即把词看作物，而不是符号。诗歌使用文字的方式与散文不同，甚至诗歌根本不是使用文字。诗人是拒绝利用语言的人。所以诗歌是站在绘画、音乐和雕塑这一边的。总之，这些艺术无法介入外部世界。

　　散文使用词语，而词语作为符号指向外部世界，散文家对语言的态度

---

① 李瑜青、凡人主编：《萨特文学论文集》，安徽文艺出版社 1998 年版，第 103 页。
② 同上书，第 112 页。

在本质上是功利性、工具性的。散文家就是通过使用语言向自己和其他人揭露世界的某一面貌，以使其他人面对赤裸裸向他们呈现的客体负起他们全部的责任。说话就是行动，就是对世界的揭露和改变。写作，这是某种要求自由的方式，一旦你开始写作，不管你愿意不愿意，你已经介入了。总之，对萨特来说，写作就是介入。萨特的介入说，赋予了文学伟大而崇高的使命："就文学是否定性而言，文学将对劳动的异化提出异议；就它是创造和超越而言，它将把人表现为创造性行动，它将伴随人为超越自身的异化，趋向更好的处境而做的努力。"[1]

　　虽然介入说强调的是文学对社会状况的揭露和改变，带有强烈的功利特性。但是对介入说的准确把握还是应当放在自由存在的层面上来理解。这就是说："介入的概念不是强调作家的社会责任的政治概念，而是哲学上的概念，说明语言具有形而上学的能力。所谓介入，不是要征调文人从军，而是要提醒他们每个人都知道，或者都应当知道的东西：每一个用文字意指事物的行为都会'融入客观精神'；而且在意指的同时作家会使文字和事物具有一种'新的维度'；作家说的每句话都会有助于'披露'世界，而披露世界总是而且已经意味着'改变'世界。"[2] 立足于自由存在的层面，像绘画、音乐、雕塑和诗歌等艺术显然也是能够介入的，只不过其介入的方式与文学有所差异而已。

　　（四）审美对象与存在

　　审美对象并非就是现存的艺术作品，而是由审美主体的想象性意识在欣赏作品过程中构成的。因此，"我所称之为美的，正是那些非现实对象的具象化"。[3] 从这种意义上讲，演员、观众都是非现实的。如果艺术作品是在想象中被把握的，那么艺术作品也是一种非现实。总之，审美对象是一种意象。

　　既然意象是审美活动创造的对象，那么，在这里就涉及行为、拥有和存在之间的关系。行为意向并建构着对象，从而其目的就是拥有对象，或

　　① 李瑜青、凡人主编：《萨特文学论文集》，安徽文艺出版社1998年版，第236页。
　　② ［法］贝尔纳·亨利·列维：《萨特的世纪》，闫素伟译，商务印书馆2005年版，第98—99页。
　　③ ［法］萨特：《想象心理学》，褚朔维译，光明日报出版社1988年版，第287页。

者说将对象化归己有。因为人的行为方式不同，所以就有了不同的对象以及将对象化归己有的不同方式。

萨特在《存在与虚无》中列举了三种"作为"的方式：科学探索、体育运动、美学创造。与此相应，化归己有的方式也有三种：认识的、享用的、创造的。"在认识中，意识给自我带来它的对象，并渗入其中；认识是同化；……于是，有一种从对象走向认识主体的分解运动。被认识的东西转化成了我，它变成了我的思想，并因此同意只是从我这里获得它的存在。"① 非常明显，在科学探索中，欲望毁灭了它的对象。如此一来，人就不可能将自为转化为纯粹的自在了，因为人是在"强奸"了自在的"童贞"之后将它化归己有的。认识是拥有所能采取的形式之一。

在体育运动中，行为与对象的关系有了一个变化，即不是像科学探索一样占有一个对象，而是使用一个对象。草场、雪地不一定为我所拥有，但它可以为我所使用。一方面，通过使用，运动的对象（如雪场）属于我；另一方面，通过攀登、划桨等战胜、驯服、支配了对象。这就是体育运动化归己有的特有的方式："不是为占有元素本身，而是在于占有以这些元素的手段表现出来的一种类型的自在的存在：人们要在雪的情况下占有的正是实体的均匀性；人们要在大地和岩石等等等等的情况下化归己有的则是自在的不可入性和它非时间的永恒性。"② 在这里，雪地、操场、大地、岩石等对象被看作存在的象征。

在艺术活动中，艺术家和欣赏者创造了一个审美的对象，但他们的目的并不完全在占有这个对象上，而是通过这个特殊的对象占有世界。因为人的欲望有双重规定："一方面，欲望被规定为要成为某种自在－自为的、其存在是理想的存在的欲望；另一方面，在绝大部分情况下欲望被规定为与一个偶然的、具体的、它计划化归己有的自在的关系。"③ 由于我的具体的对象对我们显现为是居于我的绝对外在性和非我的绝对外在性之间的中介存在关系，所以前一种规定必定借助后一种规定才能得到实现。正是

① ［法］萨特：《存在与虚无》，陈宣良等译，生活·读书·新知三联书店 1987 年版，第 719 页。

② 同上书，第 727 页。

③ 同上。

由于这一点，借助于塞尚的绘画这个特定的具体的对象，欣赏者的目光穿过现象的符合因果性，并进而穿过作为客体的深部结构的符合目的性，最终达到作为客体的源泉及其原始基础的人的自由。而17世纪荷兰画家弗美尔的如照片一样的现实主义绘画，同样能使欣赏者接近绝对的创造，因为我们在物质的被动状态本身中也遇到人的深不可测的自由。每幅画、每本书都是对存在的整体的一种挽回，它们都把这一整体提供给观众的自由。

通过特定的对象将存在化归己有，这个思路诚然是对的。问题在于，在不同的活动中，面对着不同的对象，其将存在化归己有的程度是有巨大差异的。尽管萨特讲过艺术、科学和游戏作为化归己有的活动，或许是全部地或许是部分地在它们寻求的具体对象之外化归己有的东西就是存在本身。但何种活动是"全部地"，何种活动是"部分地"，以及这种区分的根据，他显然未能讲清楚。

第二节　梅洛－庞蒂:从身体意向性到艺术的表达

一　身体在世存在

海德格尔把人与世界的关系规定为此在"在世界中存在"，梅洛－庞蒂认为这是由认识向生活世界还原的结果:"现象学还原是一种存在主义哲学的还原:海德格尔的'In-der-Welt-Sein'（在—世界中—存在）只出现在现象学还原的基础上。"[①] 受其直接影响，梅洛－庞蒂以"现象的身体"代替了海德格尔的"此在"，提出了身体"在世界中存在"的命题。

（一）现象的身体

以笛卡儿为代表的传统哲学把人作了心灵与身体的区分，并进一步把身体与物质、广延相联系，把心灵与精神和思维相联系，由此形成了身心二元论。梅洛－庞蒂认为，把身体定义为无内部的部分之和，使身体成为一个具有透明性的无深度的物体;把灵魂定义为无间距地向本身呈现的一

---

① ［法］梅洛－庞蒂:《知觉现象学》，姜志辉译，商务印书馆2003年版，第10页。

个存在，使心灵成为一个同样具有透明性的只不过是自以为他之所是的主体。结果导致两者的绝对分裂：物体贯穿地是物体，意识贯穿地是意识。与此相应，人或者作为物体存在，或者作为意识存在。梅洛－庞蒂明确反对这种二元论，提出了融心灵与身体为一整体的第三种类型的存在——"现象的身体"或"身体本身"。

现象的身体不是客观实在的身体，因为客观实在的身体是解剖学或更一般地说是孤立的分析方法让我们认识到的身体，是我们在直接经验中不会对它们形成任何观念的各种器官的集合。精神与身体不是两个并置的实体，而是交融在一起并形成一个新的"结构"。"心灵并不只是像一个水手在船中那样在身体之中，它整个地与身体缠绕在一起。反过来，身体也整个地被赋予了生机。"① 这里所表述的就是心灵与身体作为一个整体的"身体本身"。

但这个整体并不是心灵与身体的简单相加或者把其中的一元归并到另一元去的统一，它恰恰是我们能够说出意识或者肉体的概念之前的那个整体。这个整体先于两者而存在并具有多层次的结构性关系。正如梅洛－庞蒂所说："存在着作为一堆相互作用的化学化合物的身体，存在着作为有生命之物和它的生物环境的辩证法的身体，存在着作为社会主体与他的群体的辩证法的身体，并且，甚至我们的全部习惯对于每一瞬间的自我来说都是一种触摸不着的身体。这些等级中的每一等级相对于它的前一等级是心灵，相对于后一等级是身体。一般意义上的身体是已经开辟出来的一些道路、已经组织起来的一些力量的整体，是既有辩证法的土壤——在这一土壤上，某种高级形式的安置发生了，而心灵是由此而建立起来的意义。"② 现象的身体就是由这许多层次（物体、生命、文化等）交织而成的活生生的生命整体。在任何时候，心灵与身体总是穿越所有层次而处于某种构形关系中。因此，身体是活的。

身体本身的这种统一性和整体结构可用"身体图式"的概念来表达。此前这一概念含义有二：其一，对我们的身体经验的概括；其二，在感觉

---

① 转引自刘连杰《身体主体间性美学思想研究》，人民出版社 2013 年版，第 64 页。
② ［法］梅洛－庞蒂：《行为的结构》，杨大春、张尧均译，商务印书馆 2005 年版，第307 页。

间的世界中对我的身体姿态的整体觉悟，是格式塔心理学意义上的一种"完形"。而梅洛－庞蒂则把这一概念主要用于理解身体的空间性及其运动等方面的问题，"我在一种共有中拥有我的整个身体。我通过身体图式得知我的每一肢体的位置，因为我的全部肢体都包含在身体图式中"①。在此基础上，这一概念又进一步扩展到身体与世界之间的关系方面。因为身体图式是动力的，因此，"在确切的意义上，这个术语表示我的身体为了某个实际的或可能的任务而向我呈现的姿态"②。由此，引申出对身体空间性的规定：它不是如同外部物体的空间性那样的一种位置的空间性，而是一种处境的空间性。总之，身体图式是一种表示我的身体在世界上存在的方式。

（二）身体与世界的统一性

对梅洛－庞蒂来说，世界就是被感知的世界。从总体上说，这个被感知的世界就是"全部可知觉物、作为万物之物的世界本身"，分而言之，则包括自然世界和文化世界。

所谓身体在世存在，其实质指的是身体与世界所具有的先天统一性。这种先天统一性具体表现为两者之间的相互蕴含。身体本身是感知者，世界则是被感知的对象。感知与被感知构成了两者基本的关系："正如贝克莱所说的，即使无人到过的沙漠也至少有一个目击者，当我们在想象这样的沙漠，也就是当我们进行感知它的心理体验时，我们就是目击者。物体不可能与感知它的某个人分离，物体实际上不可能是自在的，因为物体的联系就是我们的存在联系本身，因为物体是在使物体具备人性的目光或感觉探索之后被确定的。在这种情况下，任何知觉都是一种联系或一种相通，我们对一种外来意向的再现或完成，或者相反，在我们的知觉能力之外和作为我们的身体与物体的一种结合的完成。"③知觉作为身体本身与世界的联系或相通，并不仅仅如表面所显示的那样是单向的，它也同样是物体乃至世界本身的外来意向的再现或完成。所以，身体在世才会面对这样一种情形的产生：被感知物不一定是作为需要认识的东西呈现在我面前的，它可能是一种仅仅在实际上呈现给我的"意义统一体"。

---

① ［法］梅洛－庞蒂：《知觉现象学》，姜志辉译，商务印书馆2003年版，第135页。
② 同上书，第137页。
③ 同上书，第405页。

作为包含自然世界和文化世界于一身的普全视域的世界具有自身的统一性，对这种同一性的把握，不需要把它的各个面联系在一起并归入一个几何图概念中。因为世界的统一性类似于一个个体的统一性，在个体的所有言行中，我们会发现同一种风格。所以，世界的统一性表现为风格的统一性。对世界风格的辨认或把握靠的是时间和空间的综合。从空间角度看，我置身于世界中，我看到世界的各种景象，这些景象不是各自孤立地存在着，而是彼此关联并整合起来，构成空间整体。当然这种视域的过渡和扩展永远不会停止，但是它们全都融入了同一个世界中。从时间角度看，"界域的综合本质上是时间的，……通过我的知觉场及其空间界域，我呈现给我的周围环境，我与延伸到远处的其他所有景象共存，所有这些景象共同构成了一个唯一的时间波浪，世界的一个瞬间；通过我的知觉场及其时间界域，我呈现给我的现在，呈现给在现在之前的整个过去，呈现给将来"①。通过时间和空间的综合，我把握了一个统一的世界。因此，世界的统一性是由我们的知觉信念所产生的，但这种统一性也反过来印证了我们自身的统一性以及我们与世界之关系的统一性。

更进一步说，身体与世界的统一关系是一体化的，也就是说是一个整体中的自身与自身的关系。就这个整体中的世界方面说，世界是由我的身体投射的世界，是在我的身体的超越性运动中显现出其结构与关联的世界；就这个整体中的身体方面说，我的身体是世界的一个视点，一种能力或一种计划。就两者的"一体化"而言，世界在我的身体中实现了它自己，我就是世界本身的表达。世界通过我的身体而看、而听、而思想，我就是世界的眼睛、耳朵和意识。总而言之，我与世界是原始的共属一体的。正如梅洛－庞蒂所说："内部世界和外部世界是不可分离的。世界就在里面，我就在我的外面。……我在同一种关系下理解世界，……也就是因为我在世界上，世界理解我。"②

二　身体意向性

胡塞尔的纯粹意识有其意向性结构，梅洛－庞蒂的身体也有其意向性

---

① ［法］梅洛－庞蒂：《知觉现象学》，姜志辉译，商务印书馆2003年版，第418页。
② 同上书，第511页。

结构。他说："重新将我的探索的诸环节，事物的诸方面联系起来，以及将两个系列彼此联系起来的意向性，既不是精神主体的连接活动，也不是对象的各种纯粹联系，而是我作为一个肉体主体实现的从一个运动阶段到另一个阶段的转换，这在原则上于我始终是可能的，因为我是这一有知觉、有运动的动物（这被称为身体）。"① 在这里，梅洛－庞蒂明显把意向性与身体行为的结构联系在一起。国内学者杨大春在综合梅洛－庞蒂本人和美国学者朗格的一段论述之后，就身体意向性的结构作了如下的概述："身体意向性代表的是一种全面意向性，它是由意向活动的主体（身体）、意向活动（运动机能和投射活动的展开）和意向对象（被知觉的世界：客体和自然世界，他人和文化世界）构成的一个系统。"②

（一）身体主体

主体和主体性概念是近代哲学产物，在不同的哲学家那里具有不同的含义，于是有多种多样的主体性，如笛卡儿的思维之我，康德主义的先验之我等。但这些形形色色的主体性具有一个共同的要素，即意识或灵魂，所以这种主体被称之为意识主体。梅洛－庞蒂反对意识与身体的分裂，把意识放回到了身体，成为现象的身体。这也就意味着梅洛－庞蒂否定了传统哲学的意识主体，但这并不意味着它与传统意识哲学的彻底决裂。在他把传统哲学的意识放回到身体中的同时，他保留了其主体的概念，由此形成了他的身体主体。"关于意识，我们不应该把它设想为一个有构成能力的意识和一个纯粹的自为存在，而应该把它设想为一个知觉的意识，行为的主体，在世界上存在或生存。"③ 他认为，现象的身体不再只是处于某个独立的精神视野之内的一个在世界之中的客体，而是处于主体一边，是我们在世的视点，是精神借以呈现某种自然和历史处境的地方。

具体地说，梅洛－庞蒂的身体主体是作为投身世界的主体，作为前人格的主体，以及作为能表达的身体。投身世界即在世界中，与世界融为一体，此时，身体是在世存在的立足点、视点、零点、出发点和锚定点。

① ［法］梅洛－庞蒂：《哲学赞词》，杨大春译，商务印书馆 2000 年版，第 152 页。
② 杨大春：《感性的诗学》，人民出版社 2005 年版，第 207 页。
③ ［法］梅洛－庞蒂：《知觉现象学》，姜志辉译，商务印书馆 2003 年版，第 442 页。

身体本身包含着自然和精神两个因素，自然作为一切精神存在和文化存在基底的土壤，在这个主体中起着一种底层构架的作用，因此规定了身体主体的前人格特征：非反思的、感知的我。前人格主体的动作行为、知觉行为乃至情感欲望虽未表现为智性的语言符号，但它是在世界中存在的身体的表达；它是一种意义的原初操作。"作为我的身体的感觉外观直接以形象相互表示，因为我的身体正是由一个感觉间的相等和转换构成的系统。感官不需要一位译员就能相互表达，不必通过观念就能相互理解。……我的身体是所有物体的共通结构，至少对被感知的世界而言，我的身体就是我的'理解力'的一般工具。"① 显然，行为、知觉、情欲、动作构成了在世存在的身体主体的意向性。我们可以把这种种意向性统称为"知觉意向性"。

（二）知觉意向性

身体的理论已经是一种知觉理论，身体主体就是感觉的主体。"感觉的主体既不是注意到一种性质的一个思想者，也不是可能受性质影响或被性质改变的一个无生命环境，感觉的主体是与某种生存环境同源或同时发生的一种能力。有感觉能力者和感性事物的关系可比之于睡眠者和睡眠的关系：当某种有意识的态度突然从外面得到了它期待的确认，睡眠就来临了。"② 此时，呼吸节律成了我的存在本身，睡眠成了情境。梅洛－庞蒂之所以把感觉主体规定为感觉能力，是为了防止把感觉主体当作一个现成者。虽然，但梅洛－庞蒂从未给知觉下过定义，以至于有的研究者怀疑在他的哲学中是否存在着一种知觉理论。梅洛－庞蒂对知觉的阐述是通过对经验主义和理智主义知觉观的批判而展开的。

1. 知觉与感觉

经验主义用感觉来说明知觉，认为知觉就是感觉的总和。经验主义对感觉有三点规定：首先，感觉是指人对事物所获得的点状"冲击"的纯粹印象，譬如人们在感知某一背景上的白斑时对白斑在每一个点上形成的纯粹感受。其次，感觉是被感知物体性质在意识中的反映，譬如"看"和

---

① [法]梅洛－庞蒂：《知觉现象学》，姜志辉译，商务印书馆2003年版，第300页。
② 同上书，第272页。

"听"就是获得颜色和声音。最后，通过联想和记忆可以把那些孤立的感觉的纯粹印象联结起来并赋予它们以意义。

针对第一点，梅洛－庞蒂认为，这种印象式的孤立的感觉被剥夺了一切联系和意义，因而与我们的亲身经验格格不入。因为即使是最初步的经验也都是具有意义的，而且最简单的感觉所与也有一种"形象—背景"结构。许多没有意义的感觉要素相加仍然不能产生一个有意义的知觉整体。所以，"这种纯粹感知也许等于感知不到任何东西，因而等于不感知"①。针对第二点，梅洛－庞蒂认为，这样做的结果只是从极端的主观性和非决定性跳到了极端的客观性和决定性，其错误在于把世界看作一个"自在"，其中任何东西都是孤立的和被决定的。而根据一种与此相关的心理学的假设，知觉则被还原为一对一的因果决定的过程，在其中相同的刺激恒定地产生相同的感觉。针对第三点，梅洛－庞蒂认为，经验主义预设了它应当解释的东西，因为联想和记忆的运作需要一个意识才能把感觉印象集合成一个整体并赋予它以某种意义，而经验主义只是推迟了问题却并没有解决问题。

总之，针对经验主义，梅洛－庞蒂的知觉观所要求的是，必须放弃把知觉分解为一些感觉的做法，抛弃为了补救它而构想出来的"联想力"、"记忆的投射"等假设，并把对自在的外部世界的信仰悬搁起来，从而回到主客观之前的现象领域。

2. 知觉与观念

理智主义通过"注意"和"判断"来探讨知觉。所谓"注意"，就是知觉意识的苏醒，而无注意是知觉意识的一种半睡半醒状态。显然，理智主义所理解的注意并不是知觉中的具体内容，毋宁是人的意识的一种先天具有的能力，并且它在任何清醒的知觉意识中都是相同的。虽然作为知觉的注意与其知觉的内容无关，但是理智主义认为正是它使各种感觉内在地、隐匿地结合在一起而有事物的本质结构："注意并非偶然地使一个景象在另一个景象之后相继出现。"② 注意本身中就有物体的一种理性解释，

---

① ［法］梅洛－庞蒂:《知觉现象学》，姜志辉译，商务印书馆2003年版，第25页。
② 同上书，第52页。

被感知物体应当包含由注意所显示的可理解性结构。而"判断通常是作为感觉所缺少的为使一种知觉成为可能的东西引入的"①。

梅洛－庞蒂认为，理智主义没有正确理解注意的作用，实际上，我们对于对象的最初知觉既不是完全混沌一团也不是绝对清楚，而是处于一种不确定的状态并显示为一种模棱两可的意义。我们通过注意逐渐使对于对象的知觉变得清楚一些并使其意义更明确一些，但最终也不会变得完全清楚。而理智主义所引入的"判断"则直接取消了知觉或使知觉变成了理智的一个变种。

梅洛－庞蒂指出："经验主义所缺少的是对象和由对象引起的活动之间的内在联系。理智主义所缺少的是思维原因的偶然性。在第一种情况下，意识过于贫乏，在第二种情况下，意识又过于丰富，以致任何现象都不能引起意识。经验主义没有意识到我们需要知道我们所寻找的东西，否则，我们就不会去寻找，理智主义则没有认识到我们需要不知道我们所寻找的东西，如果我们了解的话，我们也不会去寻找。"② 这就是说，经验主义所缺少的是事物和由事物引起的意识活动之间的内在关系，导致不能说明关于事物的现实知觉是如何可能的，而理智主义所缺少的是思维原因的偶然性，导致不能说明关于知觉的现实事物是如何可能的。可见，理智主义和经验主义一样，都是通过反省分析构造我们的知觉（尽管二者构造知觉的方式不一样），而不是回到知觉体验。

3. 知觉的发生与综合

梅洛－庞蒂对经验主义和理智主义知觉观的批判，实质上是在为知觉划界，即知觉既不是经验主义的"感觉"，也不是理智主义的"观念"。相对于理智主义的观念，知觉意识才是最原初的意识，所以我们"要像返回一种原初经验——实在世界正是在这种原初经验的特殊性中被构成——那样返回知觉"。③ 返回知觉正是梅洛－庞蒂所理解的现象学还原。而相对于经验主义的分散的感觉，知觉是不可分解的整体；当然不是对各种感觉进行拼合构成的整体，而是在某一视域并最终在世界这

---

① ［法］梅洛－庞蒂：《知觉现象学》，姜志辉译，商务印书馆2003年版，第58页。
② 同上书，第53—54页。
③ 转引自张尧均《隐喻的身体》，中国美术学院出版社2006年版，第19页。

个知觉场中发生，并通过"过渡的综合"或"视域的综合"而形成的整体。

譬如，在知觉中，如何描述这些不在场的对象的存在或者那些在场对象的不可见的那些面呢？梅洛－庞蒂回答说："看不见的那面作为存在被我把握，但我没有肯定灯的背面在我所说的意义上存在着。问题可以这样解决：掩住的那面以它的方式存在，就在我的毗邻。因而，我既不能说物体看不见的那面只是可能的知觉，也不能说它是某种几何学分析或推理的必然结论。使我从物体的可见面达到其不可见面、从已知达到目前尚未知的综合，不是一种可自由假定整个物体的智性综合，更像是一种实践综合：我可以触摸这盏灯，不仅可依其转向我的一面触摸它，也可伸手到另一面去，我只需伸出手来就可把握它。"① 这是一个如胡塞尔所说的"过渡的综合"，或是一个"视野的综合"："看不见的那面作为'在别处看得见'显示于我面前，不仅存在着，而且伸手可及。"② 知觉的综合其实是当下知觉和潜在知觉的统一，而进行这种综合者不是纯粹意识或者说意识主体，而是身体或者说身体主体。其特点是，它既能够确定事物的某些透视方面，又能够超越它们。也就是说，知觉主体必定有其处境，但它并非完全受制于处境。

这里涉及知觉意识构成其对象的方式，即"图形—背景"结构或者说"知觉场"。背景或者知觉场构成了知觉和被知觉物的共同界域。一切知觉活动只有在这个界域中才能发生和进行，"身体本身是图形和背景结构中的一个始终不言而喻的第三项，任何图形都是在外部空间和身体空间的双重界域上显现的"③。最大的知觉场就是被感知的世界。由于知觉是在世界这个背景上发生的，所以知觉和被知觉物本身都是一个悖论。这个悖论被称之为"内在性与超验性的悖论"。"内在性"说的是被知觉物不可外在于知觉者；"超验性"说的是被知觉物总含有一些超出目前已知范围的东西。

---

① ［法］梅洛－庞蒂：《知觉的首要地位及其哲学结论》，王东亮译，生活·读书·新知三联书店 2002 年版，第 8—9 页。

② 同上书，第 11 页。

③ ［法］梅洛－庞蒂：《知觉现象学》，姜志辉译，商务印书馆 2003 年版，第 139 页。

4. 知觉的原初性和首要地位

知觉意识是最原初的意识，知觉经验是最原初的经验。与人的一切行为、观念、理性、科学相比，知觉具有首要地位。也就是说，人的行为、观念、理性、科学及其相应价值都建立在知觉的基础之上。

梅洛－庞蒂就知觉首要地位所具有的意义这样写道："说知觉占据着首要地位的时候，我们当然从没想说（如果是那样就回到了经验主义的观点上了）科学、思考、哲学是嬗变的感觉或者是被延迟的、经过计算的享乐价值。我们借此表达的是，知觉的经验使我们重临物、真、善为我们构建的时刻，它为我们提供了一个初生状态的'逻各斯'，它摆脱一切教条主义，教导我们什么是客观性的真正条件，它提醒我们什么是认识和行动的任务。这并不是说要将人类知识减约为知觉，而是要亲临这一知识的诞生，使之同感性一样感性，并重新获得理性意识。"①

三　艺术与存在之肉

（一）从身体到存在

由意识回到身体，回到身体及其与世界的统一性关联，消除了身体－心灵、主体－客体的二分，这是梅洛－庞蒂身体现象学对意识现象学的巨大推进。但是身体主体理论仍然存在着明显的缺陷，即"身体—世界"框架依然是意识哲学的"意向活动—意向内容"的结构，这仍然是隐性的主客二元论。身体与世界的统一是建立在两者分离的基础上的统一，身体依然是主体，并且通过单向的身体意向性来建构它的世界。这是"现象身体向身体主体的凝滞"，由此带来了两个问题："一是他把现象的身体凝滞成了主体，因为带有主体性哲学的残余，这种残余也使得传统哲学的困境或多或少的保留了下来，或者以新的形式重新出现在了他的理论中；一是主体对现象身体的凝滞也使得现象身体在某种程度上被实体化了。"②

梅洛－庞蒂对此有清醒的认识："所有辩证地'解决办法'＝或者是

---

① ［法］梅洛－庞蒂：《知觉的首要地位及其哲学结论》，王东亮译，生活・读书・新知三联书店 2002 年版，第 31—32 页。

② 刘连杰：《身体主体间性美学思想研究》，人民出版社 2013 年版，第 66 页。

将对立面视为同一的'糟糕的辩证法'，这是非—哲学的辩证法，——或者是一种'不腐的'的辩证法，已不再是辩证法的辩证法。"① 既然将身体与世界的同一视为糟糕的辩证法，于是他感到了"回到本体论的必要性"，这是"原初存在本体论的本体论"。显然，在梅洛－庞蒂这里也存在着一种类似于引导着海德格尔的此在分析（它在后者中看到存在的基础）走向存在之思（它需要人）的转向。

以此来看，梅洛－庞蒂后期的存在论探讨就是要为"身体—世界"系统寻找坚实的基础，即在身体和世界这两个相对的维度之外寻找一个作为第三维度的非相对项。这也就是说，在我的身体内部，在我的身体与他人的身体、个体与社会、自然与文化之间，存在着某种更源始的根基。梅洛－庞蒂把这种作为使身体与世界相统一得以可能的条件、根基称之为"肉"。

（二）存在之肉

当然这是原初存在之肉，之所以称之为"肉"，无非是为了强调原初存在的感性特征。"我们所谓的肉，这一内在的精心制作成的团块，在任何哲学中都没有其名。作为客体和主体的中间，它并不是存在的原子，不是处在某一独特地方和时刻的坚硬的自在：人们完全可以说我的身体不在别处，但不能在客体意义上说它在此地或此时，可是我的视觉不能够俯瞰它们，它并不是完全作为知识的存在，因为它有其惰性，有其各种关联。必须不是从实体、身体和精神出发思考肉，因为这样的话它就是矛盾的统一；我们要说，必须把它看作是元素，在某种方式上是一般存在的具体象征。"②

要说清楚什么是肉身并不是一件容易的事情，根据这一引文的思路，我们可以把梅洛－庞蒂分散的论述加以概括，以期从以下几个方面对其作一些规定。

首先，肉身不是什么。肉身不是物质：不是存在的原子，不是坚硬的自在，不是混沌；肉身不是精神：不是意识，不是精神，也不是精神的表象；肉身不是实体：不是物质或精神事实之和，不是纯粹的观念

---

① ［法］梅洛－庞蒂：《可见的与不可见的》，罗国祥译，商务印书馆 2008 年版，第 204 页。

② ［法］梅洛－庞蒂：《可见的与不可见的》，转引自杨大春《感性的诗学》，人民出版社 2005 年版，第 233 页。

（理智观念）。

其次，肉身是什么。肉身是一个终极的观念，因此不应从实体、身体和精神出发去思考肉身，而应反过来把它看作是身体的基质、世界的基质乃至语言基质。作为最"一般之物"，它体现在所有的存在物中；作为一种具体化的原则，它是使事实成为事实的东西，也是使诸事实具有意义的东西，使零碎的事实处在某物周围的东西，即它是"事实性"。这种基质体现在身体、世界、语言上，就构成了身体之肉、世界之肉、语言之肉。同时它也是观念的基质，比如在音乐中，我们当然没有"看到"，没有"听到"观念，甚至没有用精神之眼或用第三只耳朵来"看到"、"听到"，但是"纯粹观念性本身并非没有肉，并不能摆脱视域结构：它体验着肉和视域，尽管涉及到的是别的肉和别的视域。仿佛激活可感世界的可见性并不涌现在全部身体之外，而是涌现在另一较不笨拙、更为透明的身体中，仿佛它改变了肉，为了语言之肉而抛弃了身体之肉，并且由此解放了而不是摆脱了全部条件"①。

梅洛－庞蒂把存在之肉称之为元素："这是用它被人们用来谈论水、空气、土和火时的意义，也就是说用它的普遍事物的意义，即它处在时－空个体和观念之中途，是一种具体化的原则，这种原则在有存在成分的所有地方给出存在的样式。肉身在这个意义上是存在的'元素'。"② 或者换用一个更为形象的表述，肉是一种基本的织料，它由此而展开了一幅开放的永不完结的织锦，一幅活生生的、始终处于开裂和构织状态中的多形态的织锦。或者也可以说，"肉"作为原初存在，就是"母体"、"自然"、"大地"、"母亲"，它原始、感性，生生不息，是一切可能性的孕育。

再次，肉的结构。肉自身中包含着凹陷和空洞，它不是坚硬致密、自身同一的原子，而是柔软的、多空隙的织料，它具有深度和各个不同的侧面。"维度"、"关联"、"层次"、"枢纽"、"枢轴"、"构型"等概念就是对肉的各个侧面的描述。意识的各种样式就是存在之肉的构成成分的表现："存在是这样一个'地点'，'意识的各种样式'就作为存在的构成成

---

① ［法］梅洛－庞蒂：《可见的与不可见的》，转引自杨大春《感性的诗学》，人民出版社2005年版，第233页。

② ［法］梅洛－庞蒂：《可见的与不可见的》，罗国祥译，商务印书馆2008年版，第172页。

分（一种蕴含一个社会的社会结构中的自我思考方式）而处于其中；在这里，存在的所有构成成分都是意识的样式。自在—自为的融合不是在绝对意识中形成的，而是在混杂的存在中形成的。对世界的知觉是在世界中形成的，真理的证明是在存在中进行的。"① "存在的结构——从这里出发：不存在同一，也不存在非同一，也没有非重合性，存在的是相互倒转的内和外。"② "这将是一个回到自身中的赤裸的原初存在，将是一个正在凹陷的可感的存在。"③

最后，肉的运动—存在的运作：开裂、交织、交错、可逆性。肉在自身中包含着一种动力性因素。它不是偶然性，不是混沌，而是重新回到自身和适应自身的结构。它是通过它的结构化或组织化的运动而构织出世界的。肉的运动也就是存在自身之运动的体现。肉能自身分化，产生裂隙，形成皱褶；它也可以折叠自身，反卷或缠绕自身，构成缠结，产生一个内面和外面，这两个面内在贯通，又是相互可逆的。所谓"开裂"，就是作为基质和母体的"肉"的爆发、生产、繁殖、自构成、差异化，由此产生了世界之肉、身体之肉、语言之肉等。所谓"交织"、"交错"、"可逆性"，用词虽异，其意相同。但其含义却是繁复的，大致有：交叉、循环、交换、侵蚀、转换、翻转、可逆等义。以"可逆性"为例："翻过来的手套——不需要能从两边看的观察者。我只需要从一面看与手套的正面相接的反面，我只需要通过另一面而触及这一面（一个点或者一个面的双重'呈现'）。交错就是这可逆性。"④ 再以"交换"为例："交织不仅仅是我他之间的交换（他收到我的信息也传给我，我收到他的信息也传给他），交织也是我与世界之间的交换，是现象身体和'客观'身体之间的交换，是知觉者与被知觉者之间的交换：以事物来开始的东西以事物的意识来结束，以'意识状态'来开始的东西以事物来结束。"⑤ 在此，我们不可能把梅洛－庞蒂关于交织和可逆性的论述全部引用，但通过他的两段文字可

---

① ［法］梅洛－庞蒂：《可见的与不可见的》，罗国祥译，商务印书馆2008年版，第323—324页。

② 同上书，第338页。

③ 同上书，第265页。

④ 同上书，第337页。

⑤ 同上书，第272页。

以理解其基本意思。"肉身"的交织、可逆体现在几乎每一个方面，如：精神与肉体、知觉与反知觉、说与听、过去与现在、看与被看、知觉与被知觉、主动性与被动性、把握与被把握、内与外、自为与他为、自我与世界、自我与他人、触与被触、理解与言说、听与唱、自然与文化、思想与语言、可见与不可见、身体与事物等。

与肉同等的概念有"存在"、"自然"、"大地"、"世界"，不过，它们各自强调的重点还是不同的。"肉"这个概念更多的是强调存在的感性特征；"自然"强调的是存在的生成性特征，"大地"强调的是其奠基性，而原始的"世界"作为"沉默的世界"意指的是"非语言的涵义秩序"。至于"存在"本身，则是更加具有隐蔽性的，它"不能被固定和注视，只能从远处被瞥见"。①

（三）艺术与存在

1. 文学艺术作为哲学的另一种形式

在梅洛－庞蒂的哲学工作中，文学艺术是他始终关注的对象。当然，这种关注，在其前后期是有不同侧重点的。前期，他把文学艺术看作身体现象学的绝佳例证；后期，文学艺术自身成了哲学的另一种形式，甚至可以说，文学艺术以自身的感性取代了哲学的论证，从而走向了感性存在论。

在《知觉现象学》时期，梅洛－庞蒂就已经意识到，在对"事情本身"的追求上，文学艺术与现象学有着极大的相同或相似点，巴尔扎克的作品、普鲁斯特的作品、瓦莱里的作品或塞尚的作品，与现象学同样表现出对原初世界及其状态和意义的惊讶、意识和欲望。

这种追求，具体表现在艺术家的感性知觉和艺术作品的透视变形上。

就前一方面而言，它所表达的是，艺术家所面对以及艺术作品所描绘的事物与世界就是被知觉意向性所把握的事物与世界。我们感受并理解事物，我们与事物连接起来了。"如果一个现象，比如说一种光泽或一阵轻风，只呈现给我的一个感官，那么它就是一个幽灵，只有当它碰巧能对我的其他感官诉说时，比如在景象的动荡中变强和变得可见的风，才接近真正的存在。塞尚说，一幅画甚至包含了景象的气味。他的意思是，颜色在

---

①　张尧均：《隐喻的身体》，中国美术学院出版社 2006 年版，第 177 页。

物体上的排列（在艺术作品中，如果颜色完整地再现了物体的话）通过本身表示颜色对其他感官的询问作出的全部回答，如果物体没有这种形状，这些触觉属性，这种音色，这种气味，它也就没有这种颜色，物体是我的共有存在投射在物体面前的绝对完整性。物体在其所有固定属性之外的统一性不是一种基质，一个某某空间，一个内在性的主体，而是处在每一种属性中的这种唯一风格，属性只不过是其次要表现的这种唯一存在方式。……因此，物体是我的身体的关联物，更一般地说，我的存在的关联物——我的身体只不过是其稳定的结构，物体是在我的身体对它的把握中形成的，物体首先不是在知性看来的一种意义，而是一种能被身体检查理解的一种结构，如果我们想描述在知觉体验中呈现给我们的实在事物，那么我们将发现实在事物带着人类学断言。由于物体之间或物体的外观之间的关系始终需要通过我们的身体，所以整个自然界就是我们自己的生活或处在对话中的我们的对话者的表演。"① 梅洛－庞蒂在此处引用塞尚的关于艺术活动中通感的话，还不是要揭示与存在本身的直接关系，而仅仅是证明身体知觉与被知觉物体的对应性。在原初知觉中，触觉和视觉的区分是未知的，正是关于人体的科学后来教会我们区别我们的感官。实际经验到的事物不是从感官材料出发被找到或者构造出来的，而是作为这些材料得以辐射出来的中心一下子被提供出来的。我们看见了物品的深度、滑腻、柔软、坚硬，乃至它们的味道。

就后一方面而言，艺术家所描绘的事物，是通过"透视变形"而表达的我们对于世界的知觉粘连。事物的变形是知觉的自然特征，是我们的身体与物体之间形成的一种自然结构。因此，画家绘画离不开变形这种手段。

有三种变形：一是几何透视的边形，但它一旦被科学用几何式的量值加以规定，它也就偏离了我们的自然视觉。几何透视变形的代表是古典绘画，古典绘画设定了一种客观秩序，一个预先建立的自然，在这种秩序中，一切事物都处在已经完结或永恒的状态中。

二是塞尚所追求的知觉体验变形，几何透视变形追求的是客观性，体

① ［法］梅洛－庞蒂：《知觉现象学》，姜志辉译，商务印书馆2003年版，第403—405页。

验变形则回到了主观性。塞尚夫人把塞尚画画的过程称之为"与风景一起萌生",而塞尚本人则自称"是风景在我身上思考,我是它的意识"。梅洛-庞蒂就此评论说:"再没有任何东西比这种直觉意识离自然主义更远了。艺术既不是一种模仿,更不是依据本能或情趣进行的一种制作。意识是一种表现作用,……画家重新获得并恰到好处地将一些东西转化成了可见之物,这些东西,如果没有画家,便仍将被锁闭在脱离意识的生命之中。因此,表象的颤动,它,才是事物诞生的摇篮。对于塞尚这样一位画家,只有一种情感是可能的,那就是怪异的感觉,这是独一无二的抒情诗,永远关于重新开始的存在的抒情诗。"[1]　由于塞尚作为独特个体的独特感觉,进而由于他以此感觉让事物第一次出现,所以,在塞尚的绘画中,我们看到的是事物的刚刚诞生,还没有获得它的固定形式的景象,这就是体验变形的效果。

三是"一致的变形",这种变形介于前两种变形之间。所谓"一致的变形",指的是不同系统之间的一种结构转型。绘画就是在自然和艺术、直觉和表达这些不同的系统之间进行转型的过程。譬如,当雷诺阿在大海边画一幅沐浴的裸体女人的绘画时,看到绘画的旅店老板的评价是:"是一些在另一个地方沐浴的裸体女人。我不知道他注视哪里,他把大海变成了一个小角落。"在这里明显存在着一种实际作画的大海边和画面显示出的小角落之间的转换。如何理解这种现象?马尔罗评论说:"大海的蓝色已经成为拉万蒂埃尔河的蓝色……他的视觉与其说是注视大海的一种方式,还不如说是一个世界的秘密构思,他取自无限的这种蓝色深度就属于这个世界。"[2]　这就是在"一致的变形"中所包含的由个别(大海的蓝色)到一般(水的蓝色)的转换。这种创造性变形导致的是艺术知觉风格的出现,正如马尔罗所说:"一个走过的女人在我看来首先不是一个有形体的轮廓,一个生动的模特儿,一个景象,而是'一种个人的、感情的和性的表达',是某种完全显现在步态之中,甚至在脚跟撞击地面之中的身体方式,就像弓的张力存在于木料的每一根纤维中,——我拥有的走路、注

---

① [法]梅洛-庞蒂:《眼与心》,刘蕴涵译,中国社会科学出版社1992年版,第51—52页。
② [法]梅洛-庞蒂:《符号》,姜志辉译,商务印书馆2005年版,第66页。

视、触摸、说话标准的一种十分引人注目的变化，因为我是身体。如果我又是画家，那么以后出现在画布上的东西不再仅仅是一种生命或肉体价值，在绘画上不仅有'一个女人'，或'一个不幸的女人'，或'一个制作女帽的女工'，而且也有通过面孔和服装，通过动作的敏捷和身体的迟钝，总之，以某种与存在的关系居住在世界上，对待世界和解释世界的方式的象征。"①

非常明显，在知觉的风格中，个别的对象已经与存在产生了关联。所以，在把艺术作为知觉现象的例证时，梅洛－庞蒂已经行走在通往存在的道路上。于是，在后期，我们看到，文学艺术自身成了哲学的形式：文学艺术以其感性取代了理性的哲学论证以显现其存在。

2. 可见的与不可见的

①唯有艺术能表达这种交织

存在的运作就是交织，而交织则只能在事物身上表现自身：精神与肉体、知觉与反知觉、说与听、过去与现在、看与被看、知觉与被知觉、主动性与被动性、把握与被把握、内与外、自为与他为、自我与世界、自我与他人、触与被触、理解与言说、听与唱、自然与文化、思想与语言、身体与事物等，这些事物或是可见的，或是可思的。总之，存在的运作只有通过存在者及其相互关系、状态得到显现，而交织本身在哪里呢？如果是通过理性的思而把握，它则转化成了否定自身的理智观念。梅洛－庞蒂的思想道路已经告诉我们：唯有艺术能够表达这种交织，而在艺术的指向性中，身体经验最为重要。

所谓"身体间性"就是肉身交织的审美体现。身体间性超越了身体知觉的单向意向性而成为人与世界可逆的、交错的双向意向性。于是，就出现了画家与对象之间角色的相互颠倒，不仅画家注视着事物，而且事物也在注视着画家，正如画家克勒和作家马尔尚所谈到的自我创作体验："在一片森林中，我有好多次都觉得不是我在注视着森林。有些天，我在那里倾听着……我认为，画家应该被宇宙所穿透，而不能指望穿透宇宙……我期待着从内部被淹没、被掩埋。我或许是为了涌现出来才画画的。"在这

---

① ［法］梅洛－庞蒂：《符号》，姜志辉译，商务印书馆2005年版，第64—65页。

里，主动与被动已经难以区分，"以至于我们不再知道谁在看，谁被看，谁在画，谁被画"①。这种情形所显示的还不仅仅是我们作为自然人置身于事物和他人之中，而且更深入一步的是，通过交织，通过身体间性，我们变成了他人，我们变成了世界。

这是如何可能的呢？从身体与事物和世界的关系层次来说，作为自身也是可见者的看者的身体并不把它所见的东西占为己有。在悬置了这种功利性的诉求之后，他仅仅通过注视而接近它，他面向世界开放。而从更深的基质的层面看，世界、万物与身体是由相同的材料构成的。它们镶嵌在它的肉中，它们构成为它的完满规定的一部分。因此，"身体的视觉就必定以某种方式在万物中形成，或者事物的公开可见性就必定在身体中产生一种秘密的可见性。塞尚说：'自然就在内部。'质量、光线、颜色、浓度，它们都当着我们的面在那儿，它们不可能不在那儿，因为它们在我们的身体里引起了共鸣，因为我们的身体欢迎它们"②。在这里，有的是内部的目光，内部的眼睛和耳朵。梅洛－庞蒂把它称之为第三只眼睛、第三只耳朵。这是一种超越了我的看和他的看的普遍的视，作为肉身的原初特性，这种"普遍的视"通过处于此时此地而向所有的地方永恒地散播，通过作为个体而成为既是具体的又是普遍的。

当然，这并不是说，由相同的材料构成的人与万物以及世界已经现成地存在在那里了，然后在另一层次上发生交织。本来的情况是：人、身体、艺术形象都是在存在的运作中、在肉体的开裂中当下生成的。"当母体内的一个仅仅潜在的可见者让自己变得既能够为我们也能够为他自己所见时，我们就说一个人在这一时刻诞生了。"③ 人的诞生就意味着身体的出现，"当一种交织在看与可见之间、在触摸和被触摸之间、在一只眼睛和另一只眼睛之间、在手与手之间形成时，当感觉者—可感者的火花擦亮时，当这一不会停止燃烧的火着起来，直至身体的如此偶然瓦解了任何偶然都不足以瓦解的东西时，人的身体就出现在那里了……"④。于是画家

---

① ［法］梅洛－庞蒂：《眼与心》，杨大春译，商务印书馆 2007 年版，第 46 页。
② 同上书，第 39 页。
③ 同上书，第 46 页。
④ 同上书，第 38 页。

的视觉诞生了，当然，这是一种持续的诞生。同时诞生的还有艺术形象，它是原初力量的可见者的肉体本质或图像。这种图像作为想象物既有一个外部的内部，又有一个内部的外部。作为"内部的外部"，艺术形象非常接近实际之物，"因为它是实际之物的生命在我身体里的图表，是实际之物第一次展露给那些注视的肉质或它的肉体内面"。作为"外部的内部"，它又非常远离实际之物，"因为图画只有依据身体才是一种相似物；因为它没有向心灵提供一个去重新思考事物的各种构成关系的机会，而是向目光提供了内部视觉的各种印迹（以便目光能够贴合它们），向视觉提供了从内部覆盖视觉的东西，提供了实在的想象结构"①。

②可见的与不可见的

前述所罗列的种种交织，最终奠基于可见的与不可见的交织；或者也可以说，可见的与不可见的交织使得其他种种交织成为可能。

那么，什么是可见的？什么是不可见的？在梅洛－庞蒂那里，可见的与不可见的具有层次性。"我的肉身和世界的肉身包括一些光亮区域，晦暗区域围绕着的光亮区域，而且最初的可见性，即感觉质料和事物的最初的可见性，如果没有次级的可见性，即力之范围和维度的可见性，便是不可能的，厚重的肉身如果没有纤巧的肉身便是不可能的，瞬时性的身体如果没有光耀的身体便是不可能的。"② 这段论述涉及了可见性的两个层次：最初的可见性和次级的可见性。最初的可见性指的是感觉质料、事物、厚重的肉身、瞬时性的身体；而次级可见性指的是力之范围和维度、纤巧的肉身、光耀的身体。要对这些概念作出恰当地解释，在这里是不可能的，因为梅洛－庞蒂的论述本身就是语焉不详的。但是层次性的思想会给我们理解可见性与不可见性一定的启发。

同时我们应联系梅洛－庞蒂关于艺术家身体、感觉、图像产生的思想。他说画家在作画时，都在实践一种神奇的视觉理论："精神通过眼睛走出来，以便穿梭在万物之中，因为它不停地根据它们调整它的超凡视力。……在那里，让自己被画家看到的正是山峰本身，画家通过注视拷问

① ［法］梅洛－庞蒂：《眼与心》，杨大春译，商务印书馆2007年版，第40—41页。
② ［法］梅洛－庞蒂：《可见的与不可见的》，罗国祥译，商务印书馆2008年版，第183页。

的正是它。"① 借助于光线、明亮、阴影、映像、颜色这样一些可见的手段，山在我们眼里才变成为山，山成为可见者。

现在，我们可以对梅洛－庞蒂的可见的与不可见的作一大概的描述。在身体意向性的层次上，"可见的"指的是知觉的活动的身体、被知觉的世界和事物，"不可见的"指的是抽象的思想、精神和观念。在身体间性的层次上，"可见的"则指在艺术活动中正在诞生的身体、世界和事物本身（"应该将可见的描述为通过人得以实现的某种东西，但这完全不是人类学的东西，所以反对马克思1844年之费尔巴哈提纲"②），"不可见的"指的是感性的观念，作为基质的肉。在前一层次上，"可见的"与"不可见的"是对立的；在后一层次上，"可见的"与"不可见的"是交织、交错、互逆的，这种交织互逆的表现就是：可见的就是可见的不可见的，不可见的就是不可见的可见的。梅洛－庞蒂就此特地说：

> 意义是不可见的，但是不可见的不是可见的对立面：可见的本身有一种不可见的支架，不可－见的是可见的秘密对等物，它只出现在可见的中，它是不可呈现的，它像呈现在世界中那样向我呈现——人们不能在世界中看到它，所有想在世界中看到它的努力都会使它消失，然而它处在可见的线中，它是可见的潜在家园，它是处在可见中的（作为言外之意）——③

同样是"可见的"，在身体意向性的层次上，事物、世界就是事物、世界自身，它没有超出自身；而在身体间性的层次上，可见的事物、世界是一个近乎不可思议的事物和世界；因为，尽管它不过是局部的，但却依然完整无缺。绘画把可见的实存赋予给世俗眼光认为不可见的东西，它让我们无须肌肉感觉就能够拥有世界的浩瀚。同样是"不可见的"，在身体意向性的层次上，观念诉诸智性的思考；而在身体间性的层次上，观念诉诸感性的体验。

这种情形在文学艺术这里表现得尤为突出，这就是梅洛－庞蒂把文学

---

① ［法］梅洛－庞蒂：《眼与心》，杨大春译，商务印书馆2007年版，第43—44页。
② ［法］梅洛－庞蒂：《可见的与不可见的》，罗国祥译，商务印书馆2008年版，第352页。
③ 同上书，第272页。

艺术作为哲学的另一种形式的原因所在。他认为在确定可见的与不可见的关系，在描写不是可感的对立面，而是可感的内里和深处的观念上，没有人比普鲁斯特走得更远。他说：

> 音乐的观念、文学的观念、爱情的辩证法，还有光线的节奏，声音和触摸的展示方式，它们都在对我们说话，它们都有自己的逻辑、自己的一致、自己的交汇、自己的协调。①
>
> 我们看不见，也听不见观念，即使我们用心之眼或第三只眼也看不见：可是，观念确实在那儿，在声音后面或在声音之间，在光的后面或在它们之间。②
>
> 观念就是这种层面，就是这种维度，因而它就不是像一个东西藏在另一个后面那样的事实的不可见的，也不是与可见的毫不相干的绝对不可见的，而是这个世界的不可见的，是居于这个世界之中，支撑这个世界，使这个世界成为可见的不可见的，是世界内在的和自身的可能性，是这种存在着的存在的存在。③

就作为身体间性的身体而言，如同海德格尔的人是存在的守护者一样，不是我们拥有它们，而是它们拥有我们。"演奏者不再制造和再造旋律：演奏者是在自我感觉，其他人通过旋律来感觉演奏者，旋律如此突然地通过演奏者来吟唱或呼喊，以至于演奏者必须'冲上琴弓'去追随它。"④ 在这里，存在的观念不是通过人的声音去言说，而是自行言说，它是事物的声音本身，是水波的声音，是树林的声音。

第三节　英伽登：艺术本体论

一　观念论与实在论之争

英伽登是早期现象学运动哥丁根小组的成员。作为胡塞尔的学生，一

---

① ［法］梅洛－庞蒂：《可见的与不可见的》，罗国祥译，商务印书馆 2008 年版，第 185 页。
② 同上书，第 186 页。
③ 同上书，第 187 页。
④ 同上。

方面，英伽登接受了胡塞尔的意向性学说、现象学还原的方法和建立严密科学的信念，因此他被老师称之为"我最亲近的和最忠实的老学生"，创造性地先于胡塞尔表达了胡塞尔正在思考的问题。但另一方面，他又力图抛弃胡塞尔的先验原则，希望确立独立于意识的存在，在意识和存在之间建立以实在为基础的对应性关联，从而以实在论的常识性信念来弥补现象学的偏颇。为此，英伽登强调被胡塞尔束之高阁的"本体论"的优先地位，认为认识论和价值论的研究都必以本体论的研究为依据。英伽登与胡塞尔的这种分歧被现象学运动史家称之为观念论与实在论之争。

　　当然，在胡塞尔那里也有他的本体论，即作为本质科学的"先验现象学"。如果作进一步的划分，则有形式本体论和质料本体论。所谓"质料本体论"，即关于不同的客体领域或区域的先验理论，所有建立在区域的本质中的真理构成区域本体论的内容。所谓"形式本体论"，即关于任何客体的形式结构的先验理论，它是一门与质料本体论相对立，与思维意指的形式逻辑学相统一的科学。由此看来，这里的"形式本体论"和"质料本体论"实际上就意味着关于"意向活动"和"意向相关项"的本质论。胡塞尔就此写道："一切基本的区分，正如在以后的步骤中将详细理解的，都是现象学研究的主要项目，这些区分构成了形式本体论和附着于它的范畴理论。与它们相对应的是意向作用—意向对象的关联体，有关它们的可能性和必然性方面的问题必定能够加以系统的描述。"① 尽管如此，但对胡塞尔来讲，真正说来，他的现象学是关于纯粹意识本质研究的学说，意识的客体是关于意识的研究的从属部分。与此相反，英伽登的看法是，实质本体论更具根本性，蕴涵事物的本体形式的正是这种事物的特性实质。实在本身并不是无形式的东西，逻辑形式、语言所描述的根源在于有结构的实在本身，它最初是在前述谓的、前语言的经验中被我们经验到的。

　　英伽登与胡塞尔"重要的争论之点在于，本体论和现象学（关于构成过程的超验现象学）哪个在先的问题。英伽登的意见是，在我们对于事物的认识中所包含的对构成过程所作的分析和评价要预先假定对于这些事物

① ［德］胡塞尔：《纯粹现象学通论》，李幼蒸译，商务印书馆1996年版，第326页。

先有一种清楚概念为'指导线索';而胡塞尔则主张,关于事物的清楚概念只能建立在对于构成过程的先验理解的基础之上。英伽登与胡塞尔之间存在的这种分歧事实上就是对这个问题所抱的实在论和唯心论的两种态度的不同"①。

二 对"观念论与实在论"难题的分析

英伽登认为,哲学史上一再出现的观念论与实在论之争之所以至今得不到裁定,其主要原因在于,这个争议问题事实上隐含着一系列不同的没有被完全区分开来的难题组,它们之间的联系也没有得到进一步的澄清。《关于"观念论—实在论"难题的几个说明》一文的目的就是要完成这项任务。

观念论与实在论分别对应着两个存在区域:纯粹意识和实在世界,这是一个基础性的本质的区分。在英伽登看来,全部系统哲学由三部分构成:存在论、形而上学和认识论。因此,由上述基本区分便引申出三组主要难题:存在学的难题、形而上学的难题和认识论的难题。存在学是对观念内容的先天研究,而观念就是关于存在—实体的观念,当然它也包含着纯粹意识这个特定的存在区域。形而上学是对实际地实存的存在区域及其相互联系和它们的终极存在的根据的研究,并试图确定事实上存在的东西的性质。认识论的任务是证明科学研究与哲学研究已取得的成果的有效性。

上述存在意识与实在世界的本质区分,必须从以下三个方面进行探究:实存样式、形式构造和实质本质。因此,存在学难题又划分为三组:实存存在学的难题、形式存在学的难题和实质存在学的难题。

(一) 实存存在学

实存存在学研究涉及一般存在者的各种可能的存在样式,这包括:第一,存在自主性与存在非自主性;第二,存在原始性与存在衍生性;第三,存在独立性与存在非独立性;第四,存在非依赖性与存在依赖性。

---

① [美]赫伯特·施皮格伯格:《现象学运动》,王炳文、张金言译,商务印书馆1995年版,第324页。

　　所谓存在上自主的，是指一种对象在自身中有其存在基础（如果它根本上在自身中就是某个东西），例如“红”，它是存在上自主的，它在自身之中就是它所是的东西，它是由它所固有的东西规定的，而且它的这种规定就包含于自身之中；在这个意义上，它的存在基础就在自身中。所谓存在上非自主的，是指一种对象的存在基础并不在自身中，而是在另一种对象中（如果它在自身中根本就是虚无）。例如，纯粹意向性对象，它从一种意识行为的实行和内容中汲取其整个存在和如在，若没有这种实行，它根本就不存在；它在自身中恰恰没有一个存在基础。

　　所谓存在上原始的，是指一种对象不可能由另一种对象创造出来或者消灭掉。所谓存在上衍生的，是指与存在上原始的相反的情况。

　　所谓存在上独立的，是指一种对象为达到其存在不需要另一种对象的存在（后者与它一道构成一个整体的统一性）。反之，如果一种对象为达到其存在需要与另一种对象在一个整体之统一性中的共在，那它就是存在上非独立的。

　　所谓存在上非依赖的，是指一种对象不仅是存在上独立的，而且为达到其存在并不需要另一种存在上独立地存在的对象的实存。反之，一种存在上独立的对象在本质上需要另一种存在上独立的对象，那么这种对象就是存在上依赖的。

　　以上四组对立既存在着一致也存在着相反的关系。就其一致方面看，如果一种对象同时是存在上自主的、原始的、独立的、非依赖的，那么，它就是一种绝对的存在着的对象。就其反对方面看，如果上面四个谓词中的至少一个被替换成它的反面，那么，这种对象就是存在上相对的了。

　　根据上面的区分，英伽登提出了实存存在学的 18 个问题，为避繁琐，归纳起来主要有：（1）实在存在的观念和纯粹意识存在的观念各自意味着什么？

　　（2）上述两种观念各自意味着相应的实在世界和纯粹意识在存在上是自主的抑或是非自主的？是存在上原始的抑或是衍生的？是存在上独立的抑或是非独立的？是存在上依赖的抑或是非依赖的？

　　（3）在如若是存在上非自主的、非原始的、非独立的、依赖的情形下，其进一步的问题是：实在世界的非自主性是与纯粹意识相对的呢，还是与其他某种东西相对的呢？纯粹意识何以是存在上非自主的呢？实在世界和纯粹意识的存在是从对方衍生出来的，还是从其他某个东西中衍生出来的呢？实在世界与纯粹意识的非独立性是相互的存在非独立性抑或是与第三种对象相关的？实在世界与纯粹意识在存在上是相互依赖的抑或是与另一种对象相关？

（二）形式存在学

由于一种对象的存在方式与这种对象的形式构造和实质构造处于必然联系之中，因而实存存在学的问题也就与形式存在学的难题和实质存在学的难题联系在一起。进一步讲，把实存存在学与形式存在学联系一起来的基本问题是："如果一个存在区域或者说一个世界及其因素应能以某种确定的存在样式实存，而且尤其是，如果它应当是实在的，那么，它必须（或者可以）具有何种形式构造呢？而且反过来讲，如果它——按照其观念——具有某种确定的形式构造，那么它允许有何种存在样式呢？……上面的问题也关涉到纯粹意识的形式构造。"①

按照英伽登的论述，实存存在学与形式存在学的基本区分在于，前者关注的是一般存在者及其存在区域的各种可能的存在样式，而后者关注的是一个存在区域（实在世界和纯粹意识）及其构成这个区域的个别对象的形式构造。两者的区别在于：

（1）对一种存在上自主的个别对象来说，它有可能是存在上独立的或者是存在上非独立的；而对存在上自主的区域来说，不可能在自身中纯粹地包含着存在上非独立的对象，或者，它本身作为整全区域不可能是存在上非独立的。在一个存在区域那里，存在自主性与存在非独立性是相互排斥的。

（2）一个存在上自主的存在区域必定在自身中包含着存在上独立的各种对象的多样性。因为，倘若这个区域只包含这样一种对象，而它所包含的其他所有必定在存在上非独立的对象都是与这种对象相对的，那么，它就不是一个区域，而干脆就是一个个别对象了。区域的形式构造排除了存在上自主的区域在自身中纯粹地包含着一些非独立的对象这种情况。但一

---

① 倪梁康主编：《面对实事本身》，东方出版社 2000 年版，第 454 页。

个存在上自主的区域所包含的存在上独立的各种对象还关乎它们的如在的一部分而相互限制，因为一种植根于这个世界存在上独立的各个个别因素之本质中的联系就存在于它的各个部分之间。

由此形成的难题是：

（1）一个存在上自主的或者存在上独立的对象必须在何种形式上被构造，使得它在其如在中能受到同一个世界的另一个对象的限制并且也能够限制这另一个对象？

（2）一个存在上独立的对象的存在自主性向其形式构造提出了不同于存在非自主性的要求。如果个别对象应当是存在上自主的，那么，它必然就是完完全全地得到明确规定的；而对一个存在上非自主的对象来说，这根本不是必然的了。由此得出的结论是：可能实际地实存着的所谓实在世界是如此这般被构造出来的，以至于其中出现的个别对象本质上并没有得到完全明确的规定，那么，由此就必定得出一点：这个世界不是一个实在的世界，而是显示出另一种存在样式。而另一方面，一个对象的完全明确的确定存在还绝不是它的实存的充分条件，完全明确的确定存在的形式要素或者它的对立面，本身是以对象性结构的其他某些形式要素为前提的，而且只有根据对这种结构的分析才能完全搞清楚。

（3）同样地，对于存在上非自主的、非独立的和依赖的存在区域和世界，类似上述的形式难题也会产生出来，并且会导致另一法则和条件。对于这些难题，英伽登没有详述，他只是表示，这些多种多样的难题必须与实存存在学的难题联系起来一道解决。

（三）实质存在学

如果说实存存在学关注的是一般存在者及其存在区域的各种可能的存在样式，形式存在学关注的是一个存在区域（实在世界和纯粹意识）及其构成这个区域的个别对象的形式构造，那么，实质存在学关注的则是一个对象及其存在区域的本质规定性。

一个对象或一个存在区域的实存结构和形式结构所具有的特性指向它的实质规定性，所以，实存存在学和形式存在学的难题就与实质存在学的难题产生了紧密联系。这涉及两个范围，一是这些本质性适合于作为"实在化"规定实在的对象；二是这些本质性的"具体化"表现为对理想对象的规定，诸如命题、概念之类对象。

实质存在学的难题有：

（1）就实在世界和纯粹意识的观念内容看，其可能的某种特定的存在样式和形式构造都具有其相应的本质规定性，这一切都会在存在独立性与存在非独立性、存在上依赖的或者非依赖的诸方面得到体现。

（2）就实在世界与纯粹意识的实存关系看，如果实在世界在存在上是从纯粹意识那里衍生出来的，或者与之相对地在存在上非自主的，那么，纯粹意识的观念的实质内容中就必定包含了下面这回事情：纯粹意识能够创造一个实在世界。如果情形相反，实在世界的观念包含着实在世界的存在自主性，那么，一切假定有一个为纯粹意识所创造的存在上自主的实在世界的形而上学理论，都必须自始就受到拒绝。

（3）两个存在区域之间的实质的本质亲缘性（甚或同一性）或者本质异质性问题。就本质亲缘性看，倘若实在世界的观念意味着实在世界是存在上非自主的，而纯粹意识的观念却意味着存在上自主的，那么，实在世界按其实质来看就是合乎意识的；倘若两个存在区域都是存在上自主性的，那么，实在世界按其实质本质而言是与纯粹意识同一的。就本质异质性看，如果把两个区域对立起来的做法是正确的，那么，这种对立的终极基础就在于它的两个方面的实质本质的一种彻底的异质性之中。

（4）本质异质性与相互的存在依赖性。纯粹意识与实在世界尽管有着可能的彻底的本质异质性，但是它们单方面的或者相互的存在依赖性可能恰恰就植根于它们的实质本质中。

英伽登通过实存存在学、形式存在学和实质存在学难题的列举，意在发现由以上三个方面的断言组成的连贯系统，并进而解决观念论与实在论之争。但是他又承认，以此途径做出一个明确的决断是不可能的。

在《关于世界存在的争论》一书中，英伽登完成了讲实存存在论的一卷和讲形式本体论的三卷，他坚信他的本体论分析最终将导致对实在论观点的确认，但关于实质本体论的和形而上学与认识论的研究都没有完成。奎多·孔恩曾这样评价："英伽登认为至少就大体轮廓来讲他已经找到了一张以现象学和本体论为基础的一个完整哲学体系的蓝图。……但是另一方面，……就英伽登的本体论和形而上学而言，他并没有更充分地扼要讲述他所想出的解决办法。……他以令人钦佩的耐心致力于构建一座大厦，这大厦没有完成，实际上也许就是它的最大优点。"①

三　美学作为讨论观念论和实在论问题的导论

英伽登的美学著作主要有《文学的艺术作品》、《对文学的艺术作品的认识》、《艺术本体论研究》、《经验、艺术作品与价值》，而且他本人也主要以现象学美学家而闻名，但是他美学研究的出发点却在哲学："虽然我研究的主要是文学作品，或者文学的艺术作品，但我接触这个论题却是出于一种纯哲学性的思考，因此我的研究将大大超出这个包括多方面的论题本身，密切地联系到我曾多年探讨过的'唯心主义—现实主义的问题'。就像我在我的《对唯心主义和现实主义问题的看法》中力图说明的那样，所谓'现实主义'和'唯心主义'的争论涉及各种不同和非常复杂的问题，应当将它们单独地区分开，并加以说明和整理，然后才能进入到对形而上学的主要问题的研究上来。"② 他的基本观点是，实在客体的结构和存在方式同意向性客体在本质上是不一样的，为了说明这一点，他找到了一种毫无疑问是纯意向性客体的文学作品，对其结构和存在方式进行了深入的研究。伽达默尔对英伽登的这种努力作过如下的评价："他的研究旨在成为一种文学艺术品的本体论。""事实上，英伽登想通过对艺术的半实在性的研究提出真正的本体论任务。"③ 他的学生也认为"英伽登想借助于它的美学发现奠定一座新的——比胡塞尔的更加令人鼓舞——哲学大厦的基础，其意图是否已经实现，仍然有待于讨论。"④

英伽登美学的研究对象是艺术作品，艺术作品包含着两个因素，一方面，它是艺术家创造行动的纯意向的产物；另一方面，作为客体，它有其物理基础，如书、一块大理石、一块着色的画布等。在英伽登看来，与上

---

① ［美］赫伯特·施皮格伯格：《现象学运动》，王炳文、张金言译，商务印书馆1995年版，第331—332页。

② ［波］英伽登：《论文学作品》，张振辉译，河南大学出版社2008年版，第14页。

③ ［德］伽达默尔：《哲学解释学》，夏镇平、宋建平译，上海译文出版社1994年版，第149页。

④ 提敏尼加：《从哲学角度看英伽登》，载《美学译文》第3辑，第15—16页。

述两方面因素相应，传统美学研究沿着两条路线展开：或集中于主观性的东西——使艺术作品得以产生的审美经验；或集中于客体——如山峦、风景、落日等被一般称之为"艺术作品"的人造客体。即便这两条研究路线偶尔有过会合，那也不过是突出了它们的差别而已，其分裂依然存着。英伽登认为，艺术作品的两方面因素组成了一个更高层次的单一的、真实的实体，它赋予含摄作品及与作品交流的人类的这种领域以统一性。对这个具有统一性领域进行的研究，"我们可以赋予它以一门适当的哲学学科——即美学的名称"。① 而且进一步，他把美学研究的出发点规定为"艺术家或观察者与某种客体尤其是艺术作品的接触和交流"。因为在这种情形下，一方面，作为审美客体的艺术作品出现了；另一方面，作为创造的艺术家或审美地经验着的欣赏者诞生了。

（一）由基本结构看文学作品的实在性

在英伽登看来，每部文学作品在保持其内在统一性与基本性质的条件下，包括以下四个必不可少的层次：①字音和建立在字音基础上的更高级的语音造体的层次；②不同等级的意义单元或整体的层次；③不同类型的图式的观相、观相的连续或系列观相的层次；④文学作品中再现客体和它们的命运的层次。

语言是文学的艺术作品的基本因素，但为了防止对"语言"这个概念的歧义性理解，英伽登采用了另一个概念"语言的造体"，即在文学作品中出现的语词、成语、语句、语句的结构。语言的造体有两个方面：一是语音材料，二是和语音相关联的意义。语音是文学作品的最基本层次，它是意义构成的质料基础，可以单独存在，其他层次则不能。语言的语音造体层次包含着单个的语词发音、语句的发音、其他典型的纯发音的或者基于发音的更高级的非发音的形象质或语言造体。

语词的发音就是语词存在的物理因素，诸如音节、音调、重音等，这些因素的统一使语词具有某种特定的意义，并能把这种特定的意义传达给其他意识主体。语词的发音具有同一性，因此它与具体的声音材料不同。所谓同一性，是指"通过某种特定的语言中的某个语词被多次说出来而出

① 王鲁湘编译：《西方学者眼中的西方现代美学》，北京大学出版社 1987 年版，第 77 页。

现的确切地说这同一个典型的发音形象。……它就是我们称之为'语词发音'的那种东西。"① 而具体的声音材料则是在语词发音基础之上的具体的声音显示，具体的声音材料每一次的显示都是不一样的，是偶然的，每一次构建都是新的。英伽登认为它不属于文学作品。而语词的发音则相反，在任何情况下都不会改变，虽然它被说出来的方法各种各样。

语词只是语言的一个组成部分，真正独立的语言造体不是某个语词，而是语句。英伽登把它称之为"更高级的语言—发音的造体"。"语句的单纯语言—发音方面的东西对语词的发音来说，并不是一个享有同等价值的造体，也不是像语词的发音那样，可以用来创造另外一种类型整体的语言发音的因素。"② 语词的发音虽然是相对独立的，但当它们在语句中展开的时候，在它们相互之间产生的派生的影响就产生了语句的发音现象：节奏、速度、声调、语调、乐调，这被英伽登称之为"形象质"，以及由此而产生的效果，诸如"忧伤的"、"悲哀的"、"多愁善感的"等"激动质"或"情绪质"。

显然，语言的发音层次就是构成文学作品的"材料"，它是文学作品永远固定的外壳。"在这层外壳里面，文学作品所有其他的层次就找到了它们在外面的一个支点，或者一个外部的表现。"③

英伽登的实在论倾向表现在，他把艺术作品的作为物理基础的材料看作是"本体"，他的用语是"艺术作品的物理的本体基础"，与此相对应，他认为对语言发音层次进行的研究所采用的是"纯本体论的方法"。这与胡塞尔采用现象学"悬置法"借以否认客体客观存在的观点截然不同。

（二）由存在方式看文学作品的观念性

所谓存在方式，此处指的是文学作品存在的"如何"，说得更明确一些，就是问文学作品是独立的还是非独立的，如果是非独立的，它依赖何种对象？英伽登对这一问题回答的首要步骤就是对什么不是文学作品进行排除。

第一，文学作品既非实在的客体亦非观念的客体。实在的客体"起始

---

① ［波］英伽登：《论文学作品》，张振辉译，河南大学出版社 2008 年版，第 56 页。
② 同上书，第 67 页。
③ 同上书，第 78 页。

于时间上的某一点，存在于一定的时间之内，在其存在过程中可能发生变化，最后还会消失"，而观念的客体（例如某种特定的三角形、数字五、平行四边形的观念、红的本质等）具有超时间性，不会发生变化。一部具体的文学作品固然产生于一个特定的时间，并且会发生这样或者那样的变化，甚至将来某一天也会不再存在。但是，文学作品不是实在的客体，因为构成文学作品的语言造体固然是实在的东西，但它不仅仅是实在的东西，它所表达的是观念意思，并构成观念的整体。但是文学作品也不是观念的客体，因为文学作品毕竟产生于某一特定时间并在其存在过程中发生变化。总之，一句话，无论实在的客体还是观念的客体都是独立存在的，而文学作品则不是。

第二，文学作品既非作者的心理体验亦非读者的心理体验。作者的心理体验在创作一部文学作品时固然发挥着一定的作用，但如果把这种体验或心理状态与文学作品等同起来则是十分荒谬的，"因为作品从被创作出来开始存在的那个时候起，作者的体验就不复存在了"。① 读者阅读作品，其个性类型、文化水平、时代氛围、宗教思想、政治观点、价值体系等主观因素都会发生着相应的作用，但如果把读者的阅读体验等同于作品则同样是荒谬的，因为不同的读者阅读同一部作品不会导致出现许许多多不同的作品；同理，同一个读者在不同时间阅读同一部作品也不会产生不同的作品。

第三，文学作品不是想象的客体。想象的客体不是文字符号、语音和语句本身，不是观念性的东西，不是主体的体验，而是作品中再现的人、事及其命运。这种再现的客体把两部作品区分开来，并以其自身的同一性保证了文学作品的统一性和独一无二。但是问题在于"怎样才能接触到这些作为相同的存在的'想象的客体'，面对那许多在阅读中想要认识作品的主体，怎样保证作品的同一性？"② 因为，并不是由于再现的客体才形成作品的同一性，相反，这些客体在作品中必须具有它们的同一性赖以存在的基础。

----

① ［波］英伽登：《论文学作品》，张振辉译，河南大学出版社 2008 年版，第 33 页。
② 同上书，第 36 页。

　　在作了上述排除之后，英伽登提出了自己的观点——文学作品是纯意向的客体。"纯意向性"的存在方式，一方面划清了文学作品与独立自主存在的客体的界限，这在一定程度上把作为具有实在性的作为其物理基础的语言符号和观念排除在文学作品之外；但另一方面它同时表明文学作品是非独立的存在，因而有其产生的根源和基础。"一部作品（或者作为它的组成部分的语句）从它被创造出来的那时候起就已经存在。但它不是一个自在的造体，它的存在有赖于主体的创造意识的意向的行动，而它存在的根源却在两个完全是异源的客体中：一方面在一些观念性的概念和观念质（存在）中，另一方面——再一次显示——是在实在的语词符号中。那种能起作用的造句行动（包括各种不同的创造文学作品的主体行动）就是——如果说的是语句的意思——把相应观念的概念的意思显现出来，并使它在显现中形成一个统一的整体。"① 这里所表述的文学作品所依赖的根源和基础可归结为三个因素：一是实在的语词符号，二是主体的创造行动，三是观念性的概念和观念质（存在）。

　　进一步的问题是，是什么因素使文学作品具有同一性？假如把它规定为语词符号，"但是这些'符号'——很明显——不可能是那个充满了秘密的文学作品，也不可能是我们以审美态度接触到的东西"。② 如果把它规定为主体的行动，"那么就产生了一个问题：如果一部作品没有人去读它，它是怎么存在的？如果我们肯定它在这种情况下的存在，那它是不是不合法的抽象的存在呢？"③ 另外一个问题是，如果有各种各样的读者来读这同一部作品，又如何保证它的交互主体的同一性呢？

　　由此看来，能够既保持作品同一性又保持交互主体同一性的则只能是"观念的概念"了。在区分语词的意义和观念的概念时，英伽登这样说："观念概念的本身不是这个造体的组成部分。它们不仅像主体行动一样，对造体来说是超验的，而且它们对主体行动本身也是超验，不受后者的管辖。但它们是意识主体创造的语句能够存在的依据，意识主体考虑到它们的观念的意思，选择了其中相关的因素，使它们得到了非自立的现实化，

---

① ［波］英伽登：《论文学作品》，张振辉译，河南大学出版社 2008 年版，第 340 页。
② 同上书，第 337 页。
③ 同上。

把它们连在一起后创造了一个新的整体。"① 观念的概念不仅对于意义造体和意识主体起着超验管辖的作用，而且对于更为基础性的语句和更为高级的意向客体也是如此。这意味着，没有观念，无论纯意向性客体还是实在客体都不能存在。因此，"观念"成了文学作品每一构成层次及其整体存在的最终依赖。

如果细加分析，我们会发现，在英伽登这里存在着两种观念，一种是如三角形、数字五、平行四边形、红的本质等作为理性的观念；另一种是作为审美价值质素集中结晶核心的观念。前者是抽象的，诉诸认识；后者是感性的，诉诸直观。前者被称之为"观念性的概念"，后者被称之为"观念质（存在）"。英伽登本人对此并没有加以严格区分，且常常混同使用。由此造成他的理论上存在着无法解决的矛盾，譬如，一方面他说文学作品不是观念的客体，另一方面又说文学作品依赖于观念而存在。一方面，他说"如果意识行动创造了一个纯意向性的客体（如一个'物体'），那其中的意向也不能有效（'真实地'）实现任何一个观念质"；② 另一方面，他又断言文学作品再现的客体层次能够表现和显示特定的形而上学质，而且文学作品只有在形而上学质的显示中才达到了它的顶点。

以笔者的观点，探讨文学作品的存在方式，可排除理性的"观念性的概念"，但可保留感性的"观念质"。如此一来，就能化解上述矛盾。那么，什么是文学作品的观念呢？英伽登说得很明确："文学的艺术作品的'观念'是一个既可以在作品中具体地呈现也可以通过作品而呈现的、互相调节的、'可以证实的'、综合的、本质的审美价值质素集。审美价值质素导致了某种审美价值的直观构成，这种价值以文学的艺术作品本身为基础，在其内在的统一性中构成一个整体。……这个审美价值质素集（它的价值在直观中达到顶点）赋予具体化的艺术作品以明显的结构上的'有机'统一性。"③ 在英伽登看来，与作品的层次相应，审美价值质也存在着一种等级并表现出相应的秩序；但是在这些质素集中有一种质作为"结晶核

---

① ［波］英伽登：《论文学作品》，张振辉译，河南大学出版社 2008 年版，第 340 页。

② 同上书，第 341 页。

③ ［波］英伽登：《对文学的艺术作品的认识》，陈燕谷、晓未译，中国文联出版公司 1988 年版，第 87 页。

心"，其他质则作为铺垫和伴奏。"文学的艺术作品整体的这个具有确定性质的审美价值核心也可以在更为狭义的意义上设想为它的'观念'。"①

（三）实在论与观念论的统一

尽管在实在论与观念论之争中，英伽登偏重于实在论，并通过对文学作品结构层次中作为物理材料的语音层次作了本体论的证明；尽管他将观念的客体乃至实在的客体都排除在了文学作品之外；但是他的目的却是要达到两者的统一，所以他才将美学研究的出发点规定为"艺术家或观察者与某种客体尤其是艺术作品的接触和交流"，他就此写道："如果这个议题是真实的并得到适当的证明，那么它也许可以作为美学研究的划界的原则，这赋予它以既非'主观主义的'也非'客观主义的'的美学所能提供的某种统一。"②

所谓"接触和交流"，按英伽登的解释，表现在艺术家或观察者方面是对艺术作品的理解，表现在艺术作品方面则是在主体直观中的展现和表象。这实质上指的是在审美经验、审美创造过程中审美对象的显现这一现象。如果是作家或读者与文学作品的接触和交流，则就是"具体化"。他说："文学的艺术作品确切地说，只有当它在具体化中得到显示的时候，它才能成为一个审美客体。如果它是处于孤立状态，而没有具体化——那么它只不过是多尔在《作为美学问题的艺术描写》中说的那种'艺术作品'。但具体化本身并不是审美客体，确切地说，文学的艺术作品只有在具体化中充分地显示出它的'肉体'，才能成为审美的客体。"③ 正是凭借此种显现或具体化，艺术作品才有了生命，才真正地存在。

在这里，特别需要注意的是，只是在这种"存在"（显现）中，文学作品（艺术作品）中作为物理基础的"材料"和超越四层次的"观念质"（形而上学质）才得到了统一，并从经济基础和上层建筑两个方面融汇中间其他层次（意义单元层、图式化观相层、再现的客体层）构成完整的审美对象。由此来看，原先在论及文学作品存在方式时被排除在外的物理基

---

① ［波］英伽登：《对文学的艺术作品的认识》，陈燕谷、晓未译，中国文联出版公司 1988 年版，第 88 页。

② 王鲁湘编译：《西方学者眼中的西方现代美学》，北京大学出版社 1987 年版，第 92 页。

③ ［波］英伽登：《论文学作品》，张振辉译，河南大学出版社 2008 年版，第 350 页。

础和观念两个因素，现在就被请回来了。这个"回到事情本身"的过程，在英伽登这里表现为从认识论（对文学作品的认识）回到了存在论。在现象的层面上，这是实在与观念的统一；在理论的层面上，这是客观主义（实在论）与主观主义（观念论）的统一。

存在中显现的审美对象，也就是审美对象存在的显现。英伽登在他的对文学的艺术作品的研究中，由于认识论角度的局限，并没有真正到达本体。他所谓的"本体"只不过是"实体"，在论及艺术家或观察者与艺术作品的交流时，他说过这样一段话："这种寻求构成了一个创造过程的开端，这个过程不仅依赖这种意义的发现，而且还创造了外形在其中找到自身的本体基础、在其上具体显示自己的性质的那种实体。这种实体，例如说声音的某种组合或一个三维结构或包括句子在内的语言学整体，一定要适合构形以使综合的外形可以在其上（或其中）于直观中展示自身。我们把这种外形叫作艺术作品。"① 无论是把观念看作实体，还是把艺术作品看作实体，实质上都已经把它们凝固化了，此时，作为有生命的艺术作品已经不存在了。但是如果站在存在论的角度看，艺术作品在存在中显现为审美对象，而审美对象则显现存在。这一点，是英伽登在其美学研究中，面对事情本身时并非自觉地达到的。

第四节　杜夫海纳：审美经验的本体论意义

一　美学与"回到事情本身"的现象学原则

现象学哲学"回到事情本身"的精神原则，在杜夫海纳这里体现为对"根源"、"本原"、"起源"的追求上，而这一点是由美学来做的："美学在考察原始经验时，把思想——也许还有意识——带回到它们的起源上去。这一点正是美学对哲学的主要贡献。"② 杜夫海纳把美学研究的对象确定为审美经验，他认为审美经验处于根源部位上，处于人类在与万物混杂中感受到自己与世界的亲密关系的这一点上，审美经验揭示了人类与世

---

① 王鲁湘编译：《西方学者眼中的西方现代美学》，北京大学出版社 1987 年版，第 83 页。
② ［法］杜夫海纳：《美学与哲学》，孙非译，中国社会科学出版社 1985 年版，第 1 页。

界的最深刻和最亲密的关系。因此，审美经验本身的意义就是本原。

他所谓的"根源"、"本原"指的是什么呢？在《审美经验现象学》中，他称之为"绝对经验"、"情感"、"意义"、"存在"、"本体"，其实这些不同的表述，其共同指向就是"存在"。在《诗学》中，他称之为"造化"。造化是人和世界及其关系形成的根基，它是一种压倒一切但最终又很仁慈的"力量中的力量"。造化不会说话，但它通过艺术表现自己。其中以艺术家作为中间人，通过艺术所创造的诸如水和天、明和暗这些基本形象向我们讲话。"造化这个根基产生了一个能够荣耀自己的意识，它是在基础层次把人类与世界连接在一起的先天的先天。"① 由此来看，作为先天的先天的"造化"也就是存在。

"回到事情本身"之"回到"就是现象学的"意向性"。在审美经验的现象层次上，意向性体现为审美知觉的意向性和审美对象的意向性；而在审美经验的本体层次上，则体现为存在意向性。由此，杜夫海纳在《意向性与美学》一文中才这样说："对于意向性这一观念，可能有许多解释。按照其中的一种解释，现象学变成了本体论：还原似乎是从经验主义走向思辨神学的一种推理方法，类似黑格尔用以促进绝对知识的那种方法。它禁止主体——即使是'我思'中的我——将自己看作是一个基本的根源，将客体看作是一种绝对。归根结底，意向性就是意味着自我揭示的'存在'的意向——这种意向，就是揭示'存在'——它刺激主体和客体去自我揭示。主体和客体仅存在于使这二者结合的中介之中，因此它们就是产生意义的条件，一种逻各斯的工具。"② 所谓"现象学变成了本体论"，也就是从现象学走向了本体论，由主体和客体的自我揭示到存在的自我揭示对此作了证明。

统观《审美经验现象学》，可以非常明显地看出，杜夫海纳的美学研究路线是从经验走向先验的。前三编的题目是：审美对象的现象学、艺术作品的分析、审美知觉的现象学，其中"艺术作品"不过是审美对象与审美知觉的中介和基础，其论述重心显然是在审美经验（此经验包含两个要

---

① 转引自杜夫海纳《审美经验现象学》英译本前言，韩树站译，文化艺术出版社 1996 年版，第 623 页。

② ［法］杜夫海纳：《美学与哲学》，孙非译，中国社会科学出版社 1985 年版，第 51—52 页。

素——审美对象与审美知觉）；第四编"审美经验批判"则转向了审美的先验方面，即追溯审美经验的本体论意义。用杜夫海纳自己的话来说就是"是审美经验提示哲学要从先验走向超验，从现象学走向本体论"。① 《审美经验现象学》英译本前言的作者爱德华·S. 凯西对此作了这样的评价："尽管《审美经验现象学》把我们这样从现象学方面经过先验方面或先天方面领向本体论方面，它最后并没有背弃现象学或审美经验。不但本体论连续不断地使我们折回到人这个审美经验的主体，而且居先的审美经验现象学也有助于从本体论观点去解释艺术：'审美经验本体论在现象学所研究的主要课题中找到了阐释的机会。'现象学虽然最初不得不承认和描述由自己的方法和自己的暗含的形而上学所提出的主客体二分法，但它仍然能凌驾于自己的前提之上，预见到有克服这种二分法的可能。而且在审美经验中这种二分法必须加以克服，至少暂时加以克服。如果果真'正是在我身上审美对象被构成为一种不是我的别的东西'，但是不管这种二分法最后是否被克服——同时不管是否真正达到存在——这两个极项在审美经验所唤起的有力的相互作用中仍然是彼此沟通的。通过艺术，我又同这种由可能性所照亮的实在取得了联系，我还可以超越实在预感存在。"②

　　按杜夫海纳的看法，审美经验既包括构成审美经验的东西，又包括审美经验所构成的东西。按笔者的理解，所谓"构成审美经验的东西"指的是情感先验，而所谓"审美经验所构成的东西"则是审美对象。前者是存在的一种属性，后者是存在的感性显现。对于前者需要一个知识性的把握，对于后者则需要存在性的体验。叶秀山在论杜夫海纳"审美经验的批判"时给出的题目是"审美经验之普遍性"。他说："我们体会杜弗朗的意思，是要通过上溯康德，把存在论与知识论结合起来，从而使他的理论坚守住胡塞尔现象学'纯知识'的阵地，虽然在他的美学中吸收了从海德格尔以来许多存在论的思想，但他的立足点，仍在于承认对于'存在'可以有一个知识性的把握，而不仅仅是存在性的体验。"③

---

　　①　［法］杜夫海纳：《美学与哲学》，孙非译，中国社会科学出版社 1985 年版，第 6 页。

　　②　［法］杜夫海纳：《审美经验现象学》，韩树站译，文化艺术出版社 1996 年版，第 619—620 页。

　　③　叶秀山：《思·史·诗》，人民出版社 1988 年版，第 335 页。

其实，按海德格尔的看法，现象学就是存在论（本体论）。所以，无论是"现象学变成了本体论"，还是"从现象学走向本体论"，并不意味着现象学与本体论是两个界域，它仅仅意味着审美经验现象学所关联的两个层次：在先验的层次上，它是对存在的知性把握；在经验的层次上，它是存在的感性显现。

二　情感先验：存在的属性

（一）情感先验的观念

审美经验如何可能？审美经验普遍性的根据何在？这是审美经验现象学回避不了的根本问题。受康德先验哲学的启发，杜夫海纳以"情感先验"的观念对之作出了自己富有创造性的解答。

康德的先验观念指的是逻辑上在先从而使经验知识成为可能的东西，由于康德哲学的立足点是认识论，因此他的先验概念虽有感性先验、知性先验和理性先验之分，但它所标志的仅仅是人类认识能力的不同层次或阶段而已。总之，康德的先验是认识先验。

杜夫海纳在康德的基础上扩大了先验的范围，提出了与人的不同活动层次相应的三种先验：肉体先验、认识先验、情感先验。从主体和客体联系的方式看，主体的活动可分为三个阶段：呈现阶段、再现阶段、感觉阶段。在呈现阶段，主体通过梅洛－庞蒂所说的肉体先验勾画出肉体自身所体验的世界的结构。在再现阶段，主体通过知性先验来认识客观世界的结构。在感觉阶段，主体通过情感先验打开我感觉到的一个世界。"在每个阶段，主体都呈现出一个新面貌：在呈现阶段，他是肉体；在再现阶段，他是非属人的主体；在感觉阶段，他是深层的我。主体就是这样先后承受着与体验的世界、再现的世界和感觉的世界的关系。"①

把情感与先验联系起来，体现了杜夫海纳独特的思路：在感觉阶段，主体的感觉是情感的，感觉就是感到一种情感；但这种情感不是作为我的存在状态而是作为对象的属性来感受的，因此情感乃是对象的结构和特征，它是主体感受到的对象身上的"情感特质"。之所以把情感或情感性

---

① ［法］杜夫海纳：《审美经验现象学》，韩树站译，文化艺术出版社1996年版，第484页。

质称之为"情感先验"，是因为在杜夫海纳看来"先验本身具有情感性质，正如知性的先验具有理性性质一样"。① 而情感先验也就是存在先验，因为情感先验是存在的一种属性。

（二）情感先验的功能

第一，先验是经验乃至经验对象之所以可能的条件。作为存在的一种属性的先验，既先于主体又先于客体，并使主客体的亲缘关系成为可能；所以它同时是客体和主体的一种规定性。把这层意思落实到情感先验与审美经验的关系上来，就同样可以说情感先验是一个世界被感觉的条件，它先于具体的审美经验和审美对象。按此原理，杜夫海纳作出了如下的判断，拉辛和拉辛的世界都从属于前拉辛的情感特质，当然这是一种整体的和没有分割的情感特质，这是"原始现实"。叶秀山对此引申发挥说："艺术的世界是一个活的世界，是真实的世界，是主体的真理性的见证。真实的世界不是主体与客体分化以后的世界，而是分化之前的本源性的世界，这个世界是分化以后的世界的基础和条件，因此情感的性质先于客体的属性，也先于主体的情绪。杜弗朗说，音乐的'柔和'早于音符和情绪之分，'字'的意义，也早于'音位'和'义位'之分。这种限于音符的'柔和'、先于语音的'意义'，使'音乐'成为'音乐'，'字'成为'字'，因而作为先天条件就由纯知识性转化为存在性，即作为一个'对象'之存在的条件，这就是康德所说的，经验之可能条件，也就是经验对象之可能条件。在现象学和存在哲学看来，这句话应理解为无论经验或经验对象都源于人作为存在的本源性状态，而不是源于现实性作为工具之抽象的形式的必然性、先天性，'存在'的条件，同时即是'存在性''对象'的条件。"②

第二，先验是经验和经验对象的构成因素。先验既是对象的构成因素，又是主体的构成因素。

作为对象的构成因素，首先是指审美对象所显现出来的情感性质，在感性的意义上，"我们完全可以说情感特质是作品的一种思想：任何作品

---

① ［法］杜夫海纳：《审美经验现象学》，韩树站译，文化艺术出版社1996年版，第480页。
② 叶秀山：《思·史·诗》，人民出版社1988年版，第338—339页。

都有一种哲理,例如鲁奥绘画的悲伤而又虔诚的基督精神,德彪西音乐的对声色世界的有时带有怀疑的友情,巴特农神庙的十足的柏拉图主义,它对秩序和节奏的爱好,以及对光的颂扬,对真之光辉的感情。但是,因为这些思想实际上是包含在作品之中的,所以它在作品中处于情感状态,并且向情感传播"。① 其次是指审美对象通过情感特质所孕育的一个世界。审美对象的世界是再现的世界与表现的世界的统一,再现的世界是艺术作品通过些人及其环境而得出的一个具有客观结构的世界,而表现的世界则是再现的世界的根本。其中情感特质作为表现世界的灵魂赋予整个审美对象的世界以统一性。最后是指审美对象的一种存在方式,即情感性质是对象中的主体特性,是客体属性中的价值。例如用拟人法来表示的审美对象的特殊气氛:博希的可怕、莫扎特的欢乐、麦克白的悲惨和福克纳的嘲讽等。杜夫海纳把构成对象的先验称之为"宇宙论现象"。

作为主体的构成因素,先验指的是主体向对象开放并预先决定其感知的某种能力,亦即把主体构成主体的能力。首先,情感是主体的存在方式。古典哲学已经把情感看作人的存在方式之一,而杜夫海纳则进一步把情感规定为人的本源性的存在方式。其间,经过了两次现象学的还原,即由再现阶段的意识主体还原到呈现阶段的生存主体,再由生存主体还原到感觉阶段的"具体主体"。"具体主体"就是由情感先验所规定的主体的存在方式、在万物面前所处的绝对地位以及主体瞄准、体验与改造万物的方式和主体联系万物以创造自己的世界的方式。其次,主体以其情感意向性所指向和构成的世界是一个主体在其中被认出并成为他自己的感觉的世界。这个世界与主体的存在是相称的,"主体有多大深度、对自己有多大忠实,它就有多大主观性,它就有多大客观性。它不是一个单纯的主观世界,也不是一个先存在的客观世界的主观色彩,如同当我们按自己的喜怒哀乐亦即根据表层的我的变化判断房间是温暖的、苦艾酒是苦涩的时候发生的那种情况。情感先验之所以构成一个确实而严密的世界,是因为它是主体中的最深的东西,正如它是审美对象中的最深的东西一样"②。这个

---

① [法]杜夫海纳:《审美经验现象学》,韩树站译,文化艺术出版社 1996 年版,第 491 页。
② 同上书,第 489 页。

世界与主体的联系如此密切，以致作为它的基础的情感先验就是主体：莫扎特就是明朗，贝多芬就是悲怆激烈。杜夫海纳把构成主体的先验称之为"存在现象"。

作为宇宙论现象和存在现象的先验，是经过分割之后的、分别显现客体方面和主体方面的先验。

（三）情感范畴：对情感先验的存在性认知

先验可以成为一种认识的对象，这种认识本身也是先验。杜夫海纳把这种以先验为认识对象的认识本身称为"情感范畴"。情感范畴的实质是作为先验的情感特质对自身的认识，或者说，是情感特质自身对自身关系的认识论转化。杜夫海纳说："情感特质确实还有一个方面，……这些特质不但构成我们所是的先验，而且构成我们所认识的先验。更加概括地说，什么是肉体先验、智力先验或情感先验，这一点我们总是早已知道的，并依靠这种早于任何学问的学问而生活。我们在所有经验以前认识这些先验。"[①] 把情感范畴规定为认识的先验，仿佛又回到了康德的知性先验，但与康德不同的是，情感范畴不是诉诸知而是诉诸感觉，"情感范畴存在于感觉之中。这些范畴构成的知是有感觉能力的深层的我的装备的一部分。感觉使这种知复活；这种知使感觉具有智力"。[②] 因此之故，杜夫海纳把情感范畴又称之为"先知"、"原知"。

这里的问题在于，我们怎样知道这个"先知"或"原知"？这个问题的实质是：如何证明情感范畴的先验性？杜夫海纳提出了两项证明：一是先知直接内在于感觉；二是它并非出于一种经验的概括。关于第一项证明，他说："知不是在感之后。知不是对感的一种思考，不是感借以从某种盲目状态向某种知性状态，从参与走向理解的那种思考。感觉时立刻是有智性的。"[③] 他举例说："我们之所以能够感觉拉辛的悲、贝多芬的哀婉或巴赫的开朗，那是因为在任何感觉之前，我们对悲、哀婉或开朗已有所认识，也就是说，对今后我们应该称之为情感范畴的东西有所认识。"[④]

---

① ［法］杜夫海纳：《审美经验现象学》，韩树站译，文化艺术出版社1996年版，第503页。
② 同上书，第510页。
③ 同上。
④ 同上书，第504页。

这两段引文总的意思是在说，在对具体的情感特质譬如拉辛的悲、巴赫的明朗有所感觉之前，我们已经先天地对这种"感"有所认识。至于这个先于"感觉"的认识从哪里来，杜夫海纳没有做出说明。关于第二项证明，他认为情感范畴是一般性的，但它不是一种概括的结果，这个一般不是一种抽象。他称这个一般为"与人性有关的一般"，以此区别于"与事物有关的一般"。他说："与事物有关的一般是从模仿我们对事物可能产生的影响开始的，因为事物确实受我们的影响。与人性有关的一般总包含着某种有关人类整体的观念，以及任何人与我们都有亲属关系的这种感觉。如果这种一般是先验，就是说，如果人的这个观念由于是我身上的、我的人性的保证，在任何模式构成之前就已出现，那么情况就更是如此。"① 与事物有关的一般是经验概括的结果，与人性有关的一般则是经验可能性的条件。因此，莫扎特的欢乐与一般欢乐的关系就不同于种与属的外部关系，而是完全等同于在人自身内部所体现的人与人类的内在关系。这种关系，对于思考它的人来说，就是在人身上发现人性。

其实，所谓"先知"、"原知"，不是与存在相对的知性认识，而是与存在同一的存在性认知。在此，引用叶秀山对杜夫海纳"情感范畴"的评价，以加深我们对这个晦涩问题的理解。"杜弗朗在论述审美范畴时，明确地把胡塞尔的这种早于各门具体科学之知识与康德的先天范畴论联系起来，具体运用于情感的问题上，认为在具体的情感可以分别出来之前，对于情感必有一个先天的、普遍的观念——范畴，因而这种'前科学'之知识也有必然性和普遍性，即不仅有'纯粹科学'（纯粹知识），也有'纯粹美学'（纯粹审美）。在这里，杜弗朗承认，他所运用的是比康德本人还要彻底的康德原则。"②

三　审美经验：存在的显现

（一）先验通过经验现实化

作为存在的属性，作为主体和客体的根源，情感先验是潜在的，它隐

---

① ［法］杜夫海纳：《审美经验现象学》，韩树站译，文化艺术出版社1996年版，第512页。
② 叶秀山：《思·史·诗》，人民出版社1988年版，第339页。

蔽在深处，杜夫海纳称之为"潜在物"。通过现象学的回溯，我们可以回归到最为本源性的存在状态，一方面，通过理智的直观"看"到情感范畴；但另一方面，我们可以通过感性的直觉在审美对象上体验到情感特质。"但这不是因为物是可认识的，而是因为物向能够静观自己的人呈现出一幅亲切的面容，从这个面容中人可以认出自己，而自己并不形成这个面容的存在。人就是这样在风暴中认出自己的激情，在秋空中认出自己的思乡之情，在烈火中认出自己的纯洁热情。我们应该认真对待现实中的这种人的特质——自然的审美对象更加能说明这种特质，——而决不应该把它视为一种反映作用或拟人化的比喻。"① 这之所以可能，是因为先验只有通过经验才能现实化，先天性只有通过后天性才能得到显示。如果说情感先验是经验乃至经验对象之所以可能的条件，并且是主体和客体的构成因素；那么，主体和客体的统一则是经验和经验的对象对情感先验的现实化和显示。

叶秀山在申说这层道理时，特别强调了经验之对象的主体性。"'情感（审美）范畴'作为'知'是普遍的，但这种范畴要体现于具体作品中通过艺术欣赏发现出来，因而又是个体性的。'范畴'作为'前概念'的知识，是普遍的，它与'他者'处于和谐之中并通过这种关系实现出来，因此，杜弗朗又强调指出，'先天性'只有通过'后天性'表现出来。在杜弗朗看来，主体的先天性只有通过一个'对象'才能表现出来，但这个'对象'又不是一般的'事物'，而必须同时是一个'他者'。这就是说，'主体'必须由另一个'主体'来证实，而一般的'事物'是'证实'不了的。"② 这就是审美对象之所以能够显示、表现情感先验的根本性原因，因为它是一个准主体。作为准主体的审美对象能够并打开一个主体置身其中的世界。

（二）审美经验之感性

作为后天的审美经验是现象，而且是感性的现象。审美经验主体方面的感性显示为审美知觉。杜夫海纳对审美知觉的描述是："它是典型的知觉，纯粹的知觉，其目标只是自己的对象，并不把自己融合到行动当中去。"③

---

① ［法］杜夫海纳：《审美经验现象学》，韩树站译，文化艺术出版社 1996 年版，第 590 页。
② 叶秀山：《思·史·诗》，人民出版社 1988 年版，第 341 页。
③ ［法］杜夫海纳：《审美经验现象学》，韩树站译，文化艺术出版社 1996 年版，第 22 页。

这样的描述当然是非常之模糊的。在"意向性与美学"一文中，杜夫海纳对其作了更详细的说明："审美知觉是极端性的知觉，是那种只愿意作为知觉的知觉，它既不受想象力的诱惑，也不受理解力的诱惑。想象力引人围绕着眼前的对象胡思乱想，理解力则引人将眼前的对象纳入概念的确定性以便掌握它。一般知觉一旦达到表象，就总想进行智力活动，它所寻求的是关于对象的某种真理，这就可能引起实践，它还围绕对象，在把对象与其他对象联系起来的种种关系中去寻求真理。而审美知觉寻求的是属于对象的真理、在感性中被直接给予的真理。全神贯注的观众毫无保留地专心于对象的突出表现，知觉的意向在某种异化中达到顶点。这种异化可以与完全献身于创作要求的创作者的异化相比较。我们敢说，审美经验在它是纯粹的那一瞬间，完成了现象学的还原。对世界的信仰被搁置起来了，同时，任何实践的或智力的兴趣都停止了。说得更确切些，对主体而言，唯一仍然存在的世界并不是围绕对象的和在形相后面的世界，而是——这一点我们还将探讨——属于审美对象的世界。"①

上述所引两段话，其要点有二：一是审美知觉是纯粹的知觉（所谓"典型的知觉"、"极端的知觉"、"作为知觉的知觉"其意与"纯粹的知觉"同）；二是审美知觉其目标只是自己的对象。所谓"纯粹的"不能放在胡塞尔现象学的框架里来理解。"纯粹"在胡塞尔那里首先意味着对经验内容的排斥和对本质要素的诉诸；其次意味着对外部世界之存在的搁置和向意识本身的回溯。而在杜夫海纳这里，"纯粹知觉"是相对于普通知觉而言。这就涉及两者之间的差异，在杜夫海纳看来，就意识样式之间的关系看，普通知觉一旦达到表象就会转向认识活动（理解、思考）和实践活动（行动）。而审美知觉则只愿意作为知觉停留于自身，并不向想象、理解、行动等其他意识样式转化，所以它是纯粹的、典型的、极端的知觉。

就两者与其对象的关系看，普通知觉的对象是外部世界的现实对象，但对象的存在尚未完全呈现出来，尚未达到辉煌的感性。知觉主体还带着此前所获得的知识与对象会面，并去寻求关于对象的真理。这样，知觉意

---

① ［法］杜夫海纳：《美学与哲学》，孙非译，中国社会科学出版社 1985 年版，第 53 页。

识便开始向智性意识滑动，知觉对象也就随之转化为理解和意志、思考和行动的对象。普通知觉从对象走向世界，但这个世界是存在于对象之外的。审美知觉的对象在知觉主体面前达到完完全全的呈现，显现与存在完全同一。审美知觉的目标只是自己的对象，它拒绝想象力和理解力的诱惑，从容不迫，深入考察对象，以便通过感觉去发现一个对象内部的世界。在这个过程中，对象始终是知觉的对象。

综上所述，普通知觉与审美知觉的区别可作如下概括：普通知觉因含有智性、想象、行动的残渣或向这些意识样式转化的趋势，故尚不纯粹。而审美知觉因排除了智性、想象和行动的诱惑，坚守住自己的阵地，已为纯粹的知觉本身。由此我们可以看出，杜夫海纳所谓"纯粹的"虽然诉诸本质，但并不排斥经验的内容；虽然对外部世界的存在进行悬置，但并不是回溯到纯粹意识，而是回溯到纯粹知觉。杜夫海纳所说的"审美经验在它是纯粹的一瞬间，完成了现象学的还原。对世界的信仰被搁置起来了，同时，任何实践的或智力的兴趣都停止了"指的就是知觉的纯化过程。一句话，在杜夫海纳那里，纯粹知觉是现象学还原之后的剩余者——"纯粹知觉意识"。

审美经验的客体方面——审美对象则是辉煌的呈现的感性。审美对象的"感性"不是指一般意义上的感性对象，它所特指的是经由现象学还原所回溯到的"现象"，即"那个非现实的东西，那个'使我感受'的东西，正是现象学的还原所想达到的'现象'，即在呈现中被给予的和被还原为感性的审美对象"①。这个"现象"是纯粹知觉意识的对象。杜夫海纳把感性解释为对象（譬如绘画、舞蹈、音乐、诗歌等）若干因素（这些因素对绘画来说是颜色，对舞蹈来说是可见的动作，对音乐来说是声音，对诗歌来说是词句转化的声音）必要的和巧妙的配合的整体。这个整体的感性，或者说这个感性的整体"就是我试图沉浸在其中的这种音乐的满溢，就是我试图把握其细微差别并跟随其展开的这种色彩、歌唱与乐队伴奏的结合"②。

---

① ［法］杜夫海纳：《美学与哲学》，孙非译，中国社会科学出版社1985年版，第54页。
② ［法］杜夫海纳：《审美经验现象学》，韩树站译，文化艺术出版社1996年版，第36页。

杜夫海纳在此所讲的感性是"审美感性",而一般对象的感性则是"原始感性"。"原始感性"即非审美对象在一般知觉中所显现的"自然感性",它是事物的一些特征和属性,如颜色和声音,它诉诸人的感官的感觉。"审美感性"与"原始感性"之最大不同,在于感性不是审美对象的属性,不再是对象可有可无的符号,而是一个目的。感性是无法替代的东西,也是成为作品的实质本身的东西,以至于感性成为对象本身。叶秀山在评价杜夫海纳"审美对象就是感性"这一命题时说:"审美对象与其他对象的区别在于:审美对象的感性因素,具有一种存在性的意义,而就一般对象来说,对象的感性特征,只是作为'属性'来把握,……任何对象当然都有颜色,一般对象'有'颜色,而审美对象就'是'颜色,譬如,变了颜色的衣服仍是'衣服',但画上的衣服却与它的颜色不可分,所以杜弗朗看来,在艺术作品中感性的东西已不再只是'标记',而就是'存在'。长笛的声音不是那种'乐器'的'属性',而就是那种声音的'存在',所以我们不说'那个乐器在演奏',而是说'长笛在演奏',也不说'一个活人在跳舞',而是说'生命在舞蹈'。"① "存在性"使感性成为实体,成为主体,成为对象本身。

(三)感性显现存在

至此为止,我们在杜夫海纳的美学中得到了如下的判断,即审美对象作为主体具有表现性。他说:"真正的表现并不是出自某种自我表现的意志的表现,这种表现过度热情而且没有击中它的目标。真正的表现更不是在对象这方面向理解力示意并邀请我们去理解或使用这一对象的东西。一件日常用具并不能比一件无意义的或平庸的东西更加能被审美化。当对象的深刻性为了在观众身上唤起某种情感特质——这种情感特质可以被归入某种情感范畴之内——的独特知觉而重新升至表面并全部呈现在感性之中时,真正的表现就会在这些深刻性中出现。"② 在纯粹知觉中,审美对象所唤起的某种情感特质"重新升至表面并全部呈现在感性之中",这就是从动态的角度所表达的"审美对象是感性的辉煌呈现"这一命题的含义,

---

① 叶秀山:《思·史·诗》,人民出版社 1988 年版,第 314—315 页。
② [法] 杜夫海纳:《美学与哲学》,孙非译,中国社会科学出版社 1985 年版,第 46—47 页。

因而，真正的表现就是感性的呈现。

如此一来，我们看到，杜夫海纳以他的审美对象表现性排除了浪漫主义的主观情感和主观意志的表现，同时又以审美对象的主体表现性挣脱了一般世间对象所居的客体地位，这就把审美对象推向了超越主客对立的本体地位。因而，真正来说，审美对象所具有的表现性是存在的表现。凯西就此评论说："情感特质和感性——情感和知觉——在艺术中是互相显示的：'艺术给予我们感知一个典型的对象——这个对象的全部实在性在于它是有感性的，它既压制想象，又压制理解——时，它促使我们并训练我们去阅读表现，去发现只有对情感才显示的气氛。它使我们感受情感的绝对经验。''绝对经验'暗指存在。但这样一种经验不是全部地揭示出存在，既不是揭示用形而上学概念表示的存在，而仅仅是部分地并在情感的内在性中揭示存在。"①

正是由于感性显现了存在，在先验层面的"隐蔽物"现在在后天的审美经验中得以体验和领会。

---

① ［法］杜夫海纳：《审美经验现象学》，韩树站译，文化艺术出版社 1996 年版，第 618—619 页。

第三章 审美对象的诸种规定

第一节 自行澄明与遮蔽之象

一 艺术作品不是对象

传统美学的思维方式属于形而上学的表象性思维，这具体地表现为，把艺术作品看作对象，把人看作体验这个对象的主体。海德格尔对此是持批判态度的："美学把艺术作品当作一个对象，而且把它当作 a'ισθησις 的对象，即广义上的感性知觉的对象。现在人们把这种知觉称为体验。人体验艺术的方式，被认为是能说明艺术之本质的。无论对艺术享受还是对艺术创作来说，体验都是决定性的源泉。"① 所谓批判，就是说，在海德格尔看来，艺术作品不是对象，人与艺术作品的关系不是体验。

所谓表象，作为动作，第一，就是"把现存之物当作某种对立之物带到自身面前来"，"摆置到自身面前和向着自身而来摆置"。第二，把被摆置者确证为某个被摆置者。这种"确证"必然是一种计算，因为只有可计算状态才能担保要表象的东西预先并且持续地是确定的。第三，表象就是从自身而来向已被确证之物的首要确证的领域的一种挺进，表象乃是挺进着、控制着的对象化，也就是对对象的把捉和掌握。

作为表象者，人对存在物就不是对在场者的觉知，而是计算、进攻、把捉和掌握。其实这也就是把存在物客体化了，自己也在成为对象意义上的存在者的表象者的同时成为了一个主体。成为主体就意味着，人成为存在者本身的关系的中心。

---

① [德] 海德格尔：《林中路》，孙周兴译，上海译文出版社 1997 年版，第 63 页。

海德格尔所主张的美学是对与美相关的人的感情状态的思考，是在美与人的感情状态之关系这一范围内对美的思考。"一种感情乃是我们得以适应我们与存在者的关系、并且从而得以适应我们与自身的关系的方式。它是我们得以既与非我们所是的存在者相合，也与我们本身所是的存在者相合的方式。在感情中开启和保持着一种状态，我们一向就在这种状态中同时与事物、与我们自己以及我们的同类相对待。感情本身就是这种对它自身开放的状态，我们的此在就在其中动荡。人不是一个在思维之外也还有所意愿的生物，一个在思维和意愿之外还添加上感情的生物，无论这是为了美化它还是为了丑化它；而不如说，感情状态乃是某种原始的东西，虽然情形是，思维和意愿也一道共属于感情。对我们来说，当务之急是要看到，感情具有开启和保持开放的特征，而且因此按其本性来看也具有锁闭的特征。"① 当把感情放在了比思维和意愿更原始更根本的地位之后，人与存在者的关系就不是认识的（即海德格尔所说的"体验"的），而是感受的，感情所具有的开启、锁闭等特征，也随之使与之发生关系的存在者成为站出者、敞开者和锁闭者，而不是被思维所把捉的"对象"。

二　自行澄明与遮蔽之象

因为海德格尔把"对象"看作是与主体相对的认识论客体，所以他不用"审美对象"的概念（有时偶尔用作为"事物本身"的"纯粹对象"一词），而是在审美的领域里对"存在者"进行规定。例如《艺术作品的本源》中的"艺术作品"，《物》、《筑·居·思》中的"物化"之"物"，《诗人何为？》中的"敞开者"与"锁闭者"，《物》中的"站出者"。从他对"大地"与"世界"、"物化"与"世界化"、"天、地、神、人"四重整体以及"站出者"、"敞开者"、"锁闭者"的分析来看，他首先关注的是审美对象与存在的关系，其次才是与人的关系。

不论是"艺术作品"还是"物"，作为存在者它是一个"站出者"。"如若不说'对象'，我们可更准确地说：'站出者'（Herstand）。在站出者（Her-Stand）的全部本质中，起支配作用的是一种双重的站立（Her-

---

① ［德］海德格尔：《尼采》上卷，孙周兴译，商务印书馆 2002 年版，第 54 页。

Stehen)：一方面，是'源出于……'意义上的站出，无论这是一种自行
生产还是一种被置造；另一方面，站出的意思是被生产者站出来而站入已
然在场的东西的无蔽状态之中。"①"无蔽"即存在的无蔽，只是由于存在
的牵引，而且是"整体牵引"、"纯粹的牵引"，存在者才能够站出来并站
入已然在场的东西的无蔽状态之中。这就是艺术作品中"大地"的"涌
现"，是物的"物化"。当存在者进入存在的敞开状态中的时候，它也就
因之敞开自身；当存在者进入存在的澄明的时候，它也就因之自身澄明。
但存在的敞开和澄明，同时也就是存在的锁闭和遮蔽。与之相应，存在者
也同时锁闭和遮蔽。正如艺术作品中的"大地"在"涌现"时返身"隐
匿"，作为永远自行锁闭者和如此这般的庇护者的"大地"，在世界自行
公开的敞开状态中无所迫促地涌现着的时候，它就是那个"站出者"，如
果可以用"对象"一词表述，它就是审美对象。

　　与人的"具有开启和保持开放的特征"，而且因此按其本性来看也
"具有锁闭的特征"的感情状态相关的"存在者"，也一定是"象"。这个
"象"不是与人相对而立，而是人的栖居之地和倾听之所。借此"栖居"
和"倾听"，人也进入敞开状态。

　　总括上述，我们可把海德格尔"站出者"、"物化之物"规定为"自
行澄明与遮蔽之象"。

第二节　想象的对象

一　想象意识的特性

　　第一，作为意识活动的一种方式，"想象"一词指的是意识同意向性
对象的一种特定关系。以椅子为例，知觉意识指向的对象（椅子）并不在
知觉中，而是在知觉之外现实地存在着。同样，想象意识所指向的对象
（椅子）也不在想象意识中，而是在想象之外假定地存在着。无论在知觉
的场合，还是在想象的场合，椅子总是留在我的意识之外。实际上，想象

---

　　① ［德］海德格尔：《演讲与论文集》，孙周兴译，生活·读书·新知三联书店 2005 年版，
第 175—176 页。

指的是对象在意识中得以显现的某种方式。萨特把这种方式称之为"想象是一种意识"。

第二，近似观察的现象。感受、理解、想象这三者是同一对象给予我们的三种样式。在知觉中，我们观察对象；其特征在于，对象只是以一系列侧面或投影出现的，知觉把握对象需要连续的观察。在理解中，思维运用概念把握对象，对象因其被抽象，所以根本不需要观察。在想象中，对象虽然是在某种侧面和投影中被给予的，但我们仅仅需要近似的观察就能在瞬间综合地把握对象。

第三，想象的意识把对象设定为虚无。在知觉中，意识把对象设定为存在；但在想象中，意识把对象设定为虚无。这种设定具体表现为四种情况：不存在的，不在现场，存在于他处，不被假定为现存的。其中前两种是否定的，第三种在肯定的形式下隐含着否定，第四种等于排除或调和了前提。这四种说法，其共同的属性在于它们包含了完整的否定范畴。由此来看，虚无化构成了想象的特性。

第四，自发性。知觉具有被动性，而想象则具有产生并把握对象的自发性，即创造性。

二　想象之所以可能的条件

在《想象心理学》中，萨特对意识之所以能够进行想象的条件做了多方面申述。在形而上学的层面上，他说基本的必要的条件是"它必须具有假定非限定前提的可能性"。从现实的东西和非现实的东西两者关系的角度，他说需要两方面的条件：在世界的综合整体上来假定世界，同时对这个现实世界进行否定，使之虚无化。这里所谓"假定世界"就是指人"存在于世界之中"，更具体地说，就是要"在世界中有某种境况"。这里所谓"否定"，就是指回避、摆脱、独立于、虚无化现实世界。从非现实的东西角度说，这个条件就是自由意识的创造性。

最终，他得出了这样的结论："想象并不是意识的一种偶然性的和附带具有的能力，它是意识的整体，因为它使意识的自由得到了实现；意识在世界中的每一种具体的和现实的境况则是孕育着想象的，在这个意义上，它也就总是表现为要从现实的东西中得到超脱。……非现实的东西是在世界之外由一种停留在世界之中的意识创造出来的；而且，人之所以能够从事想象，也正是因为它是超验性自由的。"①

　　可把以上的论述作如下概括，使想象成为可能的，就是虚无化的、意向的、非实体的、境况的、创造的和自由的意识。想象是可能性、否定性和贫乏的渊薮。由于意识既是世界建构又是世界超越，所以想象就是进行中的超越世界的意识。

三　想象与审美对象

　　如前已所言，审美对象并非就是现存的艺术作品，而是由审美主体的想象性意识在欣赏作品过程中构成的。这也就是说，审美对象是想象的对象。

　　那么现在我们所面临的问题是：第一，把美的、艺术的想象力从一般想象力中区分开来的根据何在？第二，把审美意象从一般意象中区分开来的根据何在？这两个问题其实是一个问题的两个方面，即审美想象活动与其意向性对象。

　　就想象活动本身来看，审美想象力的基本特征在于，在其起始之处所具有的审美观照的态度，即审美活动的非功利性。对此，萨特说得很明确："审美愉快是现实的，但它又不是自为地被把握的，尽管它产生于一种现实的色彩：它不过是了解非现实的对象的一种方式；而且，它并不是被指向现实的绘画，而是要通过现实的画布使意象的对象得以构成。这便是审美经验的那种著名的非功利性的根源。"② 因为这种超功利态度的引导，在审美想象的过程中，欣赏者面对现实的对象开始了一种倒退，现实的对象在不知不觉中归入虚无，而一种非现实的意象得以呈现。萨特以欣赏漂亮女人的例子说明这个道理，女人身上的高度的美将那种对她的欲望扼杀掉了。在此，审美是以否定肉体占有为基础的。肉体的欲望沉湎于现存的核心之中，而审美赞美的则是那个非现实的"她本人"。

　　美国学者托马斯·佛莱恩则把审美活动与最高价值结合起来予以考察其特性："作为想象的一个形式，审美活动就是'实在的蕴含意义'的启

① ［法］萨特：《想象心理学》，褚朔维译，光明日报出版社1988年版，第281页。
② 同上书，第287页。

示。另外，它揭示了可能性、否定性和贫乏的面貌，简言之，自由的领域，意识通过它包容实在。但在自由的领域里，展示具有价值的世界只有审美活动才能胜任，即是说，赋予人类自由去创造世界的一项重任，宛如它的根基就是这种自由。正像萨特所说：意识和存在的不可能达到的综合，是整个人类奋斗的目标。事实上，他把在成功的艺术作品面前的审美愉悦体验描述为'同时是作为存在和不得不存的、在其整体中的世界的想象意识'，也就是说，作为价值的东西。"① 这就是说，审美作为想象活动，在于追求自为与自在的理想统一。

就想象活动指向的对象来看，这个对象虽由现实起步，但它不是现实对象；而是在对现实对象否定的基础上，通过虚无化创造出来的非现实之物。例如，查理八世的肖像。作为现实对象的是画布、画布上的颜料及其颗粒、敷在颜料上的清漆、画框，这是知觉意识的对象。如果我们把意识活动的重心放在画布及画框本身，那么，"查理八世"这个审美对象就不会出现。但如果意识发生了根本性的改变，在这一改变中，现实世界及其对象在这一改变中被否定了，而意识本身则成了想象性的，此时，查理八世作为审美对象出现了。由此得出的结论是：在画面中，审美的对象是某种非现实的东西。

再如贝多芬的音乐作品《第七交响曲》，作为现实的对象，它就是一种物，是某种在我面前的、延续的东西，是此时此地存在着的东西。但作为审美对象的《第七交响曲》，并不在这里：不在那些墙壁之间，不在那些小提琴弓上。它超出现实世界之外，它有自己的时间和空间。总之，它是非现实的。在现实中，我其实并没有听到它；我之所以能够听到它，是因为我在意象的世界里。萨特的结论是：现实的东西绝不是美的。美是一种适于意象的东西价值，而且这种价值在其基本结构上又是指对世界的否定。

第三节　纯粹意向性对象

作为现象学的方法，"排除"也就是"还原"，经过对实在的客体、

---

① 王鲁湘编译：《西方学者眼中的西方现代美学》，北京大学出版社 1987 年版，第 52 页。

观念的客体、心理的客体、想象的客体的排出之后，所剩余的就是"纯粹的意向性对象"。英伽登说："文学作品是一个纯粹意向性构成，它存在的根源是作家意识的创造活动，它存在的物理基础是以书面形式记录的本文或通过其他可能的物理复制手段（例如录音磁带）。由于它的语言具有双重层次，它既是主体间际可接近的又是可以复制的，所以作品成为主体间际的意向客体，同一个读者社会相联系。这样它就不是一种心理现象，而是超越了所有的意识经验，既包括作家的也包括读者的。"① 在这段含义丰富的话里，包含了对文学作品作为纯粹的意向性对象的诸方面的规定。

首先是"意向性对象"。意向性对象是意向活动的指向者，按胡塞尔对意向性的解释，意识总是关涉于某物的意识，它总是意指着某物，以不同的方式与被设想的对象发生联系。同时，意向性对象也是意向活动的构成者，构成即对象在意识中的构造。由此，我们可以看到意象性对象的一个根本特性，即存在上非自主。这也正是它与实在的客体和观念的客体的独立存在特性相区别的地方。在《关于"观念论——实在论"难题的几个说明》这篇体现他整个思想基础的文章里，英伽登对意向性对象的特性作了集中的说明："在一种纯粹意向的对象性的情形下，我们所对付的就是一种存在上非自主的对象性，也就是这样一种对象性，它从一种意识意向行为的实行和内容中汲取其整个存在和如在，若没有这种实行，它根本就不实存。这种对象性必须严格地区别于那种对象性，对后者来说，它是否为一种意识行为的意向偶然地切中，并且由此次级地也成为一个意向对象，那是完全无关紧要的。这种纯粹意向的对象性在自身中根本就是一种虚无，它并不具有严格意义上的本己本质，就如同胡塞尔在其《观念》中完全正确地断言的那样。它的所有实存的、形式的和实质的规定性都是'纯粹意指的'，这些规定性对它来说并不是真正内在的。这种纯粹意向的对象性由于意向的意指而仅仅伪装出它的内在性：它在自身中恰恰没有一个存在基础。"② 就其自身来看，意向性对象因为是存在上非自主的，所以，它根本就是一种虚无，没有一个存在的基础。但文学作品作为一个对

---

① ［波］英伽登：《对文学的艺术作品的认识》，陈燕谷、晓未译，中国文联出版公司 1988 年版，第 12 页。

② 倪梁康主编：《面对实事本身》，东方出版社 2000 年版，第 444 页。

象毕竟是在存在着，那么它存在的基础在哪里呢？英伽登对此回答得很明确：它存在的根源是作家意识的创造活动。但我们必须马上补充说，当读者阅读时，它存在的根源是读者意识的创造活动。

其次是"纯粹的"。"纯粹"在胡塞尔那里首先意味着对经验内容的排斥和对本质要素的诉诸；其次意味着对外部世界之存在的搁置和向意识本身的回溯。更通俗地说，"纯粹"也就是经过本质还原和先验还原之后，意识及其对象所具有的一个基本特性。在第一点上，英伽登与胡塞尔是一致的，正是对经验内容的排斥，才使得纯粹意向性对象不是一个心理现象，才能超越所有的（既包括作家的也包括读者的）意识经验而成为纯粹的。这就可以破解一般读者读到"它存在的根源是作家意识的创造活动"这句话时所极易产生的一个疑惑：纯粹意向性对象不正是作者的心理体验吗？"纯粹"使意向性客体与心理客体得以区分开来。正是对本质要素的诉诸，才使得英伽登能够发现作为纯粹意向性对象的文学作品的基本层次结构。他说："我们所求助的不是特定文学作品的个别特性，而是文学的艺术作品本质上必需的结构。我们只是利用阅读一部作品时发生的个别认识，以便在共同作用中找到本质上必需的结构要素和相互联系。"[①]

最后是纯粹的意向性对象"存在的物理基础"问题。在《逻辑研究》时期，胡塞尔所描述的意识活动的结构是"意向行为——意向内容——对象"，意向内容是意识活动的含义或意义，而对象作为外部世界的实在之物在现象学的还原中已被悬置。在先验现象学时期，胡塞尔所描述的意识活动的结构是"意向作用——意向对象"，其中意向对象包含了前期的"意象内容"和"对象"而成为一个"完全的意向对象"。在这个"完全的意向对象"中虽包含着"对象本身"，但这个"对象本身"并不是外部世界的实在之物，而是一个意义的载者，它是一个空 X。这样我们就会看到，对胡塞尔来说，意向对象并不存在一个"存在的物理基础"问题，其存在的基础完全在于构成它们的纯粹意识的基本活动。而英伽登则认为它存在一个"存在的物理基础"，这就是以书面形式记录的本文或通过其他

---

① ［波］英伽登：《对文学的艺术作品的认识》，陈燕谷、晓未译，中国文联出版公司1988年版，第7页。

可能的物理复制手段（例如录音磁带）。正是在这里，英伽登与胡塞尔产生了所谓的实在论与唯心论两种态度之争。

这个争论在研究顺序上的表现，就是本体论和现象学（关于构成过程的先验现象学）哪个在先的问题。"英伽登的意见是，在我们对于事物的认识中所包含的对构成过程所作的分析和评价要预先假定对于这些事物先有一种清楚概念为'指导线索'；而胡塞尔则主张，关于事物的清楚概念只能建立在对于构成过程的先验理解的基础上。"① 表现在态度本身上，在胡塞尔是唯心论，在英伽登则是实在论。胡塞尔通过悬搁法否认实在论意义上的独立存在的实在世界，英伽登不赞成胡塞尔的先验唯心主义，他确信通过本体论分析将导致对实在论观点的确认。具体到文学作品，就是确立它有一个"存在的物理基础"。在文学作品存在方式问题上，英伽登一方面否定它是实在的客体和观念的客体，另一方面又确立其存在的物理基础，这种做法被伽达默尔看作是"在作品与纯粹半实在的同一性及主体相关性之间保持一种特殊的平衡"②。有人称之为是在实在对象论和观念对象论两种倾向之间采取了中间立场。

现在的问题是，给纯粹的意向性对象加上一个"存在的物理基础"（尽管这是一个很难否认的事实），是否就说清楚了文学作品的存在方式了呢？在笔者看来，显然没有。因为在纯粹的意向性对象和其物理基础之间，存在着性质上和层级上的巨大差异。

第四节　纯粹知觉对象

一　作为审美知觉相关项的审美对象

胡塞尔现象学的意向性结构是"意向作用——意向对象"，这个结构体现在杜夫海纳的审美经验中就是"审美知觉——审美对象"。杜夫海纳审美经验现象学的出发点是艺术作品，所以他对审美对象的规定是："审

---

① ［美］赫伯特·施皮格伯格：《现象学运动》，王炳文、张金言译，商务印书馆1995年版，第324页。

② ［德］伽达默尔：《哲学解释学》，夏镇平、宋建平译，上海译文出版社1994年版，第148—149页。

美对象乃是作为艺术作品被感知的艺术作品，这个艺术作品获得了它所要求的和应得的、在欣赏者顺从的意识中完成的知觉。简言之，审美对象是作为被知觉的艺术作品。"① 在此，有两点需要注意，一是艺术作品未被感知时是一存在物（也可以说是潜在的审美对象）；二是审美对象的显现就是在艺术作品之上加上审美知觉。我们曾说，审美知觉是经过了两次还原之后所剩余的纯粹知觉，那么审美对象即是相应的纯粹知觉对象。

二　对萨特"想象的对象"的批评

萨特从他的自由哲学观出发，把审美对象看作是由想象意识构成和把握的"想象的对象"。想象的对象是对自在之物的虚无化，因而它是非现实的。进一步，他把非现实等同于意义，甚至等同于意义中最基本的东西——再现对象；当艺术不再现任何东西时，只要表现，就有一个主题，而这个主题就是审美对象。例如，当把一个漂亮的女子看作审美对象时，这个女子的身体就应当被排除，剩下的是那个非现实的"她本人"。如果把查理八世的肖像作为审美对象，那么作为现实对象的画布、画布上的颜料及其画框这些知觉意识的对象就应当被排除。杜夫海纳认为，萨特的上述观点是偏颇的。

第一，萨特割裂了感知与想象、感知物与想象物的关系，成为审美对象问题上的二元论。确切说来，萨特并非没有注意到审美对象的物质方面，但是他轻易地将其排除在审美对象之外："画家完全没有把他的精神形象现实化，他只是构成了一种物质的阿纳洛贡，使人们一看到它就能抓住这个形象……因此，绘画应该被设想为一个非现实之物不时拜访（每当欣赏者采取想象态度时就是拜访）的一件物质的东西，而这个非现实之物恰恰是画的对象。"② 而杜夫海纳所秉持的则是审美一元论，即"审美对象既可以是这个物，又可以是这个意义，而物和意义这二者既是在我之外又是通过我而存在的"。③ 更确切地说，它们的关系应该是符号和意义的关系。按此理解，想象物应该以某种方式已经存在于感知物之中，客体

---

① ［法］杜夫海纳：《审美经验现象学》，韩树站译，文化艺术出版社 1996 年版，第 8 页。
② 同上书，第 239 页。
③ 同上书，第 241 页。

的结构应该符合主体把握的形式，被当作观念来理解的旋律应该存在于被感知的声音之中，查理八世为了当作查理八世来领会应该已经存在于画布之上。

　　既然感知物与想象物在审美对象上是统一的，那么审美经验中的知觉和想象也就是统一的。"事实上，审美对象把想象连接到知觉，尽管想象的本质是拒绝知觉的；这种在想象时否定感知物的能力，意识不是任意使用的。想象物的出现总是以意识'在世界上的地位'为理由。正是被感知到的现实之物——萨特所讲说的阿纳洛贡如色彩、声音、词句等一切是物并能被感知是物的东西——要求意识去想象非现实之物但绝不对意识的自发性施加暴力，因为现实之物在停止为自身而被感知时起着材料的作用。形象的存在以世界为背景。想象首先需要知觉，同时又拒绝知觉。尽管贝多芬的《第七交响曲》是非现实之物，但我仍然需要身在音乐厅，耳朵听到声音，这个非现实之物才能呈现于我。"[①]

　　无论是主体方面的知觉与想象，还是对象方面感知物与想象物，都是统一的。审美的东西是容纳两者的整个对象。如果让想象物独占审美地位，那么就会导致如下的结果：任何梦幻、最为稀奇古怪的幻想、一系列无边际的联想都可以作为审美对象。

　　第二，萨特把审美经验中的存在中性化错认为是想象。萨特在他的"形象—肖像"理论中曾讲到面对肖像画所具有的两种想象意识，一种是把对象放在存在之物的方位，另一种是把对象放在非存在之物的方位。前者是对通过对象（肖像）对现实之对象的存在确认，后者是对现实之对象的存在悬置。但萨特错误地把这两者都当作是想象意识。在杜夫海纳看来，"再现对象也是以同样方式在任何审美对象身上被达到的：我不给它方位，我不参照原件，因此很像中性化的意义。所以这里应该讲的恰恰是中性化，而不是想象"[②]。所谓"中性化"即对外部世界和对象的悬置，例如在剧场里观看戏剧演出时，现实——演员、布景、大厅——对我不再是真正现实的东西，它们被中性化了。把审美经验中的"中性化"当作想

---

　　① ［法］杜夫海纳：《审美经验现象学》，韩树站译，文化艺术出版社1996年版，第237页。
　　② 同上书，第240页。

象所导致的结果是：把本是现实之物的对象当作了非现实之物。

第三，萨特把非现实之物等同于想象之物。萨特和杜夫海纳都承认审美对象的意义、观念、主题是非现实之物，不同之处在于，萨特认为它是想象意识的产物，而杜夫海纳认为它来自知觉。"因为它存在于审美对象之内，应该在审美对象身上被把握，因为意义内在于物。审美对象是统一体。非现实之物只是因为存在于现实之中，所以才是物，如同灵魂寓于肉体并从肉体方面来释读一样。"① 意义不是欣赏者任意构成的，而是在他所感知的东西中发现的。由于把意义关联于审美对象中的自在之物的层面，所以他得出了如下的结论：审美对象虽是非现实之物，却并不因此就不是物。

三　对英伽登"纯粹意向性对象"的批评

英伽登把审美对象看作是"纯粹意向性对象"，这是杜夫海纳所不赞成的。两者的差异在于：英伽登把意向对象看作是意向活动的指向者和构成者，而杜夫海纳仅仅把意向对象看作是意向活动的指向者，而否定其构成。造成这种差异的根本原因在于，英伽登更深地受到胡塞尔纯粹理性意识的影响，把意向活动看作是智性活动，因而其所说的纯粹意向性对象就被杜夫海纳认为是智力对象；而杜夫海纳则更深地受到梅洛－庞蒂的影响，把胡塞尔的纯粹意识修正为纯粹知觉意识，因而其所说的纯粹知觉对象就是一个感性对象。

英伽登把字词、句子和句子的复合等语言成分看作是文学作品"存在的物理基础"，杜夫海纳也同样把审美对象的自在方面看作是一个"物"。作为物理存在的字、词、句，英伽登认为它是"一簇写的或印出来的文字符号"，而杜夫海纳则基于知觉的立场，认为在语言艺术中，这些符号向我们提示的词语既不归结为符号的功能，也不消失在自己的意义后面，它们像事物一样被感知，阅读就是感知。于是"词语在这里变得重要了：它们有自己的面貌，有分量，有光彩，有特性。词语的意义只有通过自己的感性特性才具有稳定性。词语的意指也变得具体了"② 。这种对符号的感

---

① ［法］杜夫海纳：《审美经验现象学》，韩树站译，文化艺术出版社 1996 年版，第 241 页。
② 同上书，第 247 页。

知和理解的区别，在英伽登那里表现为直接以知识代替词语并通过词语径直获取意义，这样一来，虽说文字符号构成了纯粹意向性对象存在的物理基础，但它并不构成为纯粹意向性对象的部分；在杜夫海纳这里，作为"物"的符号，以其感性特质构成了审美对象不可缺少的一个方面——"自在"，正是"自在"使得审美对象不等待我而存在，并且具有一种我所达不到的充实性。

在文字符号的基础上，作者或读者通过意向性投射获取其意义。但英伽登所认定的这种意义和词是异质的，必须要有特殊的意识行为才能使词具有意义并发挥其功能。所以词义是由意识行为逐渐塑造出来的。与此相反，杜夫海纳认为意义不是由意识行为所构成，而是词本身具有意义，作品的根就在词之中。词的意义借知觉而得以呈现。这样的一种意义不是智性的，而是感性的、存在性的。杜夫海纳因此指责英伽登说："由于过分彻底地区分词和词的意义，他把审美对象与感知物分开了，并且把审美对象和一个观念的存在范围挂上了钩。"①

在意义单元的基础上，作者或读者通过意向性投射经由图式化的意向性关联物再进一步构成再现的客体。这个再现性对象处在文学作品结构的最高层，是文学作品各个层次所达致的目的，因而它被英伽登看作是"纯意向性对象"。这个与再现对象等同的纯粹的意向性对象，实际上已经剥离了它的"存在的物理基础"——文字符号于自身之外，成为一个纯粹由意向行为所构成的东西，所以它是非现实的、他律的存在。而杜夫海纳内在于语言的意义，通过自身的呈现，从词中获得一种强度和厚度，进而无限发展成一个世界，这个世界被杜夫海纳看作是"一个在我们的印象中不是我们构成的、而是给予我们的世界"。而这个世界尚不是审美对象之整体，作为审美对象之整体的是"感性"，感性通过"呈现"在自身内部生发出自己的意义和世界。所以杜夫海纳所理解的纯粹知觉对象是现实的、自律的存在。现实性与非现实性、自律与他律成为"纯粹知觉对象"与"纯粹意向性对象"的最显著的区别。杜夫海纳对英伽登的批评就集中在这两点上。

---

① ［法］杜夫海纳：《审美经验现象学》，韩树站译，文化艺术出版社 1996 年版，第 248 页。

　　杜夫海纳认为意向对象具有现实性，"再现之物的非现实性恰恰不是意向之物的非现实性。其实，意向对象不是非现实的东西，不是英伽登本人所说的'一种并非真正什么都不是的外观'。它也不是阉割了现实性的一个现实对象的替身"①。他的理由是，意向对象只是通过现象学还原才出现的，但是还原不创造任何东西，它只是把自然态度的正题悬挂起来，不构成新的对象，也不从现实对象身上去掉什么。

　　最后，引用杜夫海纳的一段话作为对以上论述的一个总结："文学作品所包含的审美因素最终取决于它所动用的、再现对象所依赖的再现手段，取决于文学作品身上那些可以从外部把握的东西，取决于词的选择和调排。因此可以说，即使在语言艺术中，审美对象也远远不是再现对象，不是像英伽登所说的意向对象，它仍然是知觉对象。对它的知识植根于对作品的感性方面的感知，而在感觉——即在意义内部把我们投入内在于作品的世界的这种感觉——中达到高峰。"②

四　作为知觉对象的审美对象的存在整体

　　艺术作品之所以能够诉诸知觉，是因为它有一个材料的层面。这个材料因素在审美知觉的光照下，转化成了审美对象的形式。知觉与形式在审美对象这里难以分解地纠缠在了一起："形式不是作为各部互相连接的、具有意指作用的整体直接给予的对象的形状，而是主体与客体形成的整体，在这个整体中只能人为地区分哪些属于客体和哪些属于主体的东西。知觉正是主体和客体结成的、客体在一种原始真实性的不可还原的经验——这种经验不能比作意识判断所作的综合——中直接被主体感受的这种关系的表现。"③ 简要地说，形式就是主客体的整体，知觉就是感受这种主客体关系。因此，这个在知觉中由材料转化而成的形式构成了审美对象的基础性因素——自在。

　　自在，首先意味着对象不等待我而存在，它有一种我所达不到的充实

　　① ［法］杜夫海纳：《审美经验现象学》，韩树站译，文化艺术出版社 1996 年版，第 244—245 页。

　　② 同上书，第 248 页。

　　③ 同上书，第 256 页。

性。这就是我们可以在审美对象的整体中人为地区分出来的作为其物理基础的客体方面的材料，从这个意义上说，审美对象就是一个物。萨特的"想象的对象"和英伽登的"纯粹意向性对象"都把这个方面给排除掉了。其次，自在意味着有一种仅仅呈现于知觉的这种对象的真实性。呈现于知觉，就是刺激知觉、唤醒知觉、吸引知觉，在知觉中显现自身，完成由材料向形式、由原始感性向审美感性、由艺术作品向审美对象的转变。这层因素，在萨特和英伽登的理论中也同样被排除掉了。杜夫海纳把这层意思称之为"为我们"，但"为我们"之"为"并不意味着主体在知觉活动中构成对象，而仅仅意味着主客体的相遇。在主体则为指向，在客体则为自我呈现。把上述两层意思合起来，作为知觉对象的审美对象就是"为我们的自在"。但需把"自在"放在"为我们"之上给予自在以优待。

审美对象不但是一个自在，而且同时是一个自为。"自为"指的是审美对象具有准主体性的意识，即它能借助于通过知觉所转化成的感性形式，超越自身，走向意义。所谓超越自身，就是对自在的升华，就是用意义之光照耀自己，把冷漠、不透明、自足的"自在"转化为一个透明的世界。萨特的局限性在于，把这个意义仅仅看作是由想象意识所构成的非现实之物。英伽登的局限性在于，把这个意义仅仅看作是由纯粹意识构成的观念之物。杜夫海纳则纠正了他们的片面性，进一步把自在和自为两个因素统一起来，由此构成了审美对象的感性整体："自在—自为—准主体"。

下 篇

存在的显现

第四章 存在追问的结构

第一节 存在与存在者

一 存在者与存在

（一）存在者及其分类

1. 存在者

存在者的含义指的是"存在着"的事物，这些事物不仅仅"存在"着，而且具有某种"规定性"，即具有某种特定的内容与形式。黑格尔说："在规定性中已包含有'其一'与'其他'。"① 这一作为有规定性的事物，就是黑格尔所说的"定在"即特定的、特殊的存在。与"定在"相对，存在则是无规定性的。这无规定性是"先于一切规定性的无规定性，最原始的无规定性。这就是我们所说的'有'"。② "一个具体事物总是不同于一个抽象规定本身的。当我们说'存在'时，我们并没有说到具体事物，因为'存在'只是一个纯全抽象的东西。"③ "但这种纯有是纯粹的抽象，因此是绝对的否定。这种否定，直接地说来，也就是无。"④ 这就是说，没有规定性的存在，既是有又是无。

如果我们把抽象的或纯粹的"存在"称作"在"，那么，我们就可以把具有规定性的所有事物都称作"在者"。

---

① ［德］黑格尔：《小逻辑》，贺麟译，商务印书馆1980年版，第190页。
② 同上。
③ 同上书，第199页。
④ 同上书，第192页。

2. 存在者的分类

存在者的分类基于人自身的规定性及其与存在者的关系。

如果把人规定为此在的话，那么则有：此在式的存在者，非此在式的存在者，类此在式的存在者（譬如审美对象）。

人既是一个感性的存在，又是一个理性的存在。按此则有：具体的感性存在者（如日、月、星、辰等），抽象的概念存在者（超感性的存在者），感性与理性统一的存在者。

人既是一个现实性的存在，又是一个理想性的存在。按此则有：现实性的存在者，理想性的存在者，现实和理想统一的存在者；经验的存在者，先验或超验的存在者（如神、上帝），经验与超验统一的存在者。

人对世界的把握，既趋向于多，又趋向于一。按此，存在者可分为：个别存在者，整体的存在者（如世界整体、宇宙整体），以及个别与整体之间的种类存在者，如自然、社会、生命、动物、植物、有机物、精神、心灵、语言、文化等。

对整体存在者也可做多角度的理解：其一，从把人类与自然看作是不同存在者的角度看，整体存在者指的是包括自然和人类在内的统一整体；也就是世界，以及世界的根据——上帝。其二，从把人类看作是自然的一部分的角度看，整体存在者指的是整个自然。其三，把人类之外的自然称作世界，把上帝作为不同于人类和世界的存在者，这样，整体存在者指的是人类、世界、上帝的统一体。或如卡尔·波普的三个世界：第一，物理自然世界；第二，人的精神世界；第三，语言文化世界。虽然如此，整体存在者概念的含义还是有着统一所指的，即它是包含多样存在者特别是包含人类及其创造品在内的整体宇宙或宇宙统一体，或从在场者概念的角度来说，整体存在者指的是包含多样具体在场者特别是人类在内的宇宙这一整体在场者。[①]

人既是一个有限的存在，又是一个追求无限的存在；既是一个时间的存在者，又是一个空间的存在者。按此则有：时间的存在者，空间的存在者，超时空的无限的存在者。

---

① 刘敬鲁：《海德格尔人学思想研究》，中国人民大学出版社 2012 年版，第 59—60 页。

人既是认识和生活的主体，又是回应世界和事物的"此 - 在"。按此则有：客体性的存在者和对象性（非客体）的存在者。

对于上述分类，需要做一些说明。首先，在所有存在者中，人这个存在者具有独特性。其次，对人本身的规定性有多少，对存在者的规定性相应的就有多少。因此，存在者的分类是不可能穷尽的。最后，上述分类系于角度而有差异，如从整体着眼，系于角度而有差异的存在者相互之间就会产生交叉，例如个别存在者层次上有感性的存在者和超感性的存在者，整体存在者包括感性的存在者和超感性的存在者，如此等等。

3. 存在者的等级

传统形而上学以在存在者之存在性中表象它们和以某种特定的存在性概念为依据，对存在者作了如下的序列划分：最下者是非存在者，中间则有无机自然、用具、生物、行为，等等，最上则是最高存在者。

尼古拉·哈特曼在《存在学的新道路》中，把存在者由低到高划分为：物质的、有机的（有机体）、心灵的（高级动物）、精神的存在者（人）四个层级，并列出了相应的存在范畴：物质层次的范畴、有机体层次的范畴、心灵层次的范畴、精神层次的范畴。除了上述特定层次的范畴之外，还有适应于所有存在领域和存在层次的基础范畴（或称存在原理、存在法则）。

在《哲学论稿》中，海德格尔对此问题作了一个矛盾的陈述，一方面，他说存有没有等级，由此推论存在者也是没有等级的；但另一方面，他又问"然则庇护之多样性从何而来、具有何种意义呢？"① 他所问的实际是庇护之层级、领域与程度的问题，譬如说艺术作品与技术、上手之物与物化之物这些存在者对存在的庇护肯定是有差异的，遗憾的是海德格尔没有清晰地集中地展开这个思路，留下的只是一些笼统而模糊的论述。以至于波尔特在专门阐释《哲学论稿》的著作《存在的急迫》中也只能这样说："现在至少清楚了的是，庇护只有在那些伟大的时代才发生——而我们的时代并不伟大。存在者已经变成了'非存在者'。这并不意味着任何事物都被毁灭了，而是意味着，任何事物的重要性都被毁灭了。我们对存在者与虚无之间的差别变得越来越不关心。存在者似乎凭借自身站立着，

① ［德］海德格尔：《哲学论稿》，孙周兴译，商务印书馆2012年版，第291页。

根本没有存在的任何意义相助。……当我们将'诸存在者存在着'视作当然时，它们之间产生的差异就黯淡下去，变得无差别了；对我们而言，它们就变成了一些等着被以无思想的方式来探究的事物。由存在者衰退为无存在者的这种变化是恶性的：它使得世界变得更小，人变得更空洞。"①

（二）存在

早期希腊思想家们把存在规定为"持续的在场"，揭示了存在作为"有"的一面。黑格尔则把有无规定性作为区分存在与存在者的根据，作为"无规定性的直接性，先于一切规定性的无规定性，最原始的无规定性"的存在，是"纯有"。而纯有作为纯粹的抽象，毫无内容，因而也就是无。可以看出，这是由知识论思维导致的观点；按存在论，存在正是因为无规定性的直接性，所以它才是最丰富的可能性的有。

海德格尔通过对希腊早期思想家的阐释，以及对后来形而上学家的批判，经过自身思想道路的转向以及事情本身的回行，他所得出的存在概念包含如下三个方面的内容：首先，存在是从自身而来，由自身而自立和逗留，是这样一种持续着的到来。存在之所以出现和持存，根源在于自身。也就是说，存在是自因。其次，存在是一个时间性的过程，是时间性的在场。最后，存在作为自身在场，作为持续着的到来，是去蔽和遮蔽同时运行的过程，是从遮蔽而进入去蔽而又永远遮蔽着的过程。存在是既去蔽又遮蔽，既澄明又隐匿。两个方面相互对待，互不分离。就两个方面的关系来看，遮蔽比去蔽更能显示存在的本质。

下面拟从"现象与本质"、"存在与本体"（体与用）、"思想（人）与存在"三个角度对存在作进一步的说明。

1. 从"现象与本质"的角度看，存在是本现象

现象，在拉丁文中的意思是"可以见到的"，或"直接呈现于意识的"。在希腊文中的意思是"显得是如此"，或"显然是如此"。亚里士多德把多数人的意见称之为"现象"，即"事物看起来之所是"，通常相对于实在，即"事物本来之所是"。② 本质，在传统上被认为是为一类事物

---

① ［美］波尔特：《存在的急迫》，张志和译，上海书店出版社 2009 年版，第 286—287 页。
② ［英］尼古拉斯·布宁、余纪元编著：《西方哲学英汉对照辞典》，人民出版社 2001 年版，第 63 页。

所共有的共同性质，故本质的功能是认同属的成员资格，或把个别放入一个属中。一般而言，本质是这样一种属性，没有它，一物便不可能是它原来所是的样子。作为本质属性，它区分于偶然属性。[①] 按上述规定，现象就是感性的个别的存在者，而本质则是种类存在者。

现象学的"现象"是指呈现在意识中的一切东西，既包括感觉经验，也包括一般观念。一般观念就是本质，故又称之为"一般对象"、"观念对象"。但在胡塞尔看来，本质不是超越现象的东西。本质就是现象，是诸现象中的一种现象，是纯粹和一般的现象。因此，本质也可以直观。

在"现象与本质"这一对子中，有许多人把本质等同于实在，如亚里士多德的"形式"，柏拉图的"理念"，康德的"物自体"等。这实际上把本质与本体画了等号。如果按形而上学的观点，把存在看作"本体"的话，那么就可以引用海德格尔的话来说明本质与本体的区别："'存在'的普遍性不是族类上的普遍性。如果存在者在概念上是依照类和种属来区分和联系的话，那么'存在'却并不是对存在者的最高领域的界定；存在不是类。存在的'普遍性'超乎一切族类上的普遍性。"[②]

存在既不是个别存在者，也不是种类存在者（本质），但存在像前两者一样也是现象。海德格尔说："'现象'一词的意义就可以确定为：就其自身显示自身者，公开者。"[③] 联系前述"存在就是自行显现"，便可确定"自身显示自身者"指的就是存在。那么，现在的问题在于，如何区分个别存在者、种类存在者和存在本身这三种"现象"？简单地说，存在是本现象，个别存在者和种类存在者是末现象。这可称之为"本—末"之分。海德格尔"存有作为本有而本质性地现身"即指此，故又称存在为"本现"。

陈嘉映在评价海德格尔与现象学运动的关系及其思想道路时曾说："真正的现象，即存在。""他所说的现象不是一般意义上的存在者，而是

---

① ［英］尼古拉斯·布宁、余纪元编著：《西方哲学英汉对照辞典》，人民出版社 2001 年版，第 322 页。

② ［德］海德格尔：《存在与时间》，陈嘉映、王庆节译，生活·读书·新知三联书店 1999 年版，第 4 页。

③ 同上书，第 34 页。

存在者的存在。现象归根到底是指:'威能者原始地升起而卓然自立,phainesthai,这就是有一个世界显圣(Epiphanie)这样伟大意义上的现象(Erscheinung)。'这种现象所区别的,是现成事物的寻常外观,人可共睹却不足道。这是海德格尔存在观现象观的枢要之一。非借此就无法理解何以面对存在者,存在却仍然可能不显现,何以存在者通常不昭示存在——平常存在者堕入平庸的物件,不足昭示存在的真谛。"①

2. 从"本体与存在"和"体与用"的角度看,存在为用,在者为体

本体(Ousia, Substance),又称实体,是亚里士多德提出的概念。什么是本体?在《范畴篇》为代表的早期逻辑学著作中,他提出的标准是:本体是既不可以用来表述一个主体,又不存在于一个主体之中的东西。按这个标准,只有个别的事物(个别的人,个别的马,如此等等)才是"第一本体",而包含个别事物的"属"和"种"则是"第二本体"。例如,苏格拉底这样的个别的人是第一本体,而它们的"属"(人)和"种"(动物)是第二本体。在以《物理学》为代表的中期物理学著作中,他又从生成论的角度对个体进行分析,得出"质料—形式"的结构,最终确定,形式作为事物的具体规定性,是真正意义上的本体。在后期的被称之为《形而上学》的"核心卷"的第七卷、第八卷、第九卷中,他明确地将"是其所是"确立为第一实体。因为"是其所是"是事物的本质,它必然是与个体事物相同一的,它就是个体事物之自身。在《形而上学》的第四卷、第六卷、第十二卷中,通过对"作为存在的存在"的分析,亚里士多德最终确立了"不动的动者"——神作为终极实体。

尽管亚里士多德关于什么是本体的观点前后有变化,但是有一点是共同的,即本体即存在者——个体存在者、种类存在者、最终存在者。其后,西方哲学史上关于何谓本体的各种观点,都未能逾越这一界限。

"体与用"是中国古典哲学的一对范畴。其意有三:①体指形体、性质、实体;用指功能、作用、属性。《荀子·富国》:"万物同宇而异体,无宜而有用为人。"唐崔憬《周易探源》卷下:"凡天地万物,皆有形质,就形质之中,有体有用。体者,即形质也。用者,即形质上之妙用也。"

---

① 陈嘉映:《海德格尔哲学概论》,生活·读书·新知三联书店1995年版,第54—55页。

认为天地是体，产生万物的功能为用；动物的形躯是体，灵识是用；植物的枝干是体，生性是用。明清之际的王夫之以真实存在的"实有"为体，"实有"的功能、作用为用："天下之用，皆其有者也。吾从其用而知其体之有，岂待疑哉？"②体指本体、本质，用指现象。三国王弼《老子注·三十八章》："虽贵以无为用，不能舍无以为体也。"以"无"为世界本体。北宋王安石以静止状态的元气为体，以元气的运动为用："道有体有用，体者，元气之不动；用者，冲气运行于天地之间。"二程、南宋朱熹以"理"为体，以"象"为用："至微者，理也，至著者，象也。体用一源，显微无间。"③体指根本原则，用指具体方法。清张之洞《劝学篇·会通》："中学治身心，西学应世事。"主张"中学为体，西学为用"。①

"体"的第一种含义，所指为感性存在者，与亚里士多德的个别存在者相同；"体"的第二种含义，所指为形而上的存在者，与亚里士多德的终极实体相同。"用"的第一、二两种意思相近或相同，即指运动的、生成的现象。根据海德格尔对存在所作的规定，结合中国古典哲学的"用"这一概念，我们可将存在从形而上学的"体"中解放出来，把它还原为"用"，即存在是用。因为"存在者的存在本身不'是'一种存在者"，②存在本身不是一个存在体，"存在是无法像一个存在体一样被表象的"③。相对于在者，存在为"本"，但非"体"，一旦为"体"，又成"在者"。所以，在者为"体"，存在为"用"，且是"本用"。《老子》第十一章说："三十辐共一毂，当其无，有车之用。埏埴以为器，当其无，有器之用。凿户牖以为室，当其无，有室之用。故'有'之以为利，'无'之以为用。"有之以为利之"利"为小用，无之以为用之"用"为大用。

中文版《存在的急迫》对海德格尔的"das Seyn west als das Ereignis"这一《哲学论稿》核心思想的公式作了恰到好处的翻译：存在在本质上乃是作为征用而发生的。"我们必须问的是，'为什么存在者对于我们而言存

---

① 冯契：《哲学大辞典》（下），上海辞书出版社 2001 年版，第 1441 页。

② ［德］海德格尔：《存在与时间》，陈嘉映、王庆节译，生活·读书·新知三联书店 1999 年版，第 8 页。

③ ［美］波尔特：《存在的急迫》，张志和译，上海书店出版社 2009 年版，第 76 页。

在着，以及在什么意义上是如此的'；换句话说，什么是存在者的存在，它又是如何被给予我们的？答案在于作为征用的存在（being）：'征用让如其本然的存在者涌现出来'；'这种来到开敞（clearing）之中，与向－本己化（appropriation，征用）一道发生。"①此处明确提出了存在为用——"作为征用的存在"。

说"大用"、"小用"，绝非意味着存在有区域和等级之分。所谓"具体存在"与"一般存在"，也只不过是说"一般存在"在"个别存在者"处的显现而已，海德格尔曾明确问过："存有有等级吗"？而他也明确回答过："真正说来，是没有的"。②

3. 从"思（人）与在"的关系看，在是思之在，思是在之思

①什么叫思想

对思想本质的追问乃是对人的本质的追问。在《存在与时间》中，海德格尔把人的本质规定为生存，是此在；在转向之后，海德格尔将人置于源始的敞开的存在的真理之中，并从存在的真理的敞开中获得其本质。"此在"由此转变成"此－在"，即自由地参与到存在的敞开领域及其无蔽中。在其中，被此在领悟的存在者已经如其所是地呈现被解蔽的状态和过程。此时，人不是存在者的主人，而是存在的看护者。这就是人的自由的本质，但是人并不占有自由，而是人归属于自由之中。此在生存的绽出性就是此在自由地进入存在的无蔽之中，进入无蔽既是"此－在"中的"此"的含义。

由人的自由的本质来看思想的本质，这个思想就不是指意见、表象、推理和构想，意见、表象、推理和构想属于科学的领域而不属于存在的领域。这个思既不是理论的也不是实践的，这种思发生于有此区别之前。因此，这个思是"原始的思"，原始的思是非客观化非对象化的思，实际上这是一种诗意的思。

②在是思之在

"有存在"，存在给出自身。但是同时，除非存在进入到此在的理解之

---

① ［美］波尔特：《存在的急迫》，张志和译，上海书店出版社 2009 年版，第 82 页。
② ［德］海德格尔：《哲学论稿》，孙周兴译，商务印书馆 2012 年版，第 291 页。

中，否则存在就根本不"被给予"。或者说，只有对于此在而言，存在才被给予。这说明，存在需要此在或者人，存在需要思想。从存在的角度说，作为征用的存在孕育并耸入此在，而此在则发现并投射着存在者之存在，为存在之真理奠基。这一事件是一种征用事件，因为它将人规定为存在的本己之物；人开始属于存在。从此在的角度说，除非我们被存在征用了，否则我们是不可能"在那里"的。这样，存在就必定与我们密切地纠缠在一起。波尔特认为这就是存在对此在的依赖性："对存在的给予不可能在没有我们的情况下在某地发生，因为对这样一个地方的创立需要我们。只有当给予事件对我们变成一个主题时，这事件才真正发生。转向的这个方面也帮助我们避免了将存在视作某种准—神圣的最高存在体。正如托马斯·希恩所说，'大爆炸故事'——'存在'在其中从'彼岸'走出，并向我们揭示了其自身——完全被这种转向的观念切断了"①。

③思是在之思

"思就是存在的思"，这个命题有两方面的含义，一方面，思是存在的，因为思由存在发生，是属于存在的。就是说，存在使思成为可能。另一方面，思所思的是存在，没有存在，思想便失去了指向性。由以上两种含义，决定了思想的基本特征是：响应、应和、等待、追问存在。在海德格尔看来，只有那种对存在本身的追问才是真正的思想，只有那种响应存在召唤的思想才是本真的思想。

④思与在同一

思与在的相互归属，说明思与在的同一。首先，"同一"是一个双方同时互动、游戏的过程，思想对存在的召唤做出响应，与在思想的响应中存有本现是同时发生的，这是时间本身的事情；其次，"同一"说明存在的敞开与此在的敞开是同一个敞开，这是存在本身的事情。海德格尔对"思想与存在是同一的"这一命题的含义作了如下的解释："由于为存在所要求和规定，存在者之觉知归属于存在。存在者乃是涌现者和自行开启者，它作为在场者遭遇到作为在场者的人，也即遭遇到由于感知在场者而向在场者开启自身的人。存在者并不是通过人对存在者的直观——甚至是

---

① ［美］波尔特：《存在的急迫》，张志和译，上海书店出版社2009年版，第228页。

在一种具有主观感知特性的表象意义上的直观——才成为存在着的。不如说，人是被存在者所直观的东西，是被自行开启者向着在场而在它那里聚集起来的东西。被存在者所直观，被牵引入存在者之敞开领域中并且被扣留于其中，从而被这种敞开领域所包涵，被推入其对立面之中并且由其分裂标识出来——这就是在伟大的希腊时代中的人的本质。"①

（三）存在与存在者之关系

1. 存在就是对存在者之存在的给出

存在就是对存在者之存在的给予，或者说是对如其本然的存在者的意义的赋予的发生。从这个意义上讲，存在是存在者得以被理解的境域。但这并不意味着存在是存在者的一种可能性条件，因为存在完全与对存在者本身的敞开一道发生。海德格尔认为，存在不是自在自为地持存着的早先之物或晚出之物，本有乃是对存在和存在者而言的时空上的同时性。从此－在的角度看，因为存在对存在者之存在的给出是对此在而言的，所以，"此－在乃是时间－空间与作为存在者的真实者的同时性，它作为具有建基作用的基础、作为存在者本身的'之间'和'中心'而本质性地现身"②。

同时性是避免一种无限倒退的关键，在这种倒退中，我们会追寻存在之存在。如此这般追问下去，目的就是获得一个更深更牢靠的基础。但是我们不是要追求一个比一个更深的基础的线性进展，而是要思考一种深渊性的奠基活动，而同时性作为"一个历史的瞬间存在"恰恰就是这种奠基活动之所在。在这个历史的瞬间，存在者与存在一道呈现出来，而不需要更进一步的基础。因此，同时性的概念不但避免了陷入先验论，也避免了陷入目的论。海德格尔"存在者存在，而存有则本现"，所指的正是存在对存在者之存在的给予的同时性。

2. 存在者显现存在

存在依赖并需要存在者。所谓"依赖"，即是说，若无存在者，就绝没有存在之在；退一步说，离开存在者的存在只是潜在的存在，但绝没有

---

① 孙周兴选编：《海德格尔选集》（下），上海三联书店 1996 年版，第 900 页。
② ［德］海德格尔：《哲学论稿》，孙周兴译，商务印书馆 2012 年版，第 235 页。

无存在的存在者。所谓"需要",即是说,存在只能在存在者中显现自身,因此"存在总是如此坚定地邀请了存在者（进入存在之中）"①。此时,存在作为征用而发生。

存在显示为现实性,现实之物被视为存在者,这种现象恰恰显明了存在者对存在的显现。"'存在者是现实的'。这个句子有双重含义：首先,存在者之存在包含在现实性中。其次,作为现实之物的存在者是'现实的',也即真正是存在者。现实之物是一种作用的受作用者,而受作用者本身又是作用性的,具有作用能力的。现实之物的作用可能限于一种引发某种阻力的能力,它能够以向来不同的方式对着另一现实之物展开这种阻力。就存在者作为现实之物起作用而言,存在显示为现实性。长久以来,在'现实性'中显示出存在的真正本质。'现实性'也经常叫作'此在'（Dasein）。"② 存在作为"本用"给出存在者之存在,存在者作为受作用者,同时又具有作用性,即显现存在。

存在者对存在的显现,包含着两个方面。一方面,显现存在,这是狭义的显现；另一方面,遮蔽存在,但这种遮蔽是显现的遮蔽。狭义的显现与显现的遮蔽构成为广义的显现概念。现在的问题是,既然存在需要存在者以显现自身,但海德格尔为什么说"不顾存在者而思存在"的企图是必要的呢？这是针对传统形而上学把存在当作一种作为根据的存在者而讲的。所以他接着说："'不顾存在者而思存在'并不表示,与存在者的关联对存在来说是无关紧要的；它毋宁是表示,勿以形而上学的方式来思存在。"③

与上述存在与存在者之关系相关联的问题有：

（1）没有存在,存在者能存在吗？海德格尔说："存有（作为本有）需要存在者,方使得存有本质性现身。存在者则并不同样地需要存有。存在者依然能够在存在之离弃状态中'存在'（sein）,在这种存在之离弃状态的统治下,直接的可把握性、可用性以及任何种类的有用性（例如,一切须为人民服务）,明显地决定了什么存在以及什么不存在。"④ 如何理解

---

① ［德］海德格尔：《尼采》（下）,孙周兴译,商务印书馆 2002 年版,第 1033 页。
② 同上书,第 1033—1034 页。
③ ［德］海德格尔：《面向思的事情》,陈小文、孙周兴译,商务印书馆 1996 年版,第 34 页。
④ ［德］海德格尔：《哲学论稿》,孙周兴译,商务印书馆 2012 年版,第 34 页。

海德格尔这段自相矛盾的论述？

（2）存在为一，而存在者则是多样的。不同的存在者对存在的显现是同样的吗？抑或存在着差别？如果有差别，那么如何描述这种差别？

（3）存在与存在者的关系，实质上涉及的是此在（能够对存在进行发问的存在者）、存在者、存在三者的关系，那么如何对三者的关系作出新的描述？

二　形而上学的歧途

（一）什么是形而上学

形而上学一般是指对实在的最基本的成分或特征的研究（本体论），或者对我们在叙述实在时所用的最基本概念的研究。按照某些用法，形而上学主要讨论不可感的事物，或者科学方法范围之外的事物。

亚里士多德把这类研究称之为"第一哲学"或智慧，即关于终极原因和原则的科学。有时他称之为"作为是的是"的科学（即什么是"是"的科学），有时他又将之等同于神学，因为它讨论一类特殊的是（存在），即超越可感本体的神。中世纪哲学家把形而上学的这些不同方面分别叫做"一般形而上学"和"特殊形而上学"（具体形而上学）。

在理性主义传统中，形而上学被看作是由纯粹理性所操作的对超越感官知觉的内在实在性质的研究，如柏拉图、笛卡儿、斯宾诺莎、莱布尼茨和黑格尔，对内在实在是什么具有完全不同的见解。C. 沃尔夫把形而上学分为四部分：本体论（关于是或存在的一般理论）、理性神学（关于上帝）、理性心理学（关于灵魂）以及理性宇宙论（关于世界）。

康德把一切力图以纯粹理性来叙述超越人类理智的超验实在的努力都归作思辨的形而上学。他认为，形而上学乃是人类心灵寻求整体解释的一种必然倾向。虽然思辨的形而上学不能产生知识，它的超验主题（上帝，自由意志和灵魂不朽）可以作为正当行为的根据（"道德形而上学"）。康德的批判哲学是另一种意义上的形而上学，它研究经验可能性及科学设定的条件。

上述几段文字，是对《西方哲学英汉对照辞典》"形而上学"条目的摘录，作为简要的传统形而上学史，初看似乎是列举了诸哲学家的不同观点，但仔细分析，便可发现其共同点。其一，作为西方哲学的一个核心学科，形而上学研究的对象是亚里士多德所谓的"作为存在的存在"，即"存在"。故称"形而上学为'作为是的是'的科学"。其二，由于把"存在"这一不可感或超越可感的事物实体化了，所以又称之为"实在"、"超验实在"。故说"形而上学一般是指对实在的最基本的成分或特征的研究"、"一般形而上学"和"本体论"。其三，由于把存在实体化并进一步推向终极原因，故称存在为"超越可感本体的神"、"上帝"；称形而上学为"神学"、"特殊形而上学"、"理性神学"。其四，对存在或实在、上帝研究所用基本概念的研究，也同时构成形而上学的组成部分。故称形而上学为"思辨的形而上学"。其五，对存在显现于不同领域的研究，就构成了形而上学的分支。在存在本身则为本体论，在终极因则为"理性神学"，在灵魂则为"理性心理学"，在世界则为"理性宇宙论"，在认识则为"知识论"，在意志和情感则为"价值论"。总之，形而上学就是关于"存在"之学，就是本体论。

（二）形而上学的思维方式

形而上学追问的是存在，但它的提问方式是"这是什么？"海德格尔曾经断言："这是什么"的追问方式"是由苏格拉底、柏拉图、亚里士多德所发展出来的问题形式"①。"这是什么"的问题背后隐含着提问者的超越性的形式化思维。按海德格尔的看法，形而上学的思维方式就是表象性思维。

所谓表象，作为动作，第一，就是"把现存之物当作某种对立之物带到自身面前来"，"摆置到自身面前和向着自身而来摆置"。第二，把被摆置者确证为某个被摆置者。这种"确证"必然是一种计算，因为只有可计算状态才能担保要表象的东西预先并且持续的是确定的。第三，表象就是从自身而来向已被确证之物的首要确证的领域的一种挺进，表象乃是挺进着、控制着的对象化，也就是对对象的把捉和掌握。

作为被表象者，现存之物成为图像，"世界图像并非意指一幅关于世界的图像，而是指世界被把握为图像了"②。在德文中，表象的名词就是

---

① 孙周兴选编：《海德格尔选集》（上），上海三联书店 1996 年版，第 592 页。
② 孙周兴选编：《海德格尔选集》（下），上海三联书店 1996 年版，第 899 页。

观念。现存之物被表象为图像的过程，也就是由感性存在者转化为观念存在者的过程。因此，海德格尔如此说："存在者不再是在场者，而是在表象活动中才被对立地摆置的东西，亦即是对象。"①"这时，存在者整体便以下述方式被看待，即：唯就存在者被具有表象和制造作用的人摆置而言，存在者才是存在着的。在出现世界图像的地方，实现着一种关于存在者整体的本质性决断。存在者的存在是在存在者之被表象状态中被寻求和发现的。"②

作为表象者，人对存在物就不是对在场者的觉知，而是计算、进攻、把捉和掌握。其实这也就是把存在物客体化了，自己也在成为对象意义上的存在者的表象者的同时成为了一个主体。海德格尔断言："世界之成为图像，与人在存在者范围内成为主体是同一个过程。"成为主体就意味着，人成为存在者本身的关系的中心。

总而言之，表象性思维就是主客二分的形式化的抽象思维。孙周兴对表象性思维的评价是："由传统哲学和科学所铸定的表象性思维方式不仅不能让我们接近物，而且扰乱了物本然的自持和安宁。所谓'表象'思维是一种对象性思维，它对事物采取一种对立性的态度，把什么都立为观念对象。'表象'思维力求透过'现象'看'本质'，而这个'本质'就在我们通过'普遍化'和'形式化'的方法形成的'观念'（概念）序列中。在德文中，'表象'的名词就是'观念'。自柏拉图就开始了这种本质化（观念化）的表象思维传统；尤其是在近代主体形而上学中，'表象'成为'自我'的基本规定性，而物的存在在存在学上被规定为'被表象状态'。随着哲学和科学的发展，表象思维越来越成为人类的基本思维方式，也阻碍着我们去接近事物。"③

（三）存在实体化

由表象思维方式所导致的对存在追问的结果，就是存在实体化。

在早期希腊哲学家那里，存在实体化的具体体现，就是把本体看成一种经验性的存在。例如，水、火、气、原子或数等。这是按照那种基本的

---

① 孙周兴选编：《海德格尔选集》（下），上海三联书店1996年版，第918页。
② 同上书，第899页。
③ 孙周兴：《后哲学的哲学问题》，商务印书馆2009年版，第315页。

经验化的思维方式，追究那种最深层的根本性的存在是什么。其实这还是古代水平的万物所由来、万物所复归的那个"始基"和"基质"。这实际上已实现了从个别到一般、从特殊到普遍、从多样性到统一性的超越，这是一种具有形而上学特征的朴素直观的超越，这是本体论的经验化或经验化的本体论。

自柏拉图开始至近代哲学，对存在的探讨，走上了一条理性主义的道路，即将"存在本身"思考为"存在者"的一般本质，思考为"存在状态"或者先天。柏拉图用"相"（理念）来概括和表示事物的本质与共性，明确提出了两个世界的区分。亚里士多德则用"形式"来表示事物的根本原因和真正的实体，而形式也就是不动的推动者——神。

中世纪经院哲学，在古希腊哲学所确立的基础上，对形而上学的对象注入了更多的神学因素。托马斯·阿奎那则把不动的推动者、第一原因、最终目的确立为上帝。

近代的笛卡儿以普遍怀疑为手段，从"我思"出发，经过抽象，建立了他的本体世界，精神实体（心灵）和物质实体（自然）是相对实体，而上帝则是统一物质和精神的更高的绝对实体。康德区分了现象与本体，现象是经验的对象，而本体则是思想的对象，这个本体就是"物自体"。黑格尔把传统存在论所寻求的作为世界万物的终极存在与根据的客观实体和主观实体辩证地统一起来，而名之曰"绝对精神"。

现代哲学虽然对传统形而上学采取了批判的态度和取向，但形而上学作为人类理性的一种自然倾向，意味着对旧的形而上学的批判其实都代表着一种新的形而上学。唯意志论哲学的代表人物叔本华在批判黑格尔绝对理念思想体系的同时，却沿着康德物自体的思路，提出了非理性的意志本体论。尼采则进一步把作为本体的意志，由生存意志变换为强力意志。

通过对存在实体化的历史的简要回顾，可以清楚地看到，这就是西方哲学史在表象性思维的指导下，对"这是什么？"这一问题中的"什么"的回答。这正如海德格尔所说的："形而上学承认：没有存在就没有存在者。但它几乎没有这样说，而是一再把存在置入某个存在者中，无论这个存在者是第一原因意义上的最高存在者，还是主体性之主体（作为一切客体性的可能性条件）意义上的别具一格的存在者，还是——作为这两种对存在者之存在的论证的一体性的后果——对作为无条件主体性意义上的绝对者的最高存在者的规定。"① 当把存在作为绝对者、最高存在者的时候，被实体化了的存在也就成了本体。

如果对形而上学的存在实体化作更具体的分析，就会发现，存在问题作为存在者存在的问题是有双重形态的：一方面在"存在学"名目下，追问存在者一般地作为存在者是什么，即寻求存在者的共相；另一方面在神学的名目下，追问何者是以及如何是最高意义上的存在者，即寻求神性的东西和上帝。如果前者作为存在之逻辑学的逻辑学，那么后者则作为神之逻辑学的逻辑学，合则称之为"存在—神—逻辑学"。"存在—神—逻辑学"就是西方形而上学发展史的内在结构。

三　海德格尔的"存在论差异"

形而上学的根本缺陷是把在场、存在看作是在场者、存在者的普遍特性，因而把在场、存在当作一种在场者、存在者，忘记了在场与在场者、存在与存在者的区分，因而遗忘了在场或存在。针对形而上学对存在的遗忘，海德格尔提出了"存在与存在者的区分"问题，又称"存在论差异"。海德格尔对"存在论差异"的表述有两种，现在对其不同表述作一具体分析。

在《通向语言的途中》，他把这种差异称为"在作为'存在者之存在'的'存在'与作为'存在'的'存在'之间的差异"②。作为"存在者之存在"指的是"形而上学言说存在者之为存在者整体"。形而上学的主导问题——什么是存在者——所问及的，"不是任何一个特殊存在者，也不是许多个存在者，甚至也不只是一切存在者，而是比一切还更多的东西：整体，自始被看作整体的存在者，作为这个'一'的存在者"③。"如果我们唯一地仅仅着眼于存在者是存在者（即作为存在者的存在者）来探问存在者，那么，以'什么是存在者？'这个问题，我们在这里就把目标指向使存在者成为一个存在者的那个东西了。这就是存在者的存在状态，

① ［德］海德格尔：《尼采》下卷，孙周兴译，商务印书馆 2002 年版，第 977 页。
② ［德］海德格尔：《在通向语言的途中》，孙周兴译，商务印书馆 1997 年版，第 91 页。
③ ［德］海德格尔：《尼采》上卷，孙周兴译，商务印书馆 2002 年版，第 448 页。

用希腊文来讲，就是 ὸυ（存在者）的 ὀυσία（在场状态）。我们追问存在者之存在。"①

　　同时，他又把"存在者之存在"称之为"存在性"。波尔特对"存在性"的解释是："存在性将指对存在者之存在的特殊进路，这种进路统治了形而上学传统：存在者的存在被解释为诸存在体的普遍特征了。"② 这些普遍特征包含实体和属性，潜在性和现实性，形式和质料，统一性、质、量、关系、时间、地点等。陈嘉映则直接把"存在性"解释为理念、单子、绝对精神、权力意志等。如此，"存在性"就与"存在者整体"含义等同了。

　　而作为"存在"的"存在"则是指存在的澄明（真理）。

　　在《尼采》中，海德格尔把这种差异表述为"什么－存在"（本质）与"如此－存在"（实存）的区分。本质回答的是什么存在这个问题，即什么是一个存在者；或者说，本质指的就是那个东西，即诸如一棵树之类的东西如果实存着的话可能是的东西；使一棵树能够成为这样一颗树的那个东西，就是可能性。实存说的是一个存在者的如此存在，即：它存在这一如此。这个区分命名的是一个不同的"是、存在"。显然，这两种表述，用语不同，含义却是一致的。

　　通过对作为"存在者之存在"的"存在"与作为"存在"的"存在"的区分，存在本身的差异得以显示出来："'作为存在的存在'，即'存在本身'（'澄明'），是'显－隐'一体的运作，'显'而为'存在者之存在'，'隐'而成其本身。存在本身既'是'又'不'、既'显'又'隐'。从'不'（隐）方面看，存在本身就'是'，即'显'为存在者之存在；而从'是'（显）方面看，存在本身就'不'，即'隐'而为一'无'了。所以也可以说，存在本身就是'差异'，'差异'就是存在本身的一体的'是－不'（显－隐）的运作。'差异'是'亲密的区分'：存在者之存在与作为存在的存在之间的'区分'。这是海德格尔对'存在学差异'的更为准确的表达。"③

---

① ［德］海德格尔：《尼采》上卷，孙周兴译，商务印书馆 2002 年版，第 449 页。
② ［美］波尔特：《存在的急迫》，张志和译，上海书店出版社 2009 年版，第 82 页。
③ 孙周兴：《语言存在论》，商务印书馆 2011 年版，第 21 页。

　　至此，得以显明的是，所谓"存在之被遗忘状态"其实乃是存在与存在者之区分的被遗忘状态。

第二节　存在追问的结构模式

一　存在追问的结构问题

　　在《存在与时间》中，海德格尔已经阐明了存在问题的结构所包含的三个环节：问之所问（Gefragtes）、问之何所问（Erfragtes）、被问及的东西（Befragtes）。把问题的形式结构落实到存在问题上就表现为：问之所问是存在，问之何所问是存在的意义，被问及的东西就是存在者本身。这个结构可以更简略地表述为：从"此在"到"一般存在"。如果事情确实是这样的话，那么这可被称之为存在追问的二重结构模式："此在－存在"。

　　在转向之后，按海德格尔自己的说法："不再追问在者的在，而是追问在本身。"① "存有是不再能从存在者而来得到思考的，它必须从它自身而来才得启思。"② 只是追问存在本身可被称之为存在追问的一重结构模式："存在"。一重结构模式的问题在于，即便在"存在"一词上打叉，或者追问给出存在的"本有"（Ereignis），或者再进一步追问本有之后的存在本身——"存有"（Seyn）。一方面，这种做法面临着无穷倒退的危险；另一方面，它依然没有避免形而上学的命运——把存在思为实体化的存在者。这正如叶秀山所评价的："海德格尔在口头上固然否定的是知识论的形而上学，而以对'存在'的'思'来取代形而上学，但实际上，他的'存在论'（ontologie，本体论）正是一种形而上学的知识论，即把'存在'（Sein）当作'事'来把握，这样，才把'Dasein'这个本带有浓厚经验意味的具体存在当作'Sein'的根基来看。"③

　　如果谨慎地考察《存在与时间》对存在的追问，那么我们就会发现它的结构模式不是二重而是三重的，即此在对存在的领悟总是通过一个中介

---

① ［德］海德格尔：《形而上学导论》，熊伟、王庆节译，商务印书馆 2005 年版，第 1 页。
② ［德］海德格尔：《哲学论稿》，孙周兴译，商务印书馆 2012 年版，第 7 页。
③ 叶秀山：《思·史·诗》，人民出版社 1988 年版，第 221 页。

环节——应手之物。此在、上手之物与存在相互关联：一方面，此在在操劳着与事物打交道时，应手之物以其自身的指引结构组建着具有意蕴整体的周围世界；另一方面，此在借助于对存在本身的先行领悟——为何之故，以"赋予含义"的方式来指引关联上手事物。

转向之后，与只是追问存在本身的思想路向同时发生的还有诗的路向。在诗的路向上，此在、艺术作品与存在三个要素相互关联：一方面，本有通过居有四重整体居有人；另一方面，此在通过作诗或诗意的栖居、通过"对于物的泰然处之"和"对于神秘的虚怀敞开"，来聆听并应和存在的召唤。

转向之前和之后，海德格尔的存在追问明显存在着一个三重结构模式："此在－物－存在"。通过本章第一节"存在与存在者"的论述，我们已经看到，撇开此在和存在者去追问存在，毫无疑问是不可能的。正因为如此，张祥龙才说"'从缘在转向了存在本身'是个相当蹩脚和'离了谱'的说法"。《道路之思》的作者则针对法国现象学家马里翁关于"存在论差异"是三重模式还是双重模式所引起的迷惑，进行了必要的澄清："长期以来，人们谙熟了这样一种对前后期海德格尔思想差异的表达：前期海德格尔对 Dasein 问题的过度讨论使得其思想有遁入主体形而上学的危险，因此后期海德格尔着力于绕开存在者仅就'存在之为存在'来进行探问。这种表述并非错误，但是就思想之实际情形来看，后期海德格尔思想并未像人们所暗示的那样进行了一番'矫枉过正'，也就是说，尽管后期海德格尔强调存在自身性问题，但其并未放弃对 Dasein——更直接地说——对'人'的关注。对于一种思想，一种将意义问题把握为根本指向的思想，单纯地逗留于'存在自身'之玄妙而对'人'之问题无动于衷是不可想象的。然而人之问题乃是所有哲学思想中最初、最后亦是最复杂的问题，对海德格尔来说亦不例外，甚至可以说，无论前期还是后期，海德格尔思想的根本难题就一直是如何思考人与存在的相关性，如何能使得这种思路既'经受'形而上学又真正'克服'形而上学。无论如何，这都促使我们去追问，究竟应该如何理解海德格尔思想中的'Dasein'？"① 这些论述，

---

① 张柯：《道路之思》，江苏人民出版社 2012 年版，第 103 页。

除了未能给予处于此在与存在之间的"存在者"应有的关注外，其对存在
与此在关系的指陈都是相当到位的。

二　三重结构模式的证明

1. 海德格尔的陈述

关于存在追问的三重结构模式，《存在与时间》以及转向之后的诗的
道路，已经作了客观的证明，下面引述海德格尔的自我陈述以作主观性的
证明。

在所有对存在者的施为中都已经有了对存在的一种领悟，无论该
施为是绝大多数人所谓理论性的特殊认知，还是实践的－技术的施
为。（笔者注：通过存在者领悟存在）因为只有借助存在领悟之光，
存在者才能作为存在来与我们打照面。（笔者注：领悟存在是与存在
者照面的条件）①

存在自身必定是以某种方式向着某物被筹划的，如果我们确实
领会存在的话。这并不是说，在筹划中，存在必定以对象化的方式
被把握了，或者必定被解释、被规定（亦即被概念化）为对象化的
被把握者。存在向着某物被筹划，它由此得到领会，但却是以非对
象的方式。②

在此在直接地、热切地把自己交给这个世界时，此在之本己吾身
就由诸物反映出来了。③

他们是他们所从事的东西。④

以上几段论述，表达了三个基本的意思：一是存在者（诸物、上到手
头的东西、所从事的东西）反映着此在本身，这与费尔巴哈的对象性学说

---

① ［德］海德格尔：《现象学之基本问题》，丁耘译，上海译文出版社 2008 年版，第 376 页。
② 同上书，第 384 页。
③ 同上书，第 212 页。
④ ［德］海德格尔：《存在与时间》，陈嘉映、王庆节译，生活·读书·新知三联书店 1999
年版，第 146 页。

和马克思的人的本质力量对象化原理是相通的，尽管海德格尔对"对象"概念有着不同的理解。二是此在通过对存在者的施为和筹划领悟存在。三是此在领悟存在是与存在者照面的条件。三层意思都集中地凸显了此在、存在者与存在三者的密切关联。

2. 胡塞尔的"意向性"：意向作用—意向对象

意向性是胡塞尔现象学的核心概念，他把意向性定义为：意识总是"关涉于某物的意识"，它总是意指着某物，"以不同方式与被设想的对象发生联系"。意向性的另一种表达是"思"，而"思"总是有它的"所思"，即以经验、思维、情感、意愿等方式"意识地拥有某物"。

作为纯粹意识特性的"意向性"，其基本结构是："意向作用——意向对象"。意向作用具有两个方面：其一，意识行为的规定性，这个规定性决定了一个行为成为什么种类的行为（知觉的或想象的或判断的，等等）；其二，意义给予的特性，这个特性决定了一个行为的内容，也就是意向的内容。意向体验的非真实组成部分就是意向对象，说它"非真实"，是指它并非真实地、而是意向地存在于意识内，是意识对于其对象物的一种"指向"关系。与意向作用相对应，意向对象也有两个方面：其一，意向行为规定性的抽象内容，这是行为的方式即意向作用的第一方面的相关物；其二，意向行为的含义，这是意向作用第二方面的相关物。含义（或意义）是意向对象的根本成分，所以它始终受到胡塞尔的关注。在《逻辑研究》中，胡塞尔把重点放在了含义与意指的关系上。在对含义与意指作了区分之后，他举例说，不论谁何时在何种情况下作出"三角形的三条高相交于一点"这个判断，这种判断行为每次都不相同，并且旋生旋灭，可是这个判断所表达的内容却是持存不变的，它是同一个几何真理。由此看出，含义是一种普遍性的内容，它不以具体行为类型的变化为转移。意向作用与意向对象具有普遍的相关性，用胡塞尔的话说就是"二者在本质上互相依属。意向性因素本身只是作为如是构成的意识的意向性因素，而意识就是对意向性因素的意识"[①]。也就是说，不存在赤裸裸的封闭的意识本身，而意识的相关项也不能与意识分离。

---

① ［德］胡塞尔：《纯粹现象学通论》，李幼蒸译，商务印书馆 1992 年版，第 249 页。

　　与胡塞尔把意向性理解为"关于什么的意识"不同，海德格尔则把意向性理解为比纯粹意识更为本源的生命体验本身的结构。这个结构就是"此在在世界中存在"，或者说"此在在世界中存在"就是此在存在的意向性。

　　3. 梅洛－庞蒂的间接存在论

　　关于存在，梅洛－庞蒂径直说："人们不能构造直接的本体论。我的'间接'方法（存在者中的存在）是唯一与存在相符的——'否定性的哲学'就像'否定性神学'。"① 这些笔记式的断言，虽然简短，但意思表达得非常明确，即：我们不能直接描述存在，只能通过间接的方式，在时间中、在语言中、在感性事物中来领悟存在；如果真的要描述存在，也只能用否定的方式说存在不是什么。在这个意义上，梅洛－庞蒂也把他的存在论称作"间接存在论"或"否定哲学"。

　　梅洛－庞蒂一方面谈论知觉意识，这类似于胡塞尔的"意向作用"和海德格尔的"此在"；另一方面他谈论知觉意识的相关项——被感知的世界——物体和自然世界、他人和人的世界。这类似于胡塞尔的"意向对象"和海德格尔的"上手事物"和"周围世界"。

第三节　追问结构的层次性

一　从何处入手确定存在追问结构的层次性？

　　根据本章第一节对"存在与存在者"关系的论述，"存在"作为"一"是不能进行分类的，因而同样也是不可能进行层次划分的。假如一定要说"存在"的层次性，那也只能描述"存在"在存在者的不同层次上显现的"如何"。由于存在者可以进行分类，而存在者的分类基于人这个特殊的存在者自身的规定性及其与其他存在者的关系，所以，确定存在追问结构的层次性的入手处应是人。而人就是人的活动，人的活动是对象化活动，对象化活动就是人的存在。因此，首先应对人的存在性的对象化活动进行层次划分。

———————
① ［法］梅洛－庞蒂：《可见的与不可见的》，罗国祥译，商务印书馆2008年版，第224页。

卢卡奇在《审美特性》第一卷前言中开宗明义地指出："人在日常生活中的态度是第一性的，……人们的日常态度既是每个人活动的起点，也是每个人活动的终点。这就是说，如果把日常生活看作是一条长河，那么由这条长河中分流出了科学和艺术这样两种对现实更高的感受形式和再现形式。它们互相区别并相应地构成了它们特定的目标，取得了具有纯粹形式的——源于社会生活需要的——特性，通过它们对人们生活的作用和影响而重新注入日常生活的长河。这条长河不断地用人类精神的最高成果丰富着，并使这些成果适应于人的日常需要，再由这种需要出发作为问题和要求形成了更高的对象化形式的新分支。在此，必须深入研究在科学和艺术作品内在完整性与其赖以产生的各种社会需要之间复杂的相互关系。只有由人类生活的发生、发展、内在规律性及其根源的动态关系中，才能推导出人对现实进行科学反映和艺术反映的特殊范畴和结构。"① 卢卡奇在此区分了人类活动的三种方式：日常生活、科学活动和艺术活动。就其关系而言，科学和艺术是从日常生活中分流出来的，并且会重新注入日常生活并形成更高的对象化形式。

一定的生活方式总是与特定的生活态度相关，或者也可以说，一定的生活态度总会影响并制约着特定的生活方式。所谓生活态度，也就是人的心灵所呈现的状态，或者说是一种生活观点。勃兰兑斯就此说过："我们观察一切事物，有三种方式——实际的、理论的和审美的。一个人若从实际的观点来看一座森林，他就要问这森林是否有益于这地区的健康，或是森林主人怎样计算薪材的价值；一个植物学者从理论的观点来看，便要进行有关植物生命的科学研究；一个人若是除了森林的外观没有别的思想，从唯美的或艺术的观点来看，就要问它作为风景的一部分其效果如何。"②

勃兰兑斯的三种生活观点与卢卡奇的三种生活形式具有相应性，即日常生活是实用的，科学是理论的，艺术是审美的。以上述三种存在性的对象化活动为枢轴，可以前后联系到人（意识、主体）、对象（其他存在者）、世界等诸项因素来确定存在追问结构的三个层次，图示如下：

---

① ［匈］卢卡契：《审美特性》第一卷，徐恒醇译，中国社会科学出版社 1986 年版，第1—2 页。

② ［丹］勃兰兑斯：《十九世纪文学主流》第一卷，人民文学出版社 1958 年版，第 161 页。

关系	人			对象		世界
	活动方式	意识类型	主体类型	事物类型	符号类型	
对象性关系	日常生活	身体意识	身体主体	感性事物	感性符号	生活世界
主客关系	科学活动	纯粹意识	意识主体	现成事物	知性符号	科学世界
非对象性关系	艺术活动	自由意识	自由主体	事物意象	意象符号	意象世界

二 存在追问的三个层次

（一）理性活动—抽象对象（抽象存在者）

理性概念，从古希腊哲学到近代哲学，再到德国古典哲学，其含义的产生、演化、发展是非常繁复的，如逻各斯、思想、努斯、理智、理论理性、实践理性、知性、消极理性、积极理性等。在本文的语境中，理性是指不同于感性和非理性并融理性与知性为一体的理论认识（理论理性）活动，席勒谓之"形式冲动"或"理性冲动"，它包含了哲学的抽象思辨和科学研究等活动类型。

从意识的角度看，它是自觉意识（或纯粹意识）；从思维的角度看，它是抽象思维或逻辑思维（演绎的和归纳的）；从施动者的角度看，它被称之为意识主体（理论主体）；从受动者的角度看，它是作为表象和概念的知性符号（表象、概念、理念）；这种理性活动所建构的世界是科学世界；由此构成的关系为主体—客体关系，黑格尔称之为"对于理智的纯粹认识性关系"。

理性思维活动的特征是抽象性。就主体性一方面而言，它透过抽象作用将原来具体、个别的表象，抽取出共相，而成为概念。概念是作为理性活动的客体性的一面。按马克思的讲法，这个过程有三个阶段：第一，形成关于事物的"混沌整体的表象"，这是认识过程中的"感性具体"阶段；第二，形成片面的思维的规定性，这是认识过程中的"理性抽象"阶段；第三，达到"许多规定的综合"和"多样性的统一"，这是认识过程中的"理性具体"阶段。即便在"理性具体"阶段，因为它是对于关系的抽象，所以它仍然是抽象的，正如马克思所说："具体总体作为思维工具的总体、作为思维具体，事实上是思维的、理解的产物；但是，绝不是处于直观和表象之外或驾于其上而思维着的、自我生产着的概念的产物，而是把直观和表象加工成概念这一过程的产物。"①

　　理性认识活动从两个方面遮蔽了存在：一方面，从其结果来看，概念作为抽象的存在者遮蔽存在（也就是说它不显现存在），理念作为最高、最普遍的存在者取代了存在；另一方面，从活动本身来看，理性意识只关注概念客体而遗忘存在，或者为了它要返回去和寓身于其中的那个存在者而忽略存在。巴雷特说："成为存在主义靶子的，与其说是理性主义，倒不如说是'抽象性'。"② 此语可谓一语中的。

　　从科学活动来看，它对存在的遗忘，是因为它的表象性或计算性思维方式。任何科学都必须以判断活动为基础，必须以表象的连接活动为基础，而这也就意味着把世界投递给表象活动的主体，使两者处于特定的关联之中。这就是说，如果认识一个表象的主体，那么世界就是一个对象世界，一个可以不断被投递的世界。这个被投递的世界在席勒所谓的"形式冲动"的要求下终于获得了理性形式，变化多端的世界因此见出了秩序和法则。这就是存在的遮蔽。

　　从哲学思辨的活动来看，这首先是由形而上学追问存在的方式决定的。形而上学所追问的基本问题是：为什么总是存在者存在而不是非存在者（无）存在？在这一追问中，传统形而上学所关注的实际上是问题的前半部分，即为什么总是存在者存在，至于后半部分则被看成了附加用语。这样的追问方式隐含着一个必要的前提，即一切存在者都是有根据的。形而上学所追问的乃是最后的根据，或者说一切根据的根据。这种追问方式从根本上就决定了它所追问的表面上是存在的根据，实际上则是存在者的根据，其结果恰恰是对存在本身的遗忘。总之，在哲学思辨中，人以"意识—思维"主体的身份去概念地把握存在，在"这是什么？"的提问方式中，存在成为超感性世界的理念。柏拉图的"理念"、亚里士多德的"纯形式"、中世纪经院哲学的"上帝"、笛卡儿的"精神"、黑格尔的"绝对精神"都是对超感性世界的理念的不同表述。由此，存在转化为存在者，这是存在的遗忘。

———————

① 《马克思恩格斯选集》第二卷，人民出版社 1995 年版，第 104 页。
② ［美］威廉·巴雷特：《非理性的人》，段德智译，上海译文出版社 1992 年版，第 285 页。

　　海德格尔针对"我思"之为意识的内在性对存在的遮蔽指出："意识之存在特性，是通过主体性（Subjektivitaet）被规定的。但是这个主体性并未就其存在得到询问；自笛卡儿以来，它就是 fundamentum inconcussum（禁地）。总之，源于笛卡儿的近代思想因而将主体性变成了一种障碍，它阻挠（人们）把对存在的追问引向正途。"① "只要人们从 Ego cogito（我思）出发，便根本无法再来贯穿对象领域；因为根据我思的基本建制（正如根据莱布尼茨的单子之基本建制），它根本没有某物得以进出的窗户。就此而言，我思是一个封闭的区域。'从'该封闭的区域'出来'这一想法是自相矛盾的。"②

　　遮蔽也罢，遗忘也罢，但是理性活动及其结果——"概念"这个抽象存在者总是存在着的，如何理解和评价这个现象呢？按后期海德格尔对存在论差异的反思，与其说形而上学遗忘了存在论差异，不如说"形而上学听任存在本身未被思考"。遮蔽和遗忘，意味着存在本身付诸悬缺，而这恰恰说明"存在本身就是作为这样一种悬缺而本质性地现身的"③。这就是说，在理性活动中，意识主体以遗忘的方式与抽象对象以遮蔽的方式共同地让存在以悬缺的方式现身。

　　（二）感性活动—感性对象（感性存在者）

　　"感性"这一概念，在西方哲学史上，大约来说，有三种基本含义。一是与理性认识相对的感性认识，具体地说，感性是指一般外界事物作用于人的感觉器官而形成的感觉、知觉和表象的认识形式或认识阶段。自古希腊的柏拉图以降至 18 世纪的英国经验主义和德国理性主义对感性基本上持此种释义。美学之父鲍姆嘉登就是按此义把美学确立为研究感性知识的科学的。二是把感性理解为感性对象，它是事物的一些特征，如色彩和声音，它诉诸人的感官的感觉。三是把感性理解为感性活动，一种不断生成自身的感性生存活动。如席勒的"感性冲动"，费尔巴哈的"感性—对象性"，马克思的"感性—对象性活动"等，使对感性的意义理解呈现出

----

① 丁耘编译：《晚期海德格尔的三天讨论班纪要》，载《哲学译丛》2001 年第 3 期。
② 转引自吴晓明《超感性世界的神话学及其末路》，中国人民大学出版社 2011 年版，第 230 页。
③ ［德］海德格尔：《尼采》下卷，孙周兴译，商务印书馆 2002 年版，第 985 页。

从感性认识向感性生存的演变。其后，西方现代哲学由人的感性生存命题扩展开来的"身体"问题，如尼采的"身体"、弗洛伊德的"本能"、梅洛－庞蒂的"知觉"等，则进一步深化了感性生存的含义。

在本文的语境中，"感性"指的是融理性认识为感性，并最终落实为身体感性需要的、表达人的感性生命活动的生存论概念。从主观性看，它是身体主体、此在；从客观性看，它是感性对象以及表征这一对象的感性符号；从意识角度看，它是感性意识、身体意识或知觉意识，即非自觉意识；这种感性活动所建构的世界是生活世界；由此形成的关系为对象性关系（非主客关系），黑格尔称之为"对外在世界起欲望的关系"。

感性活动的特征就是感性化或形象性。感性化在主体显现为身体，当然这个身体按梅洛－庞蒂的说法，是现象的身体。现象的身体不是各种器官的集合，而是由肉体、生命、文化、精神等许多层次交织而成的活生生的生命整体。在任何时候，心灵与身体总是穿越所有层次而处于某种构形关系中，因此，身体是活的。按费尔巴哈的说法乃是包含着"主体和客体"、"思维与生活"、"理智和心情"、"理论和实践"的东西，它表明的是人的整体存在形状，这个人是"现实的人"。按马克思的说法则是"现实的历史的人"，按海德格尔的说法则是"在世界之中存在"的此在。身体主体具有感性意识，即把自己的生命活动本身当作对象的意识和意志，以及对自己的一种前概念、前逻辑的领会和把握。感性意识产生感性的需要，诸如费尔巴哈所谓的"爱"、弗洛伊德所谓的"本能欲望"、马克思所谓的"吃、喝、住、穿、激情、热情、欲求、享受"等。

催生于感性意识和感性需要的生命活动是感性的活动，席勒称之为"感性冲动"：它是由人的物质存在或者说由人的感性天性而产生的，它的职责是把人放在时间的限制之中，使人变成受纯粹自然法则支配的感性世界的一部分。费尔巴哈称之为"感性直观"：直观反对理论、反对哲学、反对思辨，一句话，反对所有形式的抽象；而为生活辩护，为实践辩护，为感性和感觉的完整性辩护。因此，直观的观点也就是生活和实践的观点，感性直观的区域也就是生活和实践的区域。马克思称之为"感性—对象化活动"：费尔巴哈的"感性对象性"原理必须为"活动"的原则所贯彻，而所谓活动，就是生产生活、劳动和实践。海德格尔称之为"在世存在"的此在与他人他物打交道时的操心和操劳，梅洛－庞蒂称之为"知觉"活动，萨特称之为"自由选择"，等等。

感性活动所指向的是感性对象。席勒认为，"感性冲动的对象，用一个普通的概念来说明，就是最广义的生命，这个概念指一切物质存在以及一切直接呈现于感官的东西"①。费尔巴哈力认为，真正的对象不是通过表象被构成的，它们是与"思想客体"确实不同的"感性客体"。但是这个感性客体具有"感性对象性"，即在感性对象身上看到了人本身。感觉的对象不只是"外在的事物"，而且还有"内在的事物"；不只是肉体，而且还有精神；不只是"事物"，而且还有"自我"。当我们用手和唇接触食物时，我们不只感觉到石头和木头，我们还感觉到触觉；我们用耳朵不只听到流水的潺潺声和树叶的瑟瑟声。而且还听到爱情和智慧的音调；我们用眼睛不只看见图形和色彩，我们还能看见人的视线。总而言之，"主体和对象的同一性"，在自我意识之中只是抽象的思想；而唯独在感性对象性（人对人的感性直观）之中，才是真理和实在。"因此，我们并不需要超出感性，以求达到绝对哲学意义下仅仅属于感性事物，仅仅属于经验事物的那个界限，我们只需要不将理智与感觉分开，便能在感性事物中寻得超感性的东西，亦即精神和理性。"② 总之，费尔巴哈的对象性学说，可以简要的概括在以下两个基本命题中：没有了对象，主体就成了无；主体必然与其发生本质关系的那个对象，不外是这个主体固有而又客观的本质。

马克思的"感性活动"是"感性—对象化活动"，一方面，活动着的人是肉体的、有自然力的、有生命的、现实的、感性的、对象性的存在物；另一方面，活动所指向的对象是他所需要的对象，是表现和确证他的本质力量的对象，是存在于他之外的不依赖于他的对象。这个对象是现实的、感性的对象。正是因为感性对象化活动的对象是确证着人的本质力量的对象，或者说，劳动的对象是人的类生活的对象化。因此，人才能在他

---

① ［德］席勒：《审美教育书简》，冯至、范大灿译，上海人民出版社 2003 年版，第 118 页。

② ［德］费尔巴哈：《费尔巴哈哲学著作选集》上卷，荣震华等译，商务印书馆 1984 年版，第 173 页。

所创造的世界中直观自身。

　　海德格尔反对用"对象"这一概念来命名此在生存的指向者，因为他认为"对象"乃是近代形而上学的概念，它在这种形而上学的建制中有其根据——对象是通过表象被构成的。但是他的在世界之中与此在相遇的他物是上手之物，他人则是共同此在。显然无论他物还是他人都不是抽象的概念，而是同样的在世界中，它们也是在场者。此在与之打交道才有现身情态，才有操神和操劳。

　　上述诸家所论"活动"与"对象"，其具体内涵无疑存在着差异，但是活动与对象的感性化则是共同的。从哲学史的角度看，都是对理性形而上学抽象化暴政的反抗。

　　感性的对象显现了存在，感性的活动借助感性的对象在确证自己本质力量的同时领悟着存在。但是人的感性活动的质的规定性是现实生存，功利性和目的性是现实生存的根本特征。海德格尔曾分析上手事物是以其具有的"何所用"构成意蕴整体，而一系列的何所用所构成的因缘整体性归根到底要回溯到一个"何所用"之上。这个首要的"何所用"乃是一种"为何之故"。这个"为何之故"其实质就是此在目的性之所在，因此有"为介入之故，为居持之故，为发展之故，这些都是此在的切近和常住的可能性"。① 这就是此在对自己生存筹划所显示的目的性。黑格尔认为在对外在世界起欲望的关系中，人是按照自己的个别的冲动和兴趣去对待本身也是个别的对象，用它们来维持自己，利用它们，吃掉它们，牺牲它们来满足自己。杨春时在分析现实生存的局限性时指出："现实的生存方式受制于物质需求和生产，是以物质生活为主的生存方式，而人的自由自觉的本质则失落了。现实生存的方式是没有获得充分自由的生存方式。在现实生存方式中，主体与世界分离。通过社会实践，人可以在一定历史水平上支配世界，从而拥有了一定程度的主体性。但是，由于人和自然对立，人类不可能完全战胜自然，自然依然对人类构成压迫。同样，由于人和社会的对立，特别是表现为阶级对立，因此人的生存不可

_____

　　① ［德］海德格尔：《存在与时间》，陈嘉映、王庆节译，生活·读书·新知三联书店1999年版，第339页。

能是充分自由的。而且，由于物质需要成为第一需要，因此物质欲望支配了社会生活，人成为消费动物，丧失了追求更高价值的能力，这意味着人的异化和堕落。"①

总之，人以"欲望—身体"主体的身份所进行的感性的现实生存活动，固然从一般的、必然的、抽象的科学世界回到了个别的、偶然的、现象的、感性的生活世界，但是自身存在的目的性和片面性，必然缩减了事物的丰富性，造成了物的单质化、功能化和齐一化。人的单面生存和物的单质化导致存在不可能充分显现，此之谓"存在的限定"。

（三）纯粹感性活动—意象

1. 理性活动与感性活动的片面性

从主体方面看，单纯的"感性冲动"使人受自然的感性欲念的强制，单纯的"理性冲动"使人受理性法则的强制，人在这两种分离的活动中，都不可能获得自由。从对象方面看，单纯的理性活动使对象抽象化为毫无生气的概念；单纯的感性活动则使对象单质化为赤裸裸的具有有用性的资源；物因此丧失了自身。按黑格尔的看法，一方面，主体消灭了对象的独立存在和自由；另一方面，主体自身也依赖于并被束缚于个别的感性事物中而丧失了自由。

2. 纯粹感性活动

有鉴于此，席勒提出"游戏冲动"以便将理性冲动和感性冲动结合起来，这样单纯的感性冲动和单纯的理性冲动所给人的"强制—束缚"就被排除了。"游戏冲动是感性冲动与形式冲动之间的集合体，是实在与形式、偶然与必然、受动与自由等的统一；这样的统一使人性得以圆满完成，使人的感性与理性的双重天性同时得到发挥，而人性的圆满完成就是美。这样的美是理性提出的要求，这个要求只有当人游戏时才能完成。所以，人只是同美游戏；只有当人是完全意义上的人，他才游戏，只有当人游戏时，他才完全是人。"② 黑格尔提出了介于实践欲望关系和理性认识关系之间的第三种关系："如果要把对象作为美的对象来看待，就要把上述两

---

① 杨春时：《美学》，高等教育出版社 2004 年版，第 51 页。
② ［德］席勒：《审美教育书简》，冯至、范大灿译，上海人民出版社 2003 年版，第 117 页。

种观点统一起来，就要把主体和对象两方面的片面性取消掉，因而也就是把它们的有限性和不自由性取消掉。"① "审美带有令人解放的性质，它让对象保持它的自由和无限，不把它作为有利于有限需要和意图的工具起占有欲和加以利用。所以美的对象既不显得受我们人的压抑和逼迫，又不显得受其他外在事物的侵袭和征服。"②

　　笔者把席勒的"游戏冲动"和黑格尔的"审美活动"称之为"纯粹感性活动"。但是，与席勒把"游戏冲动"看作是感性冲动与形式冲动之间的集合、黑格尔把"审美活动"看作是实践欲望和理性认识两者的统一不同的是，"纯粹感性活动"是由理性活动向感性活动在更高层次上的回复，在这种回复运动中，理性活动中的逻辑抽象性和感性活动中的私有功利性被彻底排除和悬置，这时的感性是纯粹的。杜夫海纳所论审美经验的现象学还原就是指此："审美经验在它是纯粹的那一瞬间，完成了现象学的还原。对世界的信仰被搁置起来了，同时，任何实践的或智力的兴趣都停止了。说得更确切些，对主体而言，唯一仍然存在的世界并不是围绕对象的或在形相后面的世界，而是属于审美对象的世界。"③ 排除和还原，并非抽象观念和感性欲望的消失，而是融化和沉淀。由此形成的"纯粹感性"是融理性和感性为一身的垂直的整体结构。

　　纯粹感性活动的意识是自由意识，自由意识是对纯粹意识抽象性与片面性的克服和超越，是在更高层次上对身体意识的回复。如果说身体意识是正题纯粹意识是反题的话，那么自由意识则是合题。自由意识就是审美意识。在其构成上，与身体意识中的"无意识"和"非自觉意识"相应，它也包含了两个层面：非自觉意识和超意识（即忘我意识，与无我意识相对应）。超意识是无意识的转化形式，它克服了无意识与自觉意识的对立，使之达到完全同一；集体无意识的表现形式是巫术迷狂和巫术体验，超意识的表现形式是灵感和高峰体验。

　　纯粹感性活动的主体已不是主体，而是如海德格尔所说的"此－在"，如果一定要称主体的话，则是自由主体。在《存在与时间》中，

① ［德］黑格尔：《美学》第一卷，朱光潜译，商务印书馆1979年版，第145页。
② 同上书，第147页。
③ ［法］杜夫海纳：《美学与哲学》，孙非译，中国社会科学出版社1985年版，第53页。

此在在它的前理论的存在领会中，绽出到存在的敞开境域中，这是此在时间性的超越性建构。但是此在仍存在着主体性的嫌疑，因此，后期提出"此－在"，意在强调存在并不由此在（人类主体）设定，相反，是存在作为在场与"此－在"有关。海德格尔自己明确说："这就等于人的一种本质转变，即从'理性动物'（animal rationale）向此－在转变。"① "'此－在'（Da－sein）是此在（Dasein）的分写，其义区别于'此在'又联系于'此在'，不再单纯指人的存在，而是指人（此在）进入其中而得以展开的那个状态（境界）。"② 瓦莱尔－诺伊对此作了深入而细致的分析："《献文》中此－在的连字结构标志着这个词的意义与《存在与时间》相比有了转变。从源始的意义上讲，它不再标志着人类存在者，而是存在之真理的历史性的无蔽状态、'本有转向的转折点'、人与诸神的'在之间'。这个连字符把读者的注意力引向在字面上共鸣于这个词语中的东西：这个'此'（Da）——它是开启，即存有之真理的此的标志，和这个'在'（sein）——它是指'寓居于'，即人在这一开启中的那个存在（the being），从这个存在中人发现了他们自身的本质（Wesen）。为了把《献文》的此－在和《存在与时间》中的此在（此－在与之保持密切关联）区分开，而且首先为了避免把此－在理解为某种存在者（Seiendes），我们始终把它译作'此－在'（being-there）。我们请求读者不要把'此－在'首先听成人的此－在，而是要听成'无限定的'此－在。当我们从与事物的日常交道中被卸脱出来，并且经验到存在之开端的开启，及其流逝性质的意义之时，这个无限定的此－在展露出来。"③ 此－在与此在的差异，从"为何之故"这一点也可以清楚地显示出来，《存在与时间》中的"为何之故"是此在对自己的筹划，而《哲学论稿》中的"为何之故"则是"为存有的缘故"，存有"为何之故"从其自身而来，并且属于存有的本质现身。

　　3. 纯粹感性活动的特征

　　纯粹感性活动的特征是自由性。自由性首先体现为活动动机的非功利

---

① 　[德]海德格尔：《哲学论稿》，孙周兴译，商务印书馆 2012 年版，第 2 页。

② 　同上。

③ 　[美]瓦莱加－诺伊：《海德格尔〈哲学献文〉导论》，李强译，华东师范大学出版社 2010年版，第 105 页。

性，其次体现为活动过程的身心一体性质，最后体现为活动过程与结果的同一。对审美活动自由性的准确表达就是"游戏"。康德的"游戏"概念的内涵是主体的心意状态，知性与想象力围绕着表象的纯粹形式进行无目的的和谐活动，从而感到自由和愉快。席勒的"游戏冲动"同样是立足于主体的自由活动，即消除感性冲动和理性冲动带来的一切强迫，使人在物质方面（感性方面）和精神方面（理性方面）都恢复自由。他举例说："当我们怀着情欲去拥抱一个理应被鄙视的人时，我们痛苦地感到自然的强制；当我们敌视一个我们不得不尊敬的人，我们就痛苦地感到理性的强制。但是如果一个人既赢得我们的爱慕，又博得我们的尊敬，感觉的强迫以及理性的强迫就消失了，我们就开始爱他，也就是说，同时既与我们的爱慕也与我们的尊敬一起游戏。"① 与立足于主体不同的是，海德格尔则是从物的角度论述天、地、神、人相互映射和转让的世界游戏。马克思论虽没有明确地从游戏的角度论述审美活动，但在《1844 年经济学哲学手稿》中论"人的自我异化的扬弃"，实则是全方位论述了审美即游戏的思想："共产主义是私有财产即人的自我异化的积极的扬弃，因而也是通过人并且为了人而对人的本质的真正占有；因此，它是人向作为社会的人的即合乎人的本性的人的自身的复归，这种复归是彻底的、自觉的、保存了以往发展的全部丰富成果的。这种共产主义，作为完成了的自然主义，等于人本主义，而作为完成了的人本主义，等于自然主义；它是人和自然之间、人和人之间的矛盾的真正解决，是存在和本质、对象化和自我确立、自由和必然、个体和类之间的抗争的真正解决。"② 从美学的立场看，上述矛盾和抗争是游戏存在的基本前提，而矛盾和抗争的解决也就是游戏本身了，所以，"它是历史之谜的解答，而且它知道它就是这种解答"。

4. 纯粹感性活动的对象是审美意象

审美意象不仅是呈现于感官的个别的感性事物，而且是在这个物的基础上形成的"物的形象"。"物本身的模样是自然形态的东西。物的形象是'美'这一属性的本体，是艺术形态的东西。"③ 物作为自然形态的东

① ［德］席勒：《审美教育书简》，冯至、范大灿译，上海人民出版社 2003 年版，第 114 页。
② ［德］马克思：《1844 年经济学哲学手稿》，刘丕坤译，人民出版社 1979 年版，第 73 页。
③ 朱光潜：《朱光潜美学文集》第三卷，上海文艺出版社 1983 年版，第 71 页。

西是死的，而作为艺术形态的东西，物的形象是活的，是如席勒所说的
"活的形象"："一块大理石虽然是而且永远是无生命的，但通过建筑师和
雕刻家的手同样可以变成活的形象；而一个人尽管有生命，有形象，但并
不因此就是活的形象。要成为活的形象，就需要他的形象是生活，他的生
活是形象。在我们仅仅思考他的形象时，他的形象没有生活，是纯粹的抽
象；在我们仅仅感觉他的生活时，他的生活没有形象，是纯粹的感觉。只
有当他的形式在我们的感觉里活着，而他的生活在我们的知性中取得形式
时，他才是活的形象。"① 所谓"活的形象"，就是中国古典美学所谓的人
之"情"与物之"景"交相融汇而生成的意境，"活的形象"之"活"
是因为这个感性的形象打开了一个生机勃勃的世界，是如海德格尔所说的
物物化为世界。

　　这个打开了一个世界的物的形象，是一个比感性事物更感性的"形—
象"，如杜夫海纳所说"是辉煌的呈现的感性"，"是灿烂的感性"。这个
整体的感性，或者说这个感性的整体"就是我试图沉浸在其中的这种音乐
的满溢，就是我试图把握其细微差别并跟随其展开的这种色彩、歌唱与乐
队伴奏的结合"。② 海德格尔把它解释为"庙成石显"。总之，对象的物质
性受到了"情"、"意"、"生活"的高度颂扬，感性因此达到了它的辉煌
的、灿烂的最高峰。

　　纯粹感性的活动是对存在意义的体悟，而意象则以自身的灿烂感性显
现了存在。但无论是纯粹感性活动本身的存在体悟还是感性意象的存在显
现，最终说来都是存在本身的自行显现。在这种自行显现中，存在既让审
美对象在场，又呼唤人在此。

① ［德］席勒：《审美教育书简》，冯至、范大灿译，上海人民出版社2003年版，第118页。
② ［法］杜夫海纳：《美学与哲学》，孙非译，中国社会科学出版社1985年版，第36页。

第五章　审美对象的构成与存在显现之维

第一节　审美对象构成要素分析

一　海德格尔：天、地、神、人

1. 大地与世界

在《艺术作品的本源》中，海德格尔认为艺术作品是由大地和世界构成的。他提出的命题是：建立世界和显现大地是作品之为作品的两个本质特征。

海德格尔的"大地"概念，包含着两个层面：一个层面是构成艺术作品的物质材料，譬如绘画的颜料、雕塑的石头、诗歌的词语等，这些物因素进入作品成为"作品的大地因素"。大地因素是作品的回归之处和世界建基之处。另一个层面是大地的敞开和涌现，仅仅是"大地因素"尚不能构成艺术作品的大地，大地之所以成为大地，则需要大地自身的敞开和涌现，并以此建立一个世界。

基于前一层面，大地的本质是自行锁闭。"在本质上自行锁闭的大地那里，敞开领域的敞开性得到了它的最大抵抗，并因此获得它的永久的立足之所，而形态必然被固定于其中。"[1] 因其自行锁闭，大地与世界产生争执和对抗。

基于后一层面，"大地的自行锁闭并非单一的、僵固的遮盖，而是自行展开到其质朴的方式和形态的无限丰富性中"[2]。在作品创作中，大地

---

[1]　[德]海德格尔：《林中路》，孙周兴译，上海译文出版社 1997 年版，第 53 页。
[2]　同上书，第 31 页。

因素本身被使用时，并不是把大地当作一种材料加以消耗或肆意滥用，而是把大地解放出来，使之成为大地本身。譬如雕塑家使用石头，但并不消耗石头，反而使石头更像石头。画家使用颜料，但并不消耗颜料，倒是使颜色得以闪耀发光。诗人使用词语，但不消耗词语，反而使其成为并保持为词语。海德格尔就此写道："神庙作品由于建立一个世界，它并没有使质料消失，倒是使质料出现，而且使它出现在作品的世界的敞开领域之中：岩石能够承载和持守，并因而才成其为岩石；金属闪烁，颜色发光，声音朗朗可听，词语得以言说。所有这一切得以出现，都是由于作品把自身置回到石头的硕大和沉重、木头的坚硬和韧性、金属的刚硬和光泽、颜色的明暗、声音的音调和词语的命名力量之中。"① 总之，由于建立一个世界，作品制造了大地，或者说作品让大地成为大地。

作品显现大地，同时开启、建立一个世界，并且在运作中永远持守这个世界。这个世界不是现存的与人无关的物的纯然聚合，不是人所加上的主观的对这些物之总和的表象的想象的框架，也不是我们通常所理解的立身于我们面前可以认识的对象的整体。相对于物，相对于理念，相对于可认识的对象，世界是一个更加完整的存在。因为我们人始终归属于它。这是一个在主客分化之前混沌一体的存在境域，这就是人的生活世界。人在世界之中的"在……之中"意味着"居住"、"逗留"、"停住"、"在家"，意味着"决断"、"采纳"、"离弃"、"误解"、"追问"，于是人向世界敞开，世界向人敞开，人与世界共同进入敞开状态。所以海德格尔说"世界世界化"，由此我们模仿海德格尔说"人人化"。为什么海德格尔说石头、植物、动物是无世界的，而农妇却有一个世界？"因为她居留于存在者之敞开领域中"。正是由于人与世界的共同敞开，物有了自己的快慢、远近、大小，世界有了自己的广袤与逼仄，人有了自己的神圣与凡俗、伟大与渺小、勇敢与怯懦。海德格尔说一件建筑作品并不描摹什么，但是它通过自身的敞开开启了一个世界："正是神庙作品才嵌合那些道路和关联的统一体，同时使这个统一体聚集于自身周围；在这些道路和关联中，诞生和死亡、灾祸和福祉、胜利和耻辱、忍耐和堕落——从人类存在那里获得了人

---

① ［德］海德格尔：《林中路》，孙周兴译，上海译文出版社 1997 年版，第 30 页。

类命运的形态。这些敞开的关联所作用的范围，正是这个历史性民族的世界。出自这个世界并在这个世界中，这个民族才回到它自身，从而实现它的使命。"① 这里提到的神庙作品所嵌合的道路和关联的统一体就是我们称之为世界的东西。

世界建基于大地，世界立身于大地，这是世界对于大地的依赖性。但是，世界也是自行公开的敞开状态。因此，在立身于大地的同时，世界不能容忍任何锁闭，世界力图超升于大地，世界自行公开。但大地是那永远自行锁闭者和如此这般的庇护者的无所迫促的涌现。作为庇护者，大地总是倾向于把世界摄入它自身并扣留在它自身之中。于是，世界与大地对立并发生争执。"在争执中，一方超出自身包含着另一方。争执于是愈演愈烈，愈来愈成为争执本身。争执愈强烈地独自夸张自身，争执者也就愈加不屈不挠地纵身于质朴的恰如其分的亲密性之中。大地离不开世界之敞开领域，因为大地本身是在其自行锁闭的被解放的涌动中显现的。而世界不能飘然飞离大地，因为世界是一切根本性命运的具有决定作用的境地和道路，它把自身建基于一个坚固的基础之上。"②

世界建立，大地显现，艺术作品在争执中完成争执，自持的作品达到统一，归于宁静。

2. 大地、天空、终有一死者、诸神

在《筑·居·思》和《物》中，作为"物化"之物的构成要素是大地、天空、终有一死者和诸神，简称天、地、神、人四方或四元。

物化之际，物居留统一的四方，即大地与天空，诸神与终有一死者，让它们居留于在它们从自身而来统一的四重整体的纯一性中。

大地（die Erde）承受筑造，滋养果实，蕴藏着水流和岩石，庇护着植物和动物。

天空（der Himmel）是日月运行，群星闪烁，是周而复始的季节，是昼之光明和隐晦，夜之暗沉和启明，是节日的温寒，是白云的

---

① ［德］海德格尔：《林中路》，孙周兴译，上海译文出版社1997年版，第25页。
② 同上书，第33页。

飘忽和天穹的湛蓝深远。①

　　诸神是有所暗示的神性（Gottheit）使者。从神性那神圣的支配作用中，神显现而入于其当前，或者自行隐匿而入于其掩蔽。

　　终有一死者乃是人。人之所以被叫作终有一死者，是因为人能够赴死。赴死意味着能够承受作为死亡的死亡。惟有人赴死，而且只要人在大地上，在天空下，在诸神面前持留，人就不断地赴死。②

四方中的"大地"与《艺术作品的本源》中的"大地"内涵相同，表示组成物化之"物"的质料性的名称，或者说大地构成了承载物质性事物的基础和材料。克劳斯·黑尔德在广义上把大地称之为"生活世界的物质"，或立足于物化之物的世界将其称之为"自行锁闭的世界区域"。它在其自身之中充满了幽暗、混沌，是接纳者、承载者和包容者，所谓"大地承受筑造，滋养果实，蕴藏着水流和岩石，庇护着植物和动物"。这类似于亚里士多德"四因说"中的"质料"。

四方中的"天空"则与《艺术作品的本源》中的"世界"含义相近，指示着世界的自行开启之发生，作为对不可穿透的大地之幽暗和混沌的照亮，它既使大地作为大地显露出来，同时又是使自己不断流转、涌现的力量。克劳斯·黑尔德在广义上把天空称之为"生活世界的空间"，或立足于物化之物的世界将其称之为"自行敞开的世界领域"。或更进一步把天空理解为"世界"："天空不只是世界的一个区域。在某种意义上，天空就是世界本身，只要它为一切对我们的感官显现出来的东西提供位置的话。"③ 这相当于亚里士多德"四因说"中的"形式"。

如果对四方中的"大地"和"天空"做更仔细的分析，就会发现，"大地"不仅仅是物质性的质料，它也是质料存在和运动的空间和时间。

----

①　［德］海德格尔：《演讲与论文集》，孙周兴译，生活·读书·新知三联书店 2005 年版，第 186 页。

②　同上书，第 157 页。

③　［德］克劳斯·黑尔德：《世界现象学》，倪梁康译，生活·读书·新知三联书店 2003 年版，第 207 页。

"天空"不仅仅是自行敞开的空间领域，它也是日月运行的时间。天空和大地共同构成了时间和空间一体化的世界。

四方中的"诸神"，如果严格按照海德格尔的用语来看，它是具有神性的使者，所谓"神性"，指相对于"终有一死者"的死它是不死的，相对于"终有一死者"的有限它是无限；所谓"使者"，它居于人与神圣者之间，向人传递神圣者的消息。"神圣者"指的是自然之混沌。从自然自身与自身的关系看，自然源出于神圣的混沌，而神圣者就是自然之本质。所以，不应把神圣者理解为自然之外的某种原初的东西，神圣者是自然的"永恒的心脏"。就人与"自然—神圣者"的关系看，人归属于"自然—神圣者"并被"自然—神圣者"所拥抱，而诗人则因其培育（"把诗人们置于其本质的基本特征中"）而与"自然—神圣者"相应合。但人（人类、诗人）不能自力地完成与神圣者的直接联系，所以人类需要诸神。神圣者是至高的直接者，而神则是一个趋近于神圣者，但始终还属于神圣者之下的较高者，诸神作为源出于神圣者的间接者，必定能在诗人心灵里投下点燃的闪电。"借此，神就担当起那个'超越于'它的神圣者，并把神圣者聚集入一种尖锐状态，把它带入那唯一的光线的这一闪中，通过这一闪，神被'指派'给人，从而对人有所馈赠。"①

四方中的"终有一死者"乃是人。人是有死的，但不能把人的死亡理解为生命的自然终结，而是理解为"人能够赴死"，即能够承担死亡，能够自由地面对死亡并自由地选择死亡。这就是《存在与时间》中所说的"向死而生"。从这个角度看，"人是神性的形象"。作为世界的一个维度，人类栖居于大地之上、天空之下，逗留于诸神面前，从而以虚怀应物、泰然任之的方式让事物自身显现出来。

就"诸神"与"终有一死者"的关系看，诸神通过天空的显现，一方面揭露不可知的东西，另一方面守护着在其自行遮蔽中的遮蔽者。这两个方面所构成的"显现"乃是人借以度量自身的尺度。所以海德格尔再三地讲"神本是人的尺度"，"神恰恰是人的尺度"。而人则通过栖居，期待着作为诸神的诸神，期待着诸神到达的暗示。但这样做，并不是为自己制

---

① ［德］海德格尔：《荷尔德林诗的阐释》，孙周兴译，商务印书馆2000年版，第80页。

造神祇和崇拜的偶像，而是让自己"期待着已经隐匿了的美妙"，即成为神性的形象。

物化之际，物居留统一的四方，或者说四重整体的纯一性，就构成为"世界"。这个"世界"与《艺术作品的本源》中的"世界"是同一个世界。

二 萨特：形象的感觉形式、在场－表现－意义、非实在的情境

1. 审美对象的非实在性

萨特认为，审美对象是由将它假设为非现实的一种想象性意识所构成和把握的，或者说，想象的对象指谓某个作为形象的对象的意识。因此，作为想象的对象的审美对象，其标志就是它们的非实在性，即它体现为一种空虚，"作为意象的白色墙壁就是从知觉来看不在现场的一堵白墙"①。

萨特以他意欲去看望他的朋友彼得为例阐述了"非实在性"的具体含义："我们并不是说，彼得本人也是非现实的。他是一个有血有肉的人，此刻就在他的房间里。把握他的那种想象性意向同样也是现实的，正如为这些意向赋予了生命的那种情感作用下产生的近似物一样。而且，这也并不是要假设有两个彼得，一个是在乌尔姆大街上的现实的彼得，一个是与我的实际意识相对应的非现实的彼得。只有我认识的而我的思想所指向的那个彼得才是实际上住在巴黎那间实实在在的房子里的现实的彼得。所以，这个彼得才是我所回想的和出现在我面前的。但是，在这里，他却并没有出现在我面前。他并不在我正在里面写字的这个房间里。他是在他的实实在在的房子里出现在我面前的；在那个房间里，他是现实存在着的。但是，可以说，在这种情形下，他却不再是非现实的了。我们必须明白这一点：彼得和他的房间，只要现在是在距我目前所在之地三百公里的巴黎的话，那么也就不会再像目前出现在我的面前一样了。尽管我在造就彼得的意象的时候认为'他令人遗憾地不在这里'，但这也并不意味着这已区分了作为意象的彼得与有血有肉的彼得。只有一个彼得，他显然就是那个

---

① ［法］萨特：《想象心理学》，褚朔维译，光明日报出版社 1988 年版，第 195 页。

不在这里的彼得；不在这里是他的本质属性；此刻，在我看来，他在某某大街上，亦即是不在现场的。彼得的这种不在现场，我所直接看到的，构成了我的意象的基本结构的这种东西，显然就是渲染了意象的一种细微差别；这一点，我们便称作是他的非现实性。一般地说，它不仅是非现实的对象材料本身，而且也是这种非现实性中所具备的所有空间的和时间的确定性。"①

萨特在这里所讲的非现实性，指的是"不在现场"的想象设定，除此之外，还有"不存在的"和"存在于他处"的想象设定。

2. 形象的感觉形式、在场 - 表现 - 意义、非实在的情境

在此需要注意的是，萨特对现实之物和想象之物的区分并没有完全切断两者之间的联系。这种联系的表现就是知觉意识对于想象意识的奠基作用，以及想象的对象与知觉对象之间的相似。雷卡·占吉指出："形象作为形成不在场和非实存对象的意识活动的产物，与形成的对象在人的头脑中是相似的。形象存在着两种方式：一是通过对知觉的对象重新安排而产生的形象；二是通过'心灵的世界'的情感和情绪而产生的。在心灵的形象中，不存在任何客观内容，因为它没有任何外在的相似物；却借助外部世界的实体性的形象，把这种实体性作为它们感觉的残余来使用。这种残余与形象类似；当这种残余呈现在观察者面前的时候，他凭借它重新产生相似的形象。"②

审美对象虽非现实之物，但是现实之物却构成了它的物质载体，譬如作为绘画的画布、画框、颜料，作为文学的言语，作为音乐的声音，作为雕塑的石头，作为建筑的砖瓦木料，如此等等。"显而易见，小说家、诗人、剧作家正是借助于语词近似物构成了一种非现实对象的；同样显而易见的是，扮演哈姆雷特的演员正是以他自己，以他的整个身体当作是那个意象的人的近似物的。"③ 我们可把上述作为审美对象物质载体的因素称之为"前构成要素"，与"前构成要素"相应的就是头脑中"形象的感觉

①　［法］萨特：《想象心理学》，褚朔维译，光明日报出版社 1988 年版，第 195 页。
②　王鲁湘编译：《西方学者眼中的西方现代美学》，北京大学出版社 1987 年版，第 25—26 页。
③　［法］萨特：《想象心理学》，褚朔维译，光明日报出版社 1988 年版，第 288 页。

形式"。"它们的出现也就会如同其实际存在一样，亦即如同具有形式、色彩等等确定性的空间意义上的实在一样。"① 头脑中形象的感觉形式作为物质性的近似物，同样有它的色彩、声音和语词，而且是更为鲜明的色彩、更为动听的声音和更为感性的语词。

感觉形式的综合构成为想象中的整体形象，萨特把这种有机整体的作品本身称之为"在场"。他认为意象与思想的关系是一种体现："意象对于非反思的思想来说就像是一种体现。想象性意识代表了思想的一种特定类型，亦即在其对象中并通过其对象构成的一种思想。""实际上，思想并不是建立在对象上的，或许更应该说是作为对象出现的。""在意象中，思想本身就已经成为了物。"② 从这种意象等于思想的观点看，形象的"在场"也就是意义。对萨特来说，"没有意义的艺术"这样的词语是多余的。而"表现"就表示对象本身的"显现"："无论这个对象是莫里斯·谢瓦利埃、查尔斯三世、防暴警察独特的冲锋、贝多芬的第七交响乐，还是痛苦性质的东西。画布上的线条、演员的话语和姿态、音乐的演奏——这些都是它们各自审美对象的物质同构物，这些同构物被重新表现出来，如果每一次我们都采取审美态度，它们就'不是各个部分'而是整体地呈现出来。"③ 由此来看，在场、表现和意义三者是同一的，它构成了审美对象的另一要素。

艺术对象是非实在的，在其自身中形成它自身的、与现实世界不同的时间与空间关系，以听《第七交响曲》为例，"对于我来说，这个《第七交响曲》在时间上并不是现存的；我并没有把它当作是一个时间确定的事件，并不把它当作是 1938 年 11 月 17 日在小城堡剧场演出的一种艺术表现。……它是完全超出现实的东西之外的。它有着自己的时间；亦即它具有一种内在的时间，这种内在的时间是从小快板的第一个乐音延续到终曲的最后一个乐音的，但这种时间却又不是它所继续的并在小快板开始'之前'即已发生的先前时间的一种连续，而且它之后的也不是在终曲'之后'就会出现的时间"④。由审美对象以及自身所形成的这种时间和空间，

---

① ［法］萨特：《想象心理学》，褚朔维译，光明日报出版社 1988 年版，第 176 页。
② 同上书，第 176、178 页。
③ 王鲁湘编译：《西方学者眼中的西方现代美学》，北京大学出版社 1987 年版，第 47 页。
④ ［法］萨特：《想象心理学》，褚朔维译，光明日报出版社 1988 年版，第 290 页。

共同构成了非实在的情境，即一个梦幻般的世界。情境是构成审美对象的第三个要素。

三　梅洛－庞蒂：语言、意义、虚构情境

梅洛－庞蒂的身体意向性，是一个由身体主体、意向活动（运动机能和投射活动的展开）和意向对象（被知觉的世界：客体和自然世界，他人和文化世界）构成的一个系统，在这个系统中，感性的身体通过知觉感知感性的事物去体验存在。因此，作为最感性的知觉对象的文学艺术成为他哲学研究中始终关注的对象。但是，梅洛－庞蒂并未对审美对象作过专门的研究，因此，关于他的审美对象构成的思想只能从其整体哲学思想中作一点抽取。

1. 可见的语言

对言语和语言起源的现象学考察表明，词语原初就是一些动作，就是一种情绪本质的涌现和凝结，因此，它与身体姿势、表情并无二致，只不过是换了一种方式表达了同样的生存内容而已。"言语是一种真正的动作，它含有自己的意义，就像动作含有自己的意义。""我不把愤怒或威胁感知为藏在动作后面的一个心理事实，我在动作中看出愤怒，动作并没有使我想到愤怒，动作就是愤怒本身。"① 由身体动作推广到被知觉的世界，就可得到万物就是存在的语言的结论。存在的语言是无人的、沉默的声音，它显现为事物、海浪和树林的声音。

文学艺术所描绘的形象、画面和图景就是穿过文化世界的层次对自然世界的感性回归，因此，艺术就是一种事物自己说话，揭露自身真相的语言。但是它需要艺术家加以表达，梅洛－庞蒂认为，对于一个真正有所表达的画家来说，"只有一种情感是可能的——那就是怪异的感觉，这是独一无二的抒情诗，永远关于重新开始的存在的抒情诗"。② 这就需要艺术家与风景一道萌生，忘掉一切技法，把风景的构成重新当作新生的有机体来把握。困难的地方在于，"在巴尔扎克或在塞尚看来，艺术家不满足于

---

① ［法］梅洛－庞蒂：《知觉现象学》，姜志辉译，商务印书馆2003年版，第239、240页。
② ［法］梅洛－庞蒂：《眼与心》，刘蕴涵译，中国社会科学出版社1992年版，第52页。

做一个文化动物，他在文化刚刚开始的时候就承担着文化，重建着文化，他说话，像世上的人第一次说话；他画画，像世上从来没有人画过"。① 摧毁既定的艺术传统和规范，回到自然，回到物体，如此的艺术创作，不是模仿，不是制作，而是恰如塞尚对贝尔纳的提醒所作的回答："古典派是在作一幅画，我们则是要得到一小块自然。"这一小块自然，包含着空气、光线，透过它，我们看见了物体的厚度，闻到了物体的气味，感触到了物体软绵绵或硬邦邦的质地。这种融汇了艺术家意识的风景，在思考着自己，也表达着自己。这就是看得见的艺术的语言。

2. 不可见的意义

"意义是不可见的，但是不可见的不是可见的对立面：可见的本身有一种不可见的支架，不可见的是可见的秘密对等物，它只出现在可见的中，它是不可呈现的，它像呈现在世界中那样向我呈现——人们不能在世界中看到它，所有想在世界中看到它的努力都会使它消失，然而它处在可见的线中，它是可见的潜在家园，它是处在可见中的（作为言外之意）"② 艺术作品具有语义性，它充分地体现了可见的与不可见的交织。艺术作品通过艺术家的知觉样式而"在事物上镌刻出浮雕"或向世界"注入"更丰富的意义。"艺术家的创造，一如人的自由仲裁，它赋予已知材料一种有形的意义，……这些材料由于被放回到包围着它们的存在当中去，便只是生命的一片花絮，一个象征，这生命自由自在地表达着自己。"③ 生命与作品相通，因为有意义，作品才能存在于每一个心灵里，作为一种永久的收获深深扎下根来。

3. 虚构情境

艺术是想象的领域，对梅洛－庞蒂来说，艺术作品本质上就是一种想象的东西，或一种呈现于公众可接受的形式之中的想象的再构情境。"再构情境"作为艺术作品的整体，如果以《知觉现象学》时期的观点看，它相当于"知觉世界"；如果以后期《可见的与不可见》的观点看，则相当于杜夫海纳纯粹知觉意义上的"原始知觉世界"或"感觉世界"。

① ［法］梅洛－庞蒂：《眼与心》，刘蕴涵译，中国社会科学出版社1992年版，第53页。
② ［法］梅洛－庞蒂：《可见的与不可见的》，罗国祥译，商务印书馆2008年版，第272页。
③ ［法］梅洛－庞蒂：《眼与心》，刘蕴涵译，中国社会科学出版社1992年版，第55页。

梅洛 - 庞蒂明确提出了这样的问题："人们怎样能够从这种被文化加工过的知觉中回到'原初的'或'原始的'知觉中？"这就是要求从文化加工过的知觉回到"自然知觉"。"自然知觉"就是遗忘了自己为潜在的意向性的感觉。正如杨大春所评述的："与《知觉现象学》时期否定单一的感觉、强调诸感觉的协调一致不同，由于引入了'肉'和'交织'的概念，单独地提到某种感觉也不再成为问题，因为在'看'或视觉中不仅交织着'能看者'与'可见者'，而且还交织着其他的感官机能，由于在许多情况下都以画家为例，所以，梅洛 - 庞蒂经常探讨的是我的视觉与别人的视觉，进而与普遍视觉或视觉一般的关系：'在其他能看者出场的无声的或唯我论的边缘处，我的可见者作为某种普遍的可见性的样本获得了证实，我们触及到了视觉的派生的或转换的意义（这将是心理直觉或者观念），触及到了肉的升华（这将是精神或者思想）'。"① 把这个"感觉"的思想与艺术作品整体相关联，则会得出"感觉的世界"的结论。在艺术的"虚构情境"里，在"感觉的世界"里，感觉不仅能感到具体的事物，而且也能感到精神和思想。

四　英伽登：语音、意义、图式化观相、再现的客体

英伽登的美学研究集中于文学作品，因而文学作品层次的划分，也就充分体现了他关于审美对象构成的思想。

1. 语音

任何一部文学作品都包括语言成分：字词、句子和句子的复合。而字词、句子和句子组合都必须是"可读的"，即以语音的形态被读者把握。语音层次是文学作品的最基本的层次，是直接与物性载体相关的层次。

"语音素材"（语调、音色特质、音量等）是一次性的，它总是与具体阅读有关，因而变动不居；字音则不同，字音不是指具体阅读时的语音状态，即它既不指物性的声音状态，也不指心里的观念状态，而是指那种"携带意义"、超越于个人阅读经验而使阅读和理解成为可能的东西。为此，英伽登说字音是"典型的语音形式"，是经由语音素材来传达、而又

---

① 杨大春：《感性的诗学》，人民出版社 2005 年版，第 231—232 页。

超越于语音素材的稳定不变的东西。经由此一区分，英伽登力图确立其独立于个人言说与阅读经验而客观存在于主体间的语言本体——字音。

字和词的发音负载着词的意义，并通过语音素材而得到具体化。字和词在一定程度上可以同被赋予意义的字音等同起来。

字词不是独立的语言构成，字词必须进入句子才有确定的意义。当一个词与句子中的另一个词相互作用时，其词义会发生变化。不过，在此变化中，这个词的原始意义并没有完全消失，只是此语词之间的界限被打破了，个别的词变成了更大的意义单位（句子）的一部分。就此而言，句子才是语言的基本构成，是高一级的语音组合。

语音层次构成作品的外壳，即外在形态。语音层次的主要功能在于它负载意义，是整个作品的物质基础，使作品的其余层次有可能存在。

2. 意义

意义是指作品结构中由词句的意义所构成的层次。若干词的意义组成句子，若干句子的意义组成句群的意义，进而组成作品的意义。按照英伽登的看法，意义层次并不像观念那样具有独立的存在，就其起源和存在而言，它依赖于人的主观意识活动，即意识的意向性投射。但这个层次包含的东西并不能等同于人们所感受到的心理内容，意义并非人的主观意识任意赋予的，而有其客观性，这种客观性建立在主体间理解的同一性之上。

一个词的意义是指该词通过意识的意向性指称活动所对应的客体，即与该词的语音联系在一起的"意向性对应物"。句子的意义也是意向性的，它指向某种不同于自身的事物，并指示其"意向性关联物"。正如个别的词语与意向对象相关，句子则与意向的"事物状态"相关。句子的主要功能在于创造出句子的意义对应物，使读者可以通过意向性投射认知该事物或状态。因此，英伽登把句子的意义称之为"纯意向性事态"或"客观事物的纯意向性对应物"。

意义单元层次在文学作品的结构中起决定性作用，它是整个文学作品和第三、第四两个层次存在的基础。它为整个作品提供了结构框架。

3. 图式化观相

这个层次指的是作品中意向性关联物的有限性问题，具体而言，它指的是任何一部作品都只能用有限的字句表达呈现在有限时空中的事物的某些方面，并且这些方面的呈现与表达只能是图式化的勾勒。

英伽登所说的"观相"是指客体向主体显现的方式，实在的客体向主体显现为客体的观相内容。这里涉及观相与客体之间的区别，某物作为客体不管是否为人所意识到，其自身都存在着。而某物的观相的存在却离不开意识主体，如果主体闭目不看，物体的观相就不存在。直观真实客体所产生的观相是具体观相，具体观相是变化的，在诸多变化的观相中能够保持自身同一的、不变的东西就是图式化观相。当我们具体感知一种观相后，又再次具体感知到它时，我们会发现先后感知到的观相是相同的，而非不同。因此，观相是属于观念化的东西，是对于这种观相的不同感知的"图式"。图式化观相超越被感知的客体和感知本身，它依赖于主体的意识行为，但又不是心理的事件，不是独立存在的东西。

作品中再现客体的观相本身就是图式化的，因而包含了大量的"未确定点"和"空白"，具有一种对"具体化"的期待。这就需要读者在对它进行具体化时加以填充和确定。英伽登认为，图式化观相层次在作品中只是处于潜在的待机状态，作为感知主体对某一对象的体验物，它们要求具体的现实的体验，要求主体至少进行生动的想象。只有当图式化观相得到具体的体验，它们才能发挥其使特定的感知对象显现出来的功能。

图式化观相对于整个文学作品还起到另外一种作用，这就是它们构成了文学作品的审美价值属性。所谓"风格"也就是在再现客体时使它们在有价值属性的观相内出现的方式。如果一部文学作品要成为一部文学艺术作品，图式化观相就必须按照这种带有风格的方式来使用。换句话说，图式化观相必须以这种方式出现在作品中，即当他们得到具体化时，显示出来的再现的客体的属性同时也是审美价值属性。

4. 再现的客体

"再现的客体"，指的是一切通过名词或动词显示在文学作品中的事物——人物、事物、过程、事件。这些事物是虚构的，它们组成一个想象的世界。一部文学作品所描绘的世界是以再现的客体为其基本组成成分的。英伽登说："再现客体大概是文学作品所有层次中大家最熟悉的一个层次。事实上，它也是文学的艺术作品唯一的一个完全得到了有意识地充分理解的组成因素的层次。"①

再现客体层次与前几个层次是一体相关的，也可以说是奠基于前几个层次之上。语音层次意向性地投射出意义单元，意义单元意向性地投射出图式化了的意向性关联物，最终，这种图式化的意向性关联物经由阅读主体的想象对其"未确定点"和"空白"加以填充使之具体化，由此生成为再现的客体。英伽登把纯意向性客体分为"原始纯意向性客体"和"派生纯意向性客体"。前者的存在来自人的直接的意识活动，后者的存在则依靠意义单元，以意义单元为中介。文学作品中的再现客体都是派生的纯意向性客体。

由于文学作品的句子都是准判断命题，文学作品的再现客体虽然具有实在的外貌，但并不是真实的存在，而只能是后者的幻象。两者在空间和时间上都存在着显著的差别。再现客体的空间不是现实客体所存在的真实空间，不是几何学中的理想空间，也不是主观想象的和个人心理的空间。这种空间是专属于再现世界的方位性空间。由于它是一种再现的实在空间，所以它也具有实在空间的一些特征，如连续性等特征。再现客体的时间同样既不是现实的真实时间，也不是主观的心理时间，而是主观时间的一种类推。实在客体的过去与未来是借助于现在来度量的，在此，"现时"对过去和未来都有不言而喻的存在优先性；再现客体并不以现时为中心，其现在、过去、未来只是按照再现事件的顺序来排列的。实在的时间连续不断地向前流动，再现时间则表现为各自独立的片段；实在的时间一去不返，再现的时间则常使过去来到目前。由于再现客体的空间和时间都具有连续性特征，文学作品中再现客体就存在着许多"空白"和"不定点"，需要读者去加以填充。

五 杜夫海纳：材料、意义、表现

杜夫海纳指出，在审美对象身上可以分辨出三个方面："（一）材料方面，因为材料是付诸知觉的，它具有感性的本质；（二）意义方面，当它进行再现时，它具有观念的本质；（三）当它进行表现时，它就具有情

---

① ［波］英伽登：《论文学作品》，张振辉译，河南大学出版社2008年版，第219页。

感的本质。"① 当他把审美知觉区分为显现、再现与思考三个阶段时，他认为，审美对象的三个方面——感性、再现对象和表现的世界——与其相吻合。由于审美对象是作为被感知的艺术作品，所以艺术作品的结构与审美对象的构成是对应的。杜夫海纳认为一般艺术作品的结构包含材料、主题和表现。

在《美学与哲学》中，他提出了审美对象的意义方面和世界方面："审美对象是有意义的，它就是一种意义，是第六种或第 n 种意义，因为这种意义，假如我专心于那个对象，我便立刻能获得它，它的特点完完全全是精神性的，因为这是感觉的能力，感觉到的不是可见物、可触物或可听物，而是情感物。审美对象以一种不可表达的情感性质概括和表达了世界的综合体：它把世界包含在自身之中时，使我理解了世界。同时，正是通过它的媒介，我在认识世界之前就认出了世界，在我存在于世界之前，我又回到了世界。"②

综合以上不同的论述和所使用的概念，可以把杜夫海纳关于审美对象的构成要素确定为："材料－感性"、"主题－意义"、"表现－世界"。

1. "材料－感性"

艺术作品首先是一个物，因而它有材料。音乐的材料是声音，诗歌的材料是词语。作为艺术作品的材料，它有自己的形式，即物的特征和属性，它诉诸人的感觉。因此，杜夫海纳才这样说"材料就是感性"。

艺术作品中"物质材料"通过自己的"感性"显示出来的东西构成审美对象的真正的材料。当艺术作品被审的感知的时候，审美对象产生了。这时，艺术作品的材料"转化－形式化"为审美对象的"感性形式"。对感知者来说，物质材料就是从物质性这方面来考察的感性本身。这里所谓"感性本身"指的是审美对象的感性形式。由此可以理解他下面几句话的真实意思。

因为材料是付诸知觉的，它具有感性的本质。③

① ［法］杜夫海纳：《审美经验现象学》，韩树站译，文化艺术出版社 1996 年版，第 171 页。
② ［法］杜夫海纳：《美学与哲学》，孙非译，中国社会科学出版社 1985 年版，第 26 页。
③ ［法］杜夫海纳：《审美经验现象学》，韩树站译，文化艺术出版社 1996 年版，第 171 页。

　　　　正是这种材料的真实性赋予作品，还有感性，以物的本质，因为感性是审美对象中的这种作为已感知到的材料。①

其中"感性的本质"、"物的本质"都是指作为审美对象的已感知到的材料的"感性形式"。

　　2. "主题－意义"

　　主题是体现在作品中的艺术家的主观性因素。在与具有客观现实性的对象相对的意义上，艺术作品的主题可被称之为"概念"，所以，当它进行再现时，它具有观念的本质。它是对象中那些尚未完成的和期待它的东西，即现实的无法把握的只显示于情感的维度。说得更具体些，就是地理学家排除于风景之外的东西、历史学家排除于大事之外的东西、摄影师排除于脸面之外的东西，一句话就是艺术家主观性的东西。

　　从创作的角度看，艺术家选择某个主题是因为这个主题是与他共存在的，是因为这个主题在他身上唤起某种激情，带有某种问号。问题在于，艺术作品是感性的，它总要再现一些东西。再现性艺术如绘画、戏剧、小说总有再现对象，即使表现性艺术如音乐、抒情诗、建筑等，虽不能再现现实世界中的对象，但借助幻想和虚构，它总是塑造着对象，即便这个对象是表现的对象。所以，"标志再现的特征并以后使之与感觉形成对立的不完全是被再现之物的现实性，而是这种对概念的召唤"。② 无论是再现的对象，还是表现的对象，对象都成了主题的感性对等物：鲁奥画的不是基督，而是通过基督画像画出了基督对他所具有的意义的绘画对等物。以至于主题在艺术中变成了符号，这是艺术家供给对象一种语言，帮助对象说它要说的话。主题对象化，对象主题化，两者达到统一。杜夫海纳因此说："神庙的主题首先是神庙自身，宫殿的主题首先是宫殿。作品提出和激发的就是这种概念。作品本身就是自己的主题。"③ 这就是杜夫海纳有时把主题称之为"再现对象"的理由所在。主题的作用恰恰表现在，再现一个对象和根据对象协调感性。

①　[法] 杜夫海纳：《审美经验现象学》，韩树站译，文化艺术出版社 1996 年版，第 273 页。
②　同上书，第 349 页。
③　同上书，第 357 页。

当艺术作品转化为审美对象时，作品的主题便转化为了审美对象感性形式所展示的众多意义。审美对象意义的无穷性既不来自它可能体现的哲理，也不来自它所再现的对象的那些无穷的东西。"艺术把它再现的对象改头换面，把对象的无穷性改变成自己的深奥性。它把这些对象纳入它形成的世界，对象在这个世界里脱胎换骨。"①　于是，在审美对象身上，我们会看到，这高低起伏的土地、这座希腊神像、这个舞蹈形象、这罗曼式门廊，不可能只有模仿艺术给它们限定的表面意义。"因为高低起伏的土地已经变成梵·高世界的一个要素和见证，半身像已变成希腊世界的一个要素和见证，击脚跳已变成疯狂、典雅和悲惨的舞蹈世界的一个要素和见证"。②

3. "表现 - 世界"

作品具有表现力，正是凭借这种表现力，丰富多样的材料才能被整合为有机整体。表现赋予对象以最高形式，并显现为具有自为性的准主体。

表现首先与主体相关，因为作者在审美对象中表现了自己。"这倒不是因为作者在显耀自己或卖弄自己，而是因为他在表现时也表现了自己：在他像诗人那样吟咏对象、像画家那样显示对象、像音乐家那样仅仅歌唱对象的时候他就表现了自己。"③　其次与审美对象相关，表现就是审美对象的"自为"和"意指"，就是超越自身，走向意义，并建构一个意义的世界；就是通过它的再现物使感知者产生某种印象，并表现出某种难以言喻的，但在唤起情感时得到传达的特质。因为作者，一个世界出现了，我们把这个世界称之为作者的世界；因为对象，这个世界笼罩着一种个性化的气氛。

叶秀山对审美对象的"表现"方面——作为情感的存在——的评价是："所谓情感的存在不仅是物质感觉性的存在，而是活的存在，是作为一个生活世界的存在。"④

---

① ［法］杜夫海纳：《审美经验现象学》，韩树站译，文化艺术出版社 1996 年版，第 363 页。
② 同上。
③ 同上书，第 165—166 页。
④ 叶秀山：《思·史·诗》，人民出版社 1988 年版，第 318 页。

六 进一步的讨论

对于审美对象的构成，上述诸家的看法是不一致的，即便同一家之前后所论也存在不同。那么，应当如何确定审美对象的构成要素呢？笔者拟从现象学的意向性结构和符号的三元关系两个角度作出论证。

1. 现象学的"意向性"结构

胡塞尔把意向性看作是纯粹意识的先验结构，这个结构先验地决定了意识体验的本质内容以及对象在意识体验中的建构和存在方式。无论是前期的"意向行为—意向内容—对象"结构，还是后期的"意向作用—意向对象"结构，都隐含了形式、意义、世界三个因素。前期的"意向行为"和后期的"意向作用"都包含着两个因素（或两个层次），即材料层次和意向活动层次，"意向活动"的功能是激活（组织、整理、解释）材料并赋予材料以意义，这个意义就是"意向内容"（前期）、"意向对象的'在其规定性的方式中的对象'"（后期）。意向作用借助于"意义"指向了"对象"（前期）并构造了"意向对象"（后期）。但胡塞尔在此未能讲清楚的一点是，"意向作用"或"意向行为"组织、整理、解释材料的过程不仅是一个赋义的过程，而同时也是一个赋形的过程，赋形与赋义是同时进行的。当"意向作用"借助于"意义"而指向或构造出了对象时，对象本身不仅是有"含义"的，而且并且首先是有"形"的，"形式"与"意义"共同构成"意向对象"。

如果说胡塞尔的意向性还仅仅是纯粹意识的先验结构的话，那么，海德格尔和梅洛-庞蒂则通过"此在在世"和"身体在世"把人从纯粹意识中解放了出来。由此体现出来的意向性则是生存意向性或身体意向性，杜夫海纳则进一步发展为"纯粹知觉意向性"。纯粹知觉意向性"纯粹知觉—审美对象"结构中的"纯粹知觉活动，其功能同样是激活"（组织、整理、解释）材料并赋予材料以意义，并借助于这个"意义"构成"审美对象"。区别在于，后者"材料"、"意义"和"对象"都从先验纯粹意识中还原到了感性现实中，从而构成审美对象生成的三个环节：形式、意义、世界。

2. 符号的三元关系

审美活动是一种心理活动，同时又是使用符号的活动。审美对象可以看作由特殊的符号构成的，这就是审美符号。审美符号的结构与一般符号是相同的。

所谓符号，指一切有意义的物质形式，包括视觉的和听觉的对象。瑞士语言学家索绪尔从语言入手分析符号，指出符号的基本构成要素有能指和所指。能指是符号的物质形式即音、形表现，所指是符号内容即意义。如此，符号可以看作是形式和内容所构成的二元关系。美国哲学家皮尔斯把符号解释为符号形体、符号对象和符号解释的三元关系。符号形体和符号解释基本对应于索绪尔的能指和所指，而符号对象则是指符号所表征的事物。

审美对象作为符号，它的音、色、形等一切诉诸人的感官的感性因素的统一就是它的形式，即符形；而符形所承载、传达的意义就是它的内容，即符释；而符形通过符释所象征的世界则是它的对象，即符号对象。由符号的三元结构可以看出，审美对象的构成要素是形式、意义、世界。

3. 对诸家所论的评判

在确定了形式、意义、世界三要素之后，可据此对上述诸家所论作一评判。

海德格尔《艺术作品的本源》中的作为涌现者与庇护者统一的"大地"，即作品所制造的"大地"为审美对象的形式，建基并立身于大地的自行公开的"世界"为审美对象的世界，自行锁闭的"大地"与自行公开的"世界"之间的澄明与遮蔽的"争执"就是审美对象的意义。物化之"物"中的"大地"与"天空"两者共同构成了审美对象的形式，相对于《艺术作品的本源》中的"大地"概念，在内涵上强化了时间与空间的意蕴。"终有一死者"与"诸神"两者共同构成了审美对象的意义，这个意义发生在有限与无限之间，"神本是人的尺度"和"人是神圣的形象"所标明的恰恰就是有限向无限超越的人生意义。天、地、神、人四方所构成的统一的"四重整体"就是审美对象的世界。

被萨特排除在外的作为物质载体的"材料"与头脑中"形象的感觉形式"共同构成审美对象的形式，而"在场 - 表现 - 意义"所指的就是审美对象的意义，"非实在的情境"指的是审美对象的世界。梅洛 - 庞蒂的"语言"、"意义"、"虚构情境"对应着审美对象的形式、意义、世界。英伽登专论文学作品，但其概念可以相应地挪移到审美对象上来。文学作品的"语音"和"意义"相当于审美对象的形式和意义，"图式化观相"和"再现的客体"相当于审美对象的世界。杜夫海纳的"材料、主题、表现"侧重于艺术作品，而"感性、意义、世界"则侧重于审美对象，其中"感性"实指形式。

第二节 · 存在显现之维

存在的显现，存在的超越，存在的价值，有三个基本的维度，这就是真、善、美。

一 存在的真理

1. 知与物符合

传统哲学认为，真理在于知与物的符合。或者知符合于物，或者物符合于知。前者如海德格尔举的例子，有人说，墙上挂的画是歪的，经查实，这一判断果然符合被判断的事物，墙上的画确实挂歪了，这个判断就是真理。后者如黑格尔举的例子，有人说真的艺术品，这就表示某一艺术品与我们早已形成的真艺术品的观念（概念）相符合。

海德格尔用三个命题来描述传统的真理观：第一，真理的"处所"是命题（判断）；第二，真理的本性在于判断同它的对象相"符合"；第三，亚里士多德既把判断认作真理的源始处所，又率先把真理定义为"符合"。[①] 这就是说，自亚里士多德以来，知与物的符合所得的真理，实际上是命题的真理，即认识论上的真理。

2. 此在的揭示

知与物的符合关系与认识主体的证明活动密切相关，而问题的复杂性就在于：证明所涉及的不是心理的东西同物理的东西的符合，不是意识内

---

① ［德］海德格尔：《存在与时间》，陈嘉映、王庆节译，生活·读书·新知三联书店 1999 年版，第 247 页。

容相互之间的符合，也不仅仅是认识和对象的符合。证明涉及的更深层次"只是存在者本身的被揭示的存在，只是那个'如何'被揭示的存在者。被揭示状态的证实在于：命题之所云，即存在者本身，作为同一个东西显示出来。证实意味着：存在者在自我同一性中显示。证实是依据存在者的显示进行的。这种情况之所以可能，只因为道出命题并自我证实着的认识活动就其存在论意义而言乃是有所揭示地向着实在的存在者本身的存在"①。这段话非常清楚地表明，作为认识的符合关系奠基于此在的生存。因此，命题的真理必须被理解为揭示着的存在。

揭示活动是此在在世的一种方式，揭示活动本身的生存论存在论基础指出了最源始的真理现象，这是第一位意义上的真，即此在揭示之真；而知与物符合之真乃是第二位意义上的真。

此在的揭示活动就是此在的展开状态。此在"在世界中存在"的生存论结构决定了"在……之中"的展开状态：现身、领会和话语，先行于自身的——已经在一世界中的——作为寓于世内存在者的存在的操心结构则把展开状态包含于自身。"随着这种展开状态并通过这种展开状态才有被揭示状态，所以只有通过此在的展开状态才能达到最源始的真理现象"②。如果从最源始的意义上来领会真理，那么真理属于此在的基本建构。真理的存在源始地同此在相联系。唯当此在存在，存在者才是被揭示、被展开的。因此，唯当此在在，真理才在。

是否可以从中引出，一切真理都是主观性的呢？约瑟夫·科克尔曼斯的回答是："如果将'主观的'这一观念理解为，由于存在自身的本质方式，一切真理都与此在的存在相关，那么对这个问题无疑必须作出肯定的回答。但是，如果'主观的'是用来指'任主观之意的'，那么答案就必须是否定的，因为'揭示活动……把揭示着的此在带到存在者本身面前来'。揭示活动瞄准如其所是的存在者，每一个判断和陈述同样瞄准这些如其所是的存在者。意指的存在者如它于其自身所是的那样显示出来，即它显示出'它在它的自我统一性中存在着，一如它在陈述中所展示、所揭

---

① ［德］海德格尔：《存在与时间》，陈嘉映、王庆节译，生活·读书·新知三联书店 1999 年版，第 251 页。

② 同上书，第 254 页。

示的那样存在着。'作为生存，此在展开实在自身；它使存在者以如其所是的样子成为其自身。"①

3. 存在的无蔽

前期海德格尔所思的真理是此在的展开状态，存在的展开有待于此在的展开。转向的标志之一就是从存在出发思真理，把真理看作是存在自身的显现。"唯存在之被揭示状态才使存在者之可敞开状态成为可能。这种被揭示状态作为关于存在的真理，被称为存在学上的真理。"②

存在自身的展开状态就是解蔽，相对于存在者的解蔽，它是一种更根本的解蔽。作为存在的无蔽，它是在存在者整体中间的一个敞开的处所——澄明。"从存在这方面来思考，此种澄明比存在者更具存在者特性。因此，这个敞开的中心并非由存在者包围着，不如说，这个光亮中心本身就像我们所不认识的无（Nichts）一样，围绕一切存在者而运行。唯当存在者进入和离开这种澄明的光亮领域之际，存在者才能作为存在者而存在。唯当这种澄明才允诺并且保证我们人通达非人的存在者，走向我们本身所是的存在者。由于这种澄明，存在者才在确定的和不确定的程度上是无蔽的。就连存在者的遮蔽也只有在光亮的区间内才有可能。"③

存在的无蔽或存在的澄明，对于存在者来说，就是让存在者存在。作为这种让存在，一方面，它向存在者本身展开自身，并把一切行为置于敞开域中；另一方面，让存在者成其所是，参与到敞开域及其敞开状态中。合上述两方面为一则是，让存在，亦即自由。从存在者方面说，自由乃是绽出的、解蔽着的让存在者存在。从存在方面说，"自由乃是参与到存在者本身的解蔽过程中去。被解蔽状态本身被保存于绽出的参与之中，由于这种参与，敞开域的敞开状态，即这个'此'（Da），才是其所是"④。如果存在的无蔽就是存在的意义，存在的意义就是存在的真理，那么，自由就是真理的本质。

如此规定存在的真理，真理与人的关系也发生了变化。"人并不把自

---

①　［美］约瑟夫·科克尔曼斯：《海德格尔的〈存在与时间〉》，陈小文、李超杰、刘宗坤译，商务印书馆1996年版，第207页。

②　［德］海德格尔：《路标》，孙周兴译，商务印书馆2000年版，第153页。

③　［德］海德格尔：《林中路》，孙周兴译，上海译文出版社1997年版，第37页。

④　［德］海德格尔：《路标》，孙周兴译，商务印书馆2000年版，第218页。

由'占有'为特性，情形恰恰相反：是自由，即绽出的、解蔽着的此之在占有人，如此源始地占有着人，以至于唯有自由才允诺给人类那种与作为存在者的存在者整体的关联，而这种关联才首先创建并标志着一切历史。"① 显然，此在绽出之生存，植根于作为自由的真理。

正是作为真理本质的自由，把人嵌入存在者整体并使之协调，因此而入于存在者整体的绽出的展开状态。但是，这个协调者，这个让存在，同时也是一种对存在者整体的遮蔽。自由自行遮蔽。遮蔽状态就是非解蔽状态，从而就是对真理之本质来说最本己的和根本性的非真理。真理的根本性的非本质乃是神秘，即作为被遮蔽者之遮蔽的神秘本身。海德格尔所说的"神秘"、"非真理"和"遮蔽状态"有"混沌未开"之意，这种原本有的遮蔽状态由于人的参与，或存在的让存在，才被去蔽而敞开。

至此，可以说，对'真理的本质'的探讨于此才算达到目标了。因为这里所说的"非本质"乃是先行成其本质的本质。真理的原初的非本质（即非真理）中的"非"，指示着那尚未被经验的存在之真理（而不只是存在者之真理）的领域。前面所谈的"真理"还只是存在者之真理，即存在者之解蔽状态；"非真理"即"遮蔽状态"却引向"存在之真理"。存在本身就是神秘的，其神秘之处在于，存在既"隐"又"显"，这依"隐"而显的"显"，就是希腊无蔽意义上的"存在之真理"。如果从真理的角度说，则真理作为存在的根本特征就是进入澄明的同时又遮蔽。

二　源始伦理学

善，可以在两个层次上得到理解：在本体论或存在学的层次上，善即等于存在，存在即善；在伦理道德层次上，善是伦理规范之善。在海德格尔的存在论范围内，如果说存在之真涉及的是存在自身的敞开，那么存在之善涉及的则是存在与人的关系。

海德格尔说："思想追问存在之真理，同时又从存在而来并且向着存在而去规定人之本质居留；这种思想既非伦理学亦非存在学。"② 之所以

① ［德］海德格尔：《路标》，孙周兴译，商务印书馆2000年版，第219页。
② 同上书，第421页。

说"既非伦理学亦非存在学",是因为在他看来,追问存在之真理的思想,发生在理论和实践的区别之前。柏拉图时代之前的思想家是没有逻辑学、伦理学、物理学之分的,但他们的思想却既不是非逻辑的,亦不是非道德的。在这些学科产生的时代,思想变成了"哲学",哲学又变成了科学。科学产生了,思想却消失了。

在海德格尔的著述中确实没有直接的学科意义上的伦理学言述,但并不能因此断言海德格尔没有伦理动机和伦理关怀。他认识到在我们这个时代里"人的明显的不知所措状态增长到不可测量的地步",而人已经成了"技术的人",这种人的行动只有通过技术的安排才能"达到一种可靠的持存状态"。这时,一种热切的伦理学愿望和一种对伦理约束的充分的忧切就产生了。这样,就要求从存在的真理出发重思人的本质,伦理在此被表达为这样一个根本性的问题:人应当如何合乎天命地生活?

(一) 人的本质

"人应当如何合乎天命地生活"这个问题,首先涉及的是对人性、人的本质的规定。

1. 形而上学的规定

罗马人与晚期希腊教化的相遇,使罗马人接纳了古希腊人的教化,由此开始对人性或者人道进行明确的深思和追求,形成了第一个人道主义。人道主义从罗马开始,经过中世纪、文艺复兴和 18 世纪的启蒙时代,成了基督教哲学、马克思主义哲学和萨特的存在主义哲学的基础。虽然这些哲学对人的自由和本性的看法不同,以及所主张的实现人道主义的途径各不相同,但是"这一切种类的人道主义在一点上是一致的,即:人道的人的人性或人道,总是从一种已经确定了的对自然、对历史、对世界、对世界根据,也就是说对存在者整体的讲法的角度来规定的"。① 这种规定具体表现为:其一,以存在者的定义作为前提,对存在的真理不加追问。其二,不仅不追问存在对人的本质的关系,甚至还阻止这种追问。其三,结果人就被规定为具有"原理的能力"、"范畴的能力"等理性的本质的主体、人格或精神。海德格尔认为这些人道主义,要不是奠基于一种形而上

---

① 孙周兴选编:《海德格尔选集》(上),上海三联书店 1996 年版,第 366 页。

学中，就是其本身即为一种形而上学的根据。据此看来，任何人道主义总是形而上学的。

形而上学的人道主义导致了两个后果：一是认定人有恒常的本质，可以对人进行抽象，并达到人的概念，其结果是从根本上遗忘了人的存在。二是在把人存在者化的过程中，将人改造成了与自然对立的主体；当人以对象化的方式对待世界和物时，必然也会以对象化的方式对待自身，人取消世界和物的自立性的同时也就取消了自身的自立性。人因此丧失了人之为人的本质和尊严，丧失了人的本真存在。

2. 存在之思的规定

反对形而上学的人道主义并不是主张非人道主义，而倒是意味着：反对把存在者主体化为单纯的客体，而把存在之真理的澄明带到思想面前。所以，"思存在之真理，这同时也意味着：思 homo humanus（人道的人）的 humanitas（人道）。事关宏指的是为存在之真理效力的人道，而不要形而上学意义上的人道主义"①。这才是最大意义上的人道主义。

人的本质就是人的生存，人在生存中被存在要求着，人只有从此种要求中才能发现他的本质居于何处。"本质"既不是由潜能，也不是由现实，而是由此在的出窍状态来规定的。"人作为生存的人就忍受着此在，他把这个此作为存在的澄明取入'烦'中，但此在本身是作为'被抛者'而成其本质的。存在是天命善于投的，此在就是在作为天命善于投者的存在之抛中成其本质的。"② 作为绽出地生存着的人，一方面比"理性动物"人更源始更富本质性；另一方面则比那种从主体性来理解自身的人"更少些"，因为人不再是存在者的主人，而只是存在的看护者。

人的本质就在他与存在的敞开领域的关系之中，人投身于这种自由境界（敞开领域）中去参与存在者的揭示，自由境界赋予人以自由，人才有选择的可能性，人才能去追问存在者是什么，人之本质才能在存在的澄明（真理）中显现出来。当我们把人之本质规定为绽出之生存时，本质的东西并非人，而是存在，存在居有着作为绽出地生存着的人，使人进入存在

---

① ［德］海德格尔：《路标》，孙周兴译，商务印书馆 2000 年版，第 415 页。
② 孙周兴选编：《海德格尔选集》（上），上海三联书店 1996 年版，第 371 页。

之真理并且看护着存在之真理，思存在之真理就是要将人置于存在的澄明之中，以此赢取人的本质。

（二）存在的指派与人的居留

从存在居有的角度看，存在呼唤并指派着人。这一情形的发生，在于"唯当人在进入存在之真理中绽出地生存着之际归属于存在，从存在本身中才能够出现一种对那些必然成为人之律令和规则的指示的指派。指派（Zuweisen）在希腊文中叫 νέμειν。希腊文的 νόμος 不仅是律令，而且更源始地是隐藏在存在之发送中的指派（Zuweisen）。只有这种指派才能把人指定入存在中。只有这样一种安排（Fugung）才能够承荷和维系。此外一切律令始终只是人类理性的制作品而已。比一切制订规则的工作都更重要的，是人找到逗留入存在之真理中的处所。唯这种逗留才允诺对牢靠的东西的经验。存在之真理赠送出一切行为的依靠"。① 存在的"指派"，不是发号施令，而是具有允诺、邀请、托付、救助、指引等义，总之是呼唤人进入敞开领域。

从绽出地生存着的人对存在的应合来看，则是人的合乎天命地居留。"按照 ἦθος 一词的基本含义来看，伦理学这个名称说的是它深思人的居留，那么，那种把存在之真理思为一个绽出地生存着的人的原初要素的思想，本身就已经是源始的伦理学了。"② 这个"居留"的含义，在古希腊赫拉克利特那里说的是：ἦθος ἀνθρώπω δαίμων，即居留对人说来就是为神（非凡者）之在场而敞开的东西。按海德格尔的解释，这个词指示着人居住于其中的那个敞开的区域。人之居留的敞开的东西让那种向人的本质走近并且在到来之际居留于其切近处的东西显现出来。这就是存在作为善的显现，它像柏拉图的善的理念如同阳光一样地照亮了存在者。

"居住"概念不仅相关于"源始伦理学"，而且进一步延伸到美学。"充满劳绩，然而诗人诗意地居住在这片大地上"。海德格尔对自己引用荷尔德林这个诗句说："指出这个诗句，并不是对一种从科学遁入诗歌来拯救自己的思想的装饰。关于存在之家的说法，也并不是把'家'这个形象

---

① ［德］海德格尔：《路标》，孙周兴译，商务印书馆 2000 年版，第 425 页。
② 同上书，第 420 页。

套用在存在上面；不如说，从合乎实事地被思的存在之本质出发，我们终有一天将更能够思一思：什么是'家'和'居住'。"① 海德格尔的"栖居"是指人在大地上的存在方式。栖居，即带来和平，始终处于自由之中，这种自由把一切保护在其本质之中。如果把"栖居"联系到天、地、神、人，其意则为："在拯救大地、接受天空、期待诸神和护送终有一死者的过程中，栖居发生为对四重整体的四重保护。保护意味着：守护四重整体的本质。"②

保护四重整体，守护四重整体的本质，其实质是对存在之澄明的保存。只是这种保护必须借助于艺术作品，因为艺术就是自行设置入作品的真理，艺术就是对作品中的真理的创作性保存。在此，我们看到了源始伦理学中的人的"意愿"因素："保存的这种'置身于其中'乃是一种知道。知道却并不在于对某物的单纯认识和表象。谁真正地知道存在者，他也就知道他在存在者中间意愿什么。这里所谓意愿（Wollen）既非运用一种知道，也不事先决定一种知道，它是根据《存在与时间》所思的基本经验被理解的。保持着意愿的知道和保持着知道的意愿，乃是生存着的人类绽出地进入存在之无蔽状态。在《存在与时间》中思考的决心并非主体的深思的行动，而是此在摆脱存在者的困囿向着存在之敞开性的开启。然而在生存中，人并非出于一内在而到达一外在，不如说，生存之本质乃是悬欠着置身于存在者之澄明的本质性分离中。在先已说明的创作中也好，在现在所谓的意愿中也好，我们都没有设想一个以自身为目的来争取的主体的活动和行为。"③ 在此，"意愿"不是逻辑活动中的认识，也不是实践中以自身为目的的主体性活动，而是置身于存在的澄明中保护存在之真理。存在自身则允诺、邀请、呼唤人进入敞开领域，此在的这种知道作为意愿在作品之真理中找到了自己的家园，人之本质实现了。合"此－在"之意愿，这就是存在之所以为"善"之所在，这就是存在之"善"的最高价值。

---

① ［德］海德格尔：《路标》，孙周兴译，商务印书馆 2000 年版，第 422 页。
② 孙周兴选编：《海德格尔选集》（下），上海三联书店 1996 年版，第 1194 页。
③ ［德］海德格尔：《林中路》，孙周兴译，上海译文出版社 1997 年版，第 51 页。

三 美乃是存有之在场状态

（一）美是显现

传统美学作为一种"主体－客体"之间的认识论美学，随着近代的开端而确立。"近代的开端"的显著标志，就是主体性的确立。主体地位的确立，表现在关于艺术的美学考察中，就是：作品就被表象为与情感状态相关的美的载体和激发者，艺术作品被设定为某个"主体"的"客体"，作品成为一个主体的体验所能达到的对象。感性和感情领域里的美学，被认为就如同思维领域里的逻辑学；所以美学也被叫作感性逻辑学。而"规定着人类感情的东西，因而规定着美学的东西，以及人类感情所关系的东西，乃是美"。① 但这个"美"却是作为本质、作为共相被把握的，它被凝固成了存在者。美是理念，美是太一，美是上帝等命题都是这种美学观的典型体现。

海德格尔明确反对这种美学观，他要"美"回归其存在特性。他在希腊文的 φυσιs 一词中发现了美的这种特性："它自立自形，无所促逼地涌现和出现，它返回到自身中并且消失于自身中，即一种涌现着又返回到自身中的运作。"② 他在对康德的"无功利的快感"说的解释中，把"美"表述为显现："现在对象才首次作为纯粹对象显露出来，而这样一种显露就是美。'美'一词意味着在这样一种显露之假相中的显现。"③ 作为一种自由的赐予，美就是让美成其所是地"让存在"。当然，他并没有否定人的情感状态，但这不是由对象或客体所激发的，而是美"在自行显示中把这种情感状态生产出来"。他在阐释荷尔德林《追忆》一诗时，把"美"规定为"存有之在场状态"和"原始的起统一作用的整一"，而其实质，则在于显现："这个整一只有当它作为起统一作用的东西而被聚合为整一时才能显现出来。"在阐释荷尔德林《如当节日的时候……》一诗时，他说："美……让一切在一切中在场。美是无所不在的现身。"在《荷尔德林的天空和大地》中，他说："美乃是整个无限关系连同中心的无蔽状态的纯

① ［德］海德格尔：《尼采》上卷，孙周兴译，商务印书馆 2002 年版，第 83 页。
② 同上书，第 87 页。
③ 同上书，第 120 页。

粹闪现。但这个中心却作为起中介作用的嵌合者和指定者而存在。它是把其显现储备起来的四方关系的嵌合。"① 在对柏拉图《斐多篇》的解释中，他说"美乃是最明亮的闪光者"，"以至于它作为这种光亮同时也使存在闪闪发光"。② 所谓"涌现"、"运作"、"显现"、"自行显示"、"现身"、"闪现"、"闪光"、"嵌合"，用词虽异，但都无一例外地强调了"美"作为与现成性相对的"存在性"，以至于可以说，美本身就是存在。

当把"美"和存在的真理联系起来的时候，他提出了一系列的命题：

> 美乃是作为无蔽的真理的一种现身方式。
> 美属于真理的自行发生。
> 美作为闪现者、感性之物，预先已经把它的本质隐藏在作为超感性之物的存在之真理中了。

"真理"本就是存在的无蔽和澄明，因而，说美是真理的发生，也就是说美是存在的显现。其实，在海德格尔的语境中，美、真理、存在是共属一体的。"真理和美本质上都与这个同一者（即存在）相关联；它们在这个唯一的决定性的事情上是共属一体的，那就是：使存在敞开出来并且使之保持敞开。"③

（二）美与存在者

美与真理共属一体，是就两者之间的协调一致讲的；但毕竟是两个东西，因此必定发生不和，即分裂，然而这是一种令人喜悦的分裂。如何弥合这种分裂呢？其途径就是让真理进入艺术作品，于是有了一系列关于艺术、艺术作品与真理关系的命题。

> 在艺术作品中，存在者之真理自行设置入作品。
> 艺术就是自行设置入作品的真理。

---

① ［德］海德格尔：《荷尔德林诗的阐释》，孙周兴译，商务印书馆 2000 年版，第 162、62、223 页。

② ［德］海德格尔：《尼采》上卷，孙周兴译，商务印书馆 2002 年版，第 217 页。

③ 同上书，第 219 页。

作品的本质就是真理的发生。

艺术就是对作品中的真理的创作性保存。

艺术就是真理的生成和发生。

作为真理之自行设置入作品，艺术就是诗。

艺术的本质是诗。而诗的本质是真理之创建。

作为创建着的保存，艺术是使存在者之真理在作品中一跃而出的源泉。

在上述一系列命题中，"艺术"、"存在"、"真理"几乎是等值的概念，而最关键的因素是"艺术作品"。"艺术作品"这个感性的存在者是真理之"发生"、"生成"、"创建"、"保存"、"跃出"之地。艺术作品是感性之物，属于感性领域。当真理在这片感性的大地上，在这个感性存在者身上发生时，美作为闪现者就闪耀出场了。"按其本质把真理实现出来，亦即把存在揭示出来，这就是美所完成的事情。美是这样来完成这件事的：它在假象中闪烁着令人出神，把人推入在假象中闪现的存在之中，这就是说，它把人推入存在之敞开状态之中，推入真理之中。"①正是因为艺术作品、物化之物、诗歌等这些感性存在者在美与真理共属一体中的不可缺少的联结作用，所以海德格尔在论述"美属于真理的自行发生"这个命题时，并不仅仅谈"自行发生"，而总是联系着"存在者"："美既不能在艺术的问题中讨论，也不能在真理的问题中讨论。毋宁说，美只能在人与存在者的关系这个原初问题范围内讨论。"②

艺术作品是一种什么样的存在者呢？海德格尔在讨论康德的"无功利的"快感对象时，曾说这是纯粹地作为它自身的"事物本身"，是"纯粹对象"。这个"事物本身"、"纯粹对象"在它之所"是"即"显露"中，美——显现。

（三）审美状态

美在纯粹对象中、在事物本身中显现，但这个显现又总是吁请了

---

① ［德］海德格尔：《尼采》上卷，孙周兴译，商务印书馆 2002 年版，第 219 页。

② 同上书，第 187 页。

人——此在入于其中的。严格地表述，应该是：美在"此在－存在者－存在"三者构成的境况中显现，此种境况就是海德格尔所谓的"审美状态"。

> 审美状态是我们自己实行的一种行为和接纳。我们并非仅仅作为观察者寓于这个事件，不如说，我们自身就保持在这种状态之中。我们的此在从中获得一种与存在者的明显关联，获得一种视野，在此视野中，存在者才能为我们所见。审美状态是我们不断进行透视的视野，以至于在其中我们能够洞穿一切。艺术是最易透视的强力意志之形态。①

在与存在者的关联中，在一种敞开的视野中，人进入存在，并洞穿一切。海德格尔把尼采的"意志的陶醉"与此联系起来，称之为"陶醉完完全全是审美的基本状态"，"审美的基本状态乃是陶醉"。

按尼采的看法，陶醉中本质性的是感情。海德格尔赞同这种观点，并作了进一步的解释，感情意味着我们在自身那里同时也在事物那里，感情就是在非我们自身所是的存在者那里发现我们自己的方式。因此，陶醉始终是陶醉感。

这种对陶醉"感情"的解释，打破了两条界限，一是人自身的心灵与肉体的界限，二是主体与客体或主观与客观的界限。就人自身而言，感情既是心灵的状态，也是身体的状态；更直接地说，它恰恰是、只能是那个未被撕碎的、也撕不碎的身心统一体（生命体）的活生生的"自然"（状态）。如果在表述时一定要兼顾身心两个方面，那么，陶醉的感情是"一种肉身性的心境，一种被扣留在心情中的肉身存在，一种被交织于肉身存在中的心情"。就人与存在者而言，陶醉的感情，既冲破了主体的主体性，又突破那个被设置在远处、自为地站立着的"客体"的范围。如此一来，主体就超越了自身，不再是主观的，不再是一个主体了；而对象则不再是客观的，不再是一个客体了。结果竟是这样："审美状态既不是某种主观

---

① ［德］海德格尔：《尼采》上卷，孙周兴译，商务印书馆 2002 年版，第 153 页。

的东西，也不是某种客观的东西。"①

　　审美状态体现在艺术领域，就表现为艺术状态。艺术状态，亦即艺术，按尼采的看法就是强力意志。按海德格尔的解释，强力意志即是存在。最终说来，审美状态是这样一种状态：存在者之存在。"美乃是存有之在场状态"可归结为如下一句话："'美'同时就推动人通过自身并且超出自身而趋向于存在本身。"②

第三节　构成要素与显现之维的同一

　　审美对象的构成要素有"形式"、"意义"、"世界"，存在显现的维度是"真"、"善"、"美"，构成要素与显现之维的同一则表现为：世界之真、意义之善、形式之美。最终说来，真、善、美三位一体，归属存在。

一　世界之真

　　与"符合论"相应的是"认识之真"，与"此在的揭示"相应的是"此在之真"，与"存在的无蔽"相应的是"存在之真"。

　　与"认识之真"相应的是"科学世界"（如科学的概念世界、哲学的理念世界），与"此在之真"相应的是"现实世界"（即被世俗所遮蔽了的"生活世界"，如海德格尔的"周围世界"），与"存在之真"相应的是"意象世界"（即审美对象的世界，这是一个超越了利害关系的统治并摆脱了眩惑的心态之后的人与万物一体的"生活世界"，如海德格尔的艺术世界以及四重整体世界）。

　　此处所谓的"世界之真"，指的是存在之真与意象世界的同一。"同一"意味着存在之真与意象世界都是自身的敞开与显现，在敞开的意义上两者说的是一回事情。说存在的真理就是存在的无蔽，这在上一节的论述中已经得到阐明；而说意象世界也是存在的显现，则需要作出进一

---

① ［德］海德格尔：《尼采》上卷，孙周兴译，商务印书馆2002年版，第135页。
② 同上书，第217页。

步的论证。

科学世界是一个现成的整体存在者，它作为客体立于主体面前，其基本特征是客观性和抽象性。现实世界是一个为此在的操心所建构的周围世界，尽管在建构这个世界的过程中有此在对其意蕴整体的先行领会和寻视，但是它毕竟是围绕着此在的"为何之故"这个目的中心，并进一步赋予上手之物以"为了作……"之含义，并由其指引联络而成的作为整体而上手的存在论上的结构。一方面，它具有生成性特征；但另一方面，它又具有被功利性所遮蔽了生成性而在一定程度上具有现成性的特征。现实世界虽然不是此在的客体，但它却是此在生存所面对的对象。

意象世界，既超越了实体性的自我，也超越了实体性的"物"，总之是超越主客二分，达到了情景合一、万物一体的境域。就人而言，是超越存在者，进到世界中去，置身在存在之敞开状态中。就世界而言，"'世界'根本就并不意味着一个存在者，并不意味着任何一个存在者领域，而是意味着存在之敞开状态。……'世界'乃是存在之澄明，人从其被抛的本质而来置身于这种澄明中"①。这即是说，世界与存在同一。美国学者帕特里夏·奥坦伯德·约翰逊就此评价说："他希望我们不要把世界理解成一个概念。他说，世界并不是一个对象，并不是我们带给所予的一个框架。对于理解世界来说，他所给出的最积极的说明是'世界世界化'。……海德格尔以这种方式描述世界是要强调世界不是静态的，也不是与我们分离的。我们需要找到一种方式来谈论世界——世界作为疏朗之地，通过它，事物变近变远，或留恋或急行。我们需要找到某种方式，以使我们能够体验世界。"②

对于科学世界和现实世界而言，意象世界显然更具本源性，它是存在的本来面貌。如王夫之所言，它"显现真实"，"貌其本荣，如所存而显之"。如宗白华所言，"象如日，创化万物，明朗万物"。如海德格尔所言，它是存在的真理的现身。只是在意象世界的母体上，才分化出了现实世界和科学世界。"从绽出之生存角度来看，'世界'以某种方式恰恰就

————————
① ［德］海德格尔：《路标》，孙周兴译，商务印书馆2000年版，第412页。
② ［美］帕特里夏·奥坦伯德·约翰逊：《海德格尔》，张祥龙译，中华书局2002年版，第65页。

是在绽出之生存范围内并且对绽出之生存而言的彼岸的东西。人决不首先在世界之此岸才是作为一个'主体'的人，无论这个'主体'被看作'自我'，还是被看作'我们'。人也决不首先只是主体，这个主体诚然始终同时也与客体相联系，以至于他的本质就处于主体－客体关系之中。毋宁说，人倒是首先在其本质中绽出地生存到存在之敞开状态之中，而这个敞开域才照明了那个'之间'，在此'之间'中，主体对客体的'关系'才有可能存在。"①

二　意义之善

对应于规范伦理学的善，是合意志之目的的善；对应于源始伦理学的善，则是人"合乎天命地生活"之善，这大约相当于柏拉图的"最高的善"——"善的理念"和亚里士多德的"至善"。

人应当如何合乎天命地生活？这就是应合存在的呼唤，置身于存在的澄明中，并保护存在之真理。因此，对于海德格尔来说，至善就是存在之善。因为存在就是存在的意义，存在的敞开就是存在意义的显现，所以，存在之善也就是意义之善。只是这个意义是存在的而不是存在者的意义。

审美对象是一个存在者，但审美对象的意义超越自身打开了一个世界。根据海德格尔的观点，作为存在之家的语言，通过对事物的命名，聚集天、地、神、人建立着意义的世界。乔治·特拉克尔的《冬夜》一诗，通过命名召唤雪花、晚钟、窗户、降落、鸣响等诸多事物显身在场，但这种在场并不是说诗中所说诸多事物来到我们现在的座位之间或身旁，而是说"在召唤中被召唤的到达之位置是一种隐蔽入不在场中的在场"，"落雪把人带入暮色苍茫的天空之下。晚祷钟声的鸣响把终有一死的人带到神面前。屋子和桌子把人与大地结合起来。这些被命名的物，也即被召唤的物，把天、地、神、人四方聚集于自身"②。诗歌用落雪、晚钟、面包、美酒等词语描绘了一幅画面，被指称的和没有被指称的事物都在这幅画面

---

① ［德］海德格尔：《路标》，孙周兴译，商务印书馆 2000 年版，第 412 页。
② ［德］海德格尔：《在通向语言的途中》，孙周兴译，商务印书馆 1997 年版，第 11 页。

之中，不在画面之中的也应召唤而现身在场。"在场"在这里实质说的是，诗之说把我们带进了冬夜、雪地上的漫游者、温暖的家宅、神的馈赠这样一个聚集着天、地、神、人的意义的世界。这个世界，此时此刻因语言的召唤，具体地生动地呈现于我们面前，并召唤我们自己一同进入这个世界。世界存在，我们存在，我们与世界同在于此。

根据梅洛－庞蒂的观点，存在之"肉"是一个原始"母体"、一个原始的"生育场"，存在的运动在"肉"这里体现为"开裂"，这种开裂是一种存在本身的"区分化运作"。正是在这种区分化运作中，在差异中，在可见的世界、身体、语言、历史等感性事物中存在的意义得以呈现。在某种意义上，就像瓦雷里说的那样，语言就是一切，因为它不是任何个人的声音，因为它是事物的声音本身，是水波的声音，是树林的声音。这些"沉默的言语，没有明确表达的意义但却充满意义"。

根据杜夫海纳的观点，存在就是意义本身。存在"就是这样一种先验：它先于自己的存在的规定性和宇宙论的规定性，它仿佛同时建立主体和客体、人和世界"。"如果我们不同意说，人有意义，人自己把审美经验发现的情感意义置于现实之中，那就该说：（一）现实不是从人那里得到这种意义的；（二）存在激发人去做这种意义的见证人而非创始人。""人是存在的一个时刻，意义自身集中的时刻。"① 在存在面前，人的使命是表达意义而不是创造意义。叶秀山对此评论说："巴哈音乐的'纯净'使巴哈音乐之所以成为巴哈音乐，而巴哈本人——艺术家则只是使这种'音乐之纯净'显现出来，使这种'音乐'为'存在'的一个环节，因此艺术和艺术家都是'存在'的工具。艺术家是'传信使'，而不是'创世主'。艺术家受到'存在'的召唤，要让'存在'显现出来，艺术家为他所属的世界打开另一个他不属于的世界，艺术家是这些世界的'见证者'、'沟通者'。"②

存在的澄明就是存在的真理，存在的真理也就是存在的意义。在此，存在之真与存在之善是同一的。

---

① ［法］杜夫海纳：《审美经验现象学》，韩树站译，文化艺术出版社1996年版，第589、589、592页。

② 叶秀山：《思·史·诗》，人民出版社1988年版，第344页。

三　形式之美

此处所谓形式之美，不是指与内容相对的从对象身上概括出来的抽象的"形式美"，如柏拉图的"绝对美"、狄德罗的"实在美"、康德的"自由美"、黑格尔的"抽象形式的外在美与感性材料的抽象统一的外在美"，而是指审美对象的形式与美的显现的同一。在此，我们看到了古代"美在形式"思想在现象学中的回响，如果把托马斯·阿奎那的命题"美包含在光辉和比例之中"改为"美显现在光辉和比例之中"，那它就属于现象学了。如海德格尔所说："美依据于形式，而这无非是因为，形式一度从作为存在者之存在状态的存在那里获得了照亮，那时，存在发生为外观。"①如荷尔德林所说，诗人们犹如画家聚集大地的美丽，他们在可见之物的外观中让存有（即相）显现出来。"外观"即事物的形象。

审美对象的形式与美的显现的同一，首先意味着，形式乃是美显现之所。"形式，拉丁文的 forma，是与希腊文的 μορφη 相对应的。它是具有包围作用的界限和边界，它把某个存在者带入和置入它所是的东西之中，使得这个存在者站立于自身，此即形态（Gestalt）。如此这般站立者乃是存在者自行显示而成的那个东西，即它的外观，ειδos（爱多斯），通过这个外观并且在这个外观中，存在者走出来，表现出来，敞开自身，自行闪烁，并进入纯粹的闪现中。"②形式，作为界限和边界为存在者提供了站立于自身、并走出来敞开自身、成为"形态"即"象"的"领域－境域"。在此，形式是作为让我们所照面的事物显现出来的东西，是把人与存在者关联起来的"关联本身"。在这个领域中，一方面，作为审美对象的存在者的内涵之丰富性得以实现；另一方面，作为创造者或观赏者的情感陶醉才是可能的。由尼采的立场来看，陶醉意味着形式的辉煌胜利。

其次意味着，审美对象的形式就是"形式化"，乃至于形式本身就是显现，而且是感性显现。尼采曾把"形式生成"解释为"自行泄露"、"自行敞开"，并进一步称之为"节庆状态"。海德格尔则认为，创作乃是

---

① ［德］海德格尔：《林中路》，孙周兴译，上海译文出版社 1997 年版，第 65 页。

② ［德］海德格尔：《尼采》上卷，孙周兴译，商务印书馆 2002 年版，第 130 页。

让真理进入"形象"。真理进入形象的过程，就是一个审美对象形式化的过程。在这个过程中，世界与大地之间的裂隙"把自身置回到石头吸引的沉重，木头缄默的坚固，色彩幽暗的浓烈之中"①。这种"置回"不是回到材料，而是在世界敞开的照耀下，大地"形式"的感性化。

只是在这个形式感性化的过程中，形式创造了属于自己的内容，而且是唯一真实的内容，如尼采所说："艺术家之所以是艺术家，是因为艺术家把一切非艺术家所谓的'形式'当作内容来感受，即当作'实事本身'来感受。当然，这样一来，人们就归属于一个颠倒了的世界了：因为现在，人们把内容当作某个单纯形式上的东西了——包括我们的生命在内。"② 中国古典美学认为，意境是情景交融所形成的意象世界。严格讲来，情景交融是情感形式化的过程，所谓世界，就是形式为存在显现所开拓出的一片整体的领域。

---

① ［德］海德格尔：《林中路》，孙周兴译，上海译文出版社 1997 年版，第 47 页。
② ［德］海德格尔：《尼采》上卷，孙周兴译，商务印书馆 2002 年版，第 132 页。

第六章　存在的显现

第一节　基本概念

一　"形式"、"意义"、"世界"的层次

作为此在式的存在者，审美对象也是"在世界之中存在"。"在世界之中存在"使审美对象的生成关涉两个向度，向外关涉现实世界和科学世界，向内关涉意象世界。由此构成意向性的三个层次：纯粹意识意向性、身体意识意向性、自由意识意向性。与纯粹意识、身体意识、自由意识意向性相应，"形式"、"意义"、"世界"各有如下层次：理性形式、原始感性形式、纯粹感性形式；概念意义、生存意义、感性存在意义；科学世界、生活世界、意象世界。

自由意识是经过还原之后的纯粹感觉意识，与五官感觉、心理感觉、精神感觉三个层次的意向性相应，审美对象的形式、意义、世界各有如下层次：形相层、本质层、形上层；感性意义、心理意义、精神意义；意象（个别）世界、意象（共相）世界、感性观念世界。

对审美对象虽然作了如上的层次区分，但它仅仅具有相对的意义，因为审美对象是一个有机的整体，其上述三个层次是垂直的，是紧密交织、纠缠、融汇为一体的。

二　基本概念

（一）"形式"相关概念

人的活动总是与特定的存在者相关联，因此，这里的"形式"概念，特指对象（存在者）之形式。因存在者之不同，便有了不同对象之形式：

理性形式、原始感性形式、纯粹感性形式。

1. 理性形式

理性形式，指的是概念、范畴、命题等存在者的形式。它具有如下特点：从其生成过程来看，在逻辑中，形式不仅不再与质料相关，甚至于清除质料，最后，达到完全的形式化，以至于形式意识到自己是形式对象；从其本身性质来看，逻辑形式是一个抽象和空洞的推论的形式，而不是一个对象的形式；从其与主体的关系来看，逻辑形式对应于主体的知性；从其与意义的关系来看，逻辑形式的意义是确定的，但其完全是空洞的，意义全部存在于形式之中。

2. 原始感性形式

原始感性形式，指的是现实之物的感性形式。现实之物由内容方面（质料）和形式方面（特性）构成。

海德格尔把历来哲学对物的解释归纳为三种：物作为特性的载体；物是在感性的感官中通过感觉可以感知的东西，或者说物是感官上被给予的多样性之统一体；物是具有形式的质料。尽管解释非一，但共同的地方在于，三种定义都包含了形式和内容两个方面。物的特性、感官所感知的多样性之统一体、与质料相对的形式说的是一回事情，即物的形式。

杜夫海纳也是按上述思路把物区分为"物质材料"和"感性特质"的。他进一步分析了两者之间的关系："在实用对象的情况下，知觉……把物质材料和感性特质区分开来，因为知觉在物中感兴趣的是它作为物的实体，即石头之所以是石头并可以用于建筑的东西；即钢之所以是钢并可以用于制造机器的东西；即词句之所以有意义并可以用于交流思想感情的东西。"① 在此，"感性特质"成为"物质材料"可有可无的符号，未获得独立存在的原始感性，被一般知觉作为意指越过，而径直走向实用或知识，感性在此被消解了。此即海德格尔在《艺术作品的本源》中所说的"斧成石亡"。

---

① ［法］杜夫海纳：《审美经验现象学》，韩树站译，文化艺术出版社 1996 年版，第 115—116 页。

3. 纯粹感性形式

如果说实用对象的形式是"原始感性"的话，那么，审美对象的形式则是"审美感性"，即"纯粹感性形式"。在此，"原始感性"与"原始感性形式"等同，"审美感性"与"纯粹感性形式"等同。"审美感性"与"原始感性"之最大不同，在于感性不是审美对象的属性，不再是对象可有可无的符号，而是一个目的。感性是无法替代的东西，也是成为作品的实质本身的东西，以至于感性成为对象本身。当艺术作品诉诸审美知觉时，艺术的"物质材料"便转化为"审美感性"。

在一定意义上，所谓审美，就是强化对象的"能指"而瓦解"所指"。俄国形式主义的"陌生化"理论，其实质就在于对艺术作品中的"材料"作感性的强化，由此转化为感性形式。海德格尔对两者的关系及其转化举例说是"庙成石显"。杜夫海纳则把这种转化表述为：对象的物质性受到了颂扬，感性也达到了它的最高峰。叶秀山则认为，"审美对象的感性因素，具有一种存在性的意义，而就一般对象来说，对象的感性特征，只是作为'属性'来把握，……任何对象当然都有颜色，一般对象'有'颜色，而审美对象就'是'颜色，譬如，变了颜色的衣服仍是'衣服'，但画上的衣服却与它的颜色不可分，所以杜弗朗看来，在艺术作品中感性的东西已不再只是'标记'，而就是'存在'。长笛的声音不是那种'乐器'的'属性'，而就是那种声音的'存在'，所以我们不说'那个乐器在演奏'，而是说'长笛在演奏'，也不说'一个活人在跳舞'，而是说'生命在舞蹈'"[①]。总之，在审美中，材料的感性化使材料成为形式，形式的感性化，使形式成为对象本身。

审美对象的形式，既涉及形而下，又涉及形而上；既涉及外在形相，又涉及内在观念。根据从下到上、从内到外的路线，可将审美对象之形式划分为如下层次。

①形相层：外在感性形象，如外观、外形、形状等，是包含着声音、色彩、线条等信息的显现形式。在这一层面，第一，"形式"含义或指形相整体；第二，或指形相整体的某一方面和部分；第三，或指对各要素、

---

①　叶秀山：《思·史·诗》，人民出版社 1988 年版，第 314—315 页。

各部分、各方面和谐规则整体的安排。与"形相层"相对应,杜夫海纳把形式定义为对象的形状、轮廓、构图所构成的"可感外形",这即是侧重于指形相整体。具体地说,在形相层上,形式统一形状、轮廓、色彩、节奏等诸多信息显现元素而构成"外部形式"的整体,这是外在的统一,即"感性的统一"。

②本质层:内在精神、观念、结构。作为本质层的内在精神、观念、结构与作为形相层的外在感性形象之关系表现为显现(形式化、风格化、合式)、组合、结构或规范(如多样统一、平衡、对称、齐一、比例、节奏、和谐等)。与"本质层"相对应,杜夫海纳提出了一些含义相近的概念:"意义"、"灵魂"、"本质"、"理念"、"情感的面貌"等,这些概念暗含了"内部形式"之意。具体地说,在本质层上,形式统一上述诸内在元素而构成"内部形式"的整体,这是内在的统一,即"意义的统一"。

③形上层:先天精神范型。作为形而上的先天精神范型与作为形而下的审美对象之关系或表现为派生和分有,如柏拉图的"超验理式";或表现为审美对象之可能的逻辑根据,如康德的"先验形式";或表现为转化,如荣格的"原型"。与"形上层"相对应,杜夫海纳提出的概念是"绝对形式"、"审美形式"、"最高形式"。

形相层中的形相整体与部分或要素之间、本质层与形相层之间、形上层与本质层之间存在着一种特定关系,正是这种特定关系把诸多具有不同含义的形式联结为一个整体。基于形式整体观,杜夫海纳才把形式规定为:在主客之间、在材料和对象之间。通过外部与内部的统一,形式扩展到了主体、对象乃至世界,成为主体同客体构成的这种体系的形状,乃至于成为主体和客体"与世界之关系"的形状。这个形状,即形式作为"感性的整体"。

(二)"意义"相关概念

现象学认为,现象与本质是统一的,而这个统一的"单元"就是意义,由此可以看出,"意义"是现象学所关注的核心。与分析哲学不同的是:第一,现象学把意义与意识的赋义活动、人的生存筹划活动乃至审美活动联系起来作动态的考察。也就是说,在现象学那里,意义与意向性相关。意向活动与意义互为相关者,即每一意向活动都指向一定意义,而每一意义又都引向相应的活动。杜夫海纳说："我们并不认为，存在于事物或词中的意义完全是现成的，只要求一种被动的记录。意义产生在人与世界相遇的时刻，因为世界只有在人的目光或人的实践的自然之光中才得到阐明。"① 第二，现象学的意义研究还突破了表达的层面，把它深入、扩展到意识领域、生存领域和审美领域，从而形成了在不同层次上的意义与不同类型（或性质）意向性的关联，显示了不同意义的相异的所予方式和存在形态。第三，胡塞尔所提出的"意向对象的意向性"在超主客关系层次得到了突出的体现。杜夫海纳认为审美对象是一个准主体，笔者以为审美对象之所以是一个准主体，就在于它能够像一个主体那样凭借自我显现去进行赋义或意指活动，以此建构或创造自己的对象世界。

按照意向性的不同层次，可把意义分为如下类型：认识论意义（逻辑意义）、生存论意义、存在论意义。

1. 认识论意义

认识论意义，也可称之为概念意义、逻辑意义、知识论意义。胡塞尔的意义现象学从符号开始，他认为，在一个语言表达中包含着三个环节：表达—意义—对象。所谓表述的意义，是由意识行为所授予并借以指向对象的东西，这就是意向性结构中的"意向内容"，它由特定的物理符号所承载。意义虽是由作为心理体验的表达行为所授予，但意义不是心理体验。因为心理活动是具体的、主观的、因人而异、变动不居的，而表达式的意义却是客观的、逻辑意义上的内容。意义虽然指向对象，但它不是对象，因为对象永远不会与意义完全一致。意义虽然与表述的物理符号构成一种统一体，但两者完全不同，并且是可以分离的。

由上述可以看出，作为"意向内容"的意义，它是表述这种心理体验的理想内容、逻辑内容，是构成"一般对象"意义上的一类概念。它是先于语言符号的、处在意向活动和对象两者之间的某种恒定不变的内容，是一种理想的客观化的单元。纯粹意识意向性所指向的意义只能是观念的，借助于表达，不过是将自身提升到逻各斯的领域和概念的领域。

海德格尔认为，主体和客体之间的认识关系与此在和世界之间的生存

---

① ［法］杜夫海纳：《美学与哲学》，孙非译，中国社会科学出版社 1985 年版，第 150 页。

关系不是同一种关系，"主体和客体同此在和世界不是一而二二而一的"①。就认识与生存之间的关系而言，生存是第一位的、根源性的活动，而认识则是派生性的、第二位的活动。认识本身先行地奠基于"已经寓于世界的存在"中，认识是此在的植根于在世的一种样式。显然，对应于主客体认识活动的即是逻辑意义。从符号学的角度看，逻辑意义是一种被严格规定了的抽象的确指意义。

2. 生存论意义

生存论意义，对海德格尔来说，指的是"此在在世"的意义；对梅洛－庞蒂来说，指的是"身体在世"的意义；对杜夫海纳来说，指的是发端于"实践的意志"的行动所产生的意义。

海德格尔认为意义与此在的生存相关。此在的生存结构是"此在在世"，在世本质上就是操心，操心的含义是指存在论意义上的存在建构——即此在在世的存在状态。作为此在的基本存在状态的操心表现为一种时间性，这也就是说，时间性是操心的意义。其实，严格说来，时间性并不就是意义本身，它仅是意义得以产生的结构机制或生存方式而已。我们可把这种意义上的"意义"称之为"意义的形式"（或称第一级意义），而相应于此"意义的形式"的"意义的内容"（第二级意义）则有待于此在的展开状态才能实现出来。现身情态、领会和沉沦构成了此在的展开状态，而话语则把这种展开状态加以勾连，由话语与领会、现身和沉沦的关联，我们看到了意义的产生："话语是可理解性的分环勾连。从而，话语已经是解释与命题的根据。可在解释中分环勾连的，更源始地可在话语中分环勾连。我们曾把这种可加以分环勾连的东西称作意义。"②

梅洛－庞蒂认为，意义不是作为先验的存在然后等待言语进行表达，意义恰恰产生在人的言语活动中，言语赖以奠基的身体生存情境既是这种意义产生的源泉又是它的显现形态。"身体在世"所表达的是身体主体和生活世界相互投射、不可分离的一体关系，在这种关系所构成的生存情境中，空间、时间、动作、我思、言语、性欲以及感情等方面均显示为一种

---

① ［德］海德格尔：《存在与时间》，陈嘉映、王庆节译，生活·读书·新知三联书店1999年版，第70页。

② 同上书，第188页。

相应的意义。

就身体动作看，运动机能已经具有意义给予的基本能力，习惯的获得就是对一种运动意义的把握，我们的身体是活生生的意义的纽结。就性欲方面看，性意向是一种原初的意向性。当一个人在性的情境里看一个女孩子时，他绝不会像看某个物体那样去看她的身体，她首先被感知为"有魅力的"、"吸引人的"或者"冷漠的"、"难以接近的"，等等，在这里，情感的"意义"出现了。就身体的表达看，意义产生于动作本身，动作本身包含着意义，二者密不可分。在此，动作自己勾画出自己的意义。就言语的表达看，言语是身体表达功能的延伸，它含有自己的意义，就像动作含有自己的意义。但言语的意义不是在语词之外的思想，它就是语词本身。

生存论意义基于此在或身体主体"在世存在"的"为何之故"，因而它总是带有主体性的印记和残余，尽管与逻辑意义相比，它已经冲破了逻辑的规范，不再是严格的"确指"了，并且具有感性化之特点，但毕竟目的性尚存。因此，它还不是自由的和纯粹感性的意义。

3. 存在论意义

存在论意义，即存在的意义。存在的意义在审美对象身上显现为自由的、感性的意义。所谓感性的，即诉诸纯粹知觉的；所谓自由的，即超越对象走向世界的泛指意义。海德格尔的"存在"的言说，梅洛-庞蒂的"肉"的开裂和交织，都是指此。杜夫海纳说："美的对象所表现的意义，既不受逻辑的检验，亦不受实践的检验；它所需要的只是被情感感觉到存在和迫切而已。"①

存在是一个自身显现、自身敞开、自身领悟的过程，这就是存在自身的言说。作为存在之家的语言的"说"，就是显示、让显现、让看和听、既澄明着又遮蔽着把世界呈示出来。说就是让被说的某物达乎语言，让其如其所是地现象。"说"的另一层意思是聚集：言词本身即是关联，因为它把每一物拥入存在并保持在那里。譬如在诗中，通过命名召唤物，物把天、地、神、人四方聚集于自身。从语言追问存在，语言成为存在的家，人居住在语言的寓所里，成为这个寓所的看护者。此时，意义就是语言显

---

① ［法］杜夫海纳：《美学与哲学》，孙非译，中国社会科学出版社1985年版，第20页。

示事物并聚集事物成为世界的方式与道路，语言与意义合一，意义就是存在。人是语言的看护者，这也就意味着：人是意义的看护者。

梅洛－庞蒂后期的意义理论建立在相对于身体和世界这两个维度的第三维度的"肉"这一概念上。作为一个终极性的概念，"肉"支撑着身体和世界这两个相对项，构成了身体与世界的共同基础。在本源性的意义上，梅洛－庞蒂又把"肉"称之为"原初的存在"、"野性的存在"，这就是"自然"、"大地"和"母亲"。从意义的角度看，作为本体，"肉"是意义的母体和泉源。对应于本源性的存在之"肉"的意义是"意义的意义"、"普遍的意义"。

由审美对象所显示的存在的意义，可以划分为如下层次：感性意义、心理意义、精神意义。

①感性意义

审美对象是辉煌的、灿烂的感性，而其所显示的意义当然也是感性的。两者的关系，具体地说就是，意义投入感性之中，意义内在于感性，意义组织并统一感性，意义与感性统一。意义是审美对象照耀自己的光，意义与感性的统一最终超越自己，变成表现，亦即审美对象的最高形式和它的意义的意义。恰如前述，审美对象纯粹感性形式中的"本质层"和"形上层"就已经是意义了。只不过这种意义与"形相层"融汇为一，成为感性的意义。

这种感性意义，表现在与主体的关系上，则是诉诸纯粹知觉。"我等待着：我听，我看，我就会获得意义。意义产生于感知物，感知物通过它被感知。"① "人就是这样在风暴中认出自己的激情，在秋空中认出自己的思乡之情，在烈火中认出自己的纯洁热情。"② "肉体"通过"知觉"感受、读解审美对象的意义，不是主观性地任意创造，而是"接受"。这种意义的特点是，它是直接从对象上读出来的，它不外加在知觉之上，不是它的延伸或注释，它是在知觉中心被感受到的。从审美对象作为意象符号的角度看，意象符号并不显示意义，它就是意义。因此，"在诗歌中词用

① ［法］杜夫海纳：《审美经验现象学》，韩树站译，文化艺术出版社1996年版，第37页。
② 同上书，第590页。

自己光彩夺目的身体找到了自己的深奥意义：身体变成了语言"①。

②心理意义

在审美经验中意义不仅通过外在化知觉诉诸感官，而且通过内在化知觉诉诸肉体，从而转化为生命的体验。杜夫海纳认为审美对象的意义是我用肉体回答的一种要求，意义是在肉体与世界的串通中由肉体感受的。肉体与对象（世界）的沟通和结合，使得审美对象的意义不仅是可见物、可触物和可听物，而且同时是情感物。对情感物的内在感知就是体验，这种体验就是"情－感"，即以情感之。

审美对象不仅是一个"个别"，而且也是一个"共相"，即所谓"典型"，因而它不是事物的抽象本质，而是其"具体共相"。五官感觉"个别"，心情感觉"共相"。个中道理需要用胡塞尔的"本质直观"加以说明，只不过是在相似的意义上，而不是在相同的意义上。

本质直观不仅仅是一种把握意识对象本质的方法，而且它主要是一种把握意识行为本质的方法，胡塞尔也把它称之为"内在的本质把握"的方法："如果我们在完全的明晰性、成为完全的被给予性中直观到'颜色'是什么，那么被给予之物便是一个'本质'，并且，如果我们在对一个一个的感知进行观察时，在被给予性中纯粹地直观到'感知'自身是什么，那么我们也就直观地把握住了感知的本质。直观，直观意识伸展得有多远，相应地'观念直观'或'本质直观'便伸展得有多远。"② 荷兰现象学专家泰奥多·德布尔针对此提出了两种抽象的观点："与活动和对象这个胡塞尔哲学的基本模式相对应，我们也可以区分出两种抽象：指向活动的抽象和指向活动对象的抽象。"③ 但是，他认为在前者直观到的是"意义"，而在后者直观到的是"种"。意义和种的关系就类似于活动和对象的关系。按照他的设想，"意义"是意识行为的本质，而"种"则是意识对象的本质。

审美活动不是对对象所作的抽象的本质直观，而是感性直观，但这个

① ［法］杜夫海纳：《美学与哲学》，孙非译，中国社会科学出版社 1985 年版，第 117 页。
② 转引自倪梁康《现象学及其效应》，生活·读书·新知三联书店 1994 年版，第 79 页。
③ ［荷］德布尔：《胡塞尔思想的发展》，李河译，生活·读书·新知三联书店 1994 年版，第 244 页。

感性直观仍然可以超越个体而达到具体共相。因此，按照上述"本质直观"的原理，我们可以区分出两种"具象抽象"：指向活动的具象抽象和指向活动对象的具象抽象。在前者直观到的是"心理意义"，在后者直观到的是"共相"。这说明心理意义与审美对象形式中的"本质层"相对应。

③精神意义

精神意义是审美对象的最高意义，它是作品的"具体思想"，是它的作为有机整体的存在本身。审美对象意义的丰富性，在横向的展开中表现为多样性；而在纵向的展开中则表现为深刻性。因为它的意义不是并列的，而是按照等级高低叠置的。

精神意义不是对象表层的显明意义，而是对象借之超越自身从而进一步投射一个世界或者说无限地发展成为一个世界的更为根本的意义，这是一种"前意义"。它不具有任何明确的规定性，但它指向了存在世界的深处。这个作为"根本的意义"，作为"前意义"的意义，其实就是审美对象的情感特质。情感特质在审美对象的生成中，一方面具有先验作用，所谓先验即经验和经验对象可能性的条件；另一方面情感特质又是审美对象的构成因素，而且是作为本体的构成因素。

用海德格尔的观点看，意义就是作为存在的自由的真理本身。正是在这样的意义上，杜夫海纳才说，作家的真理在作品之中，但作品的真理却不在作家身上，而是在作品的意义之中，作品永远有一种意义。作家说话是为了说出某些东西，作品的效能就在于他说的能力之中。如果说出来的东西不能用真和假的普通标准去衡量，那也无关紧要，作品的真理总是在意义的说明之中。

审美对象的精神意义就是"观念－理念"，只不过它不是抽象的而是具象的、感性的，是"具体思想"。精神意义与审美对象形式中的"形上层"相对应，英伽登的"形而上学性质"其实质在此。"形而上学性质，既不是通常所说的事物的属性，也不是一般所指的某种心理状态的特点，而是通常在复杂而又往往是非常危急的情景或事件中显示为一种气氛的东西。这种气氛凌驾于这些情景所包含的任何事物之上，用它的光辉透视并照亮一切。例如崇高、悲剧性、可怕、骇人、不可言说、神圣、悲哀、幸运等所闪现的不可言说的光明以及怪诞、妖媚、轻快、和平等都是文学的形而上学性质。"① 形而上学性质的显示构成了我们的生命的顶点，同时也是我们的生命和所有一切存在的东西中最深邃的东西，体现于文学作品，就是艺术形象所具有的生命、精神和灵魂。

（三）"世界"相关概念

世界观念的根源在于主体性，把世界概念的根源定位于主体性意味着世界是主体意识的相关项。因为主体、主体意向性方式和意向对象之不同，所以有不同的世界：观念世界、现实世界、意象世界。

1. 观念世界

观念世界是理性主体意识的相关项，如柏拉图的与现实世界相对立的"理念世界"、基督教的与世俗世界相对立的"彼岸世界"、康德的与现象世界相对立的"物自体"的世界，这些世界的共同特点在于，它是永恒不变的、绝对的、观念的，从而也就是抽象的、逻辑的。尼采认为这种永恒不变的世界，一方面否定了感官、本能亦即宇宙的生成变化，把实在虚无化；另一方面迷信概念、上帝，虚构一个静止不变的"真正的世界"，把虚无实在化。杜夫海纳把它称之为"观念对象的世界"，"一个向悟性而非向知觉开放的世界"。

2. 现实世界

现实世界是身体主体意识的相关项，如胡塞尔的"生活世界"，海德格尔的"周围世界"，杜夫海纳的"现实世界"，梅洛－庞蒂的"知觉世界"。

胡塞尔的"生活世界"和他的"自然态度的世界"基本是同一的。所谓"自然态度"是指自然生活中的人的非反思的意识状态（它包括感觉、意愿、想象等素朴直观行为），"我"以这种自然态度意识到一个在空间中无限伸展、在时间中无限变化着的世界。在这个无限的时空中，物质物就直接对我存在着，有生命的存在物——人也直接对我存在着。对我存在的世界不只是纯事物世界，而且以同样的直接性存在着的还有价值世界、善的世界、实践的世界等。与我多方面变化着的意识自发性活动的综

---

① 张云鹏：《"形而上学性质"的中西比较释读》，载《美学》2002 年第 1 期。

合体相关的这个世界，正是我所处的世界，是作为我的周围环境、并对他人也有效、我们本身属于其中的"周围世界"。

海德格尔的"周围世界"不是非此在式的存在者，不是现成存在者的总体，而是此在"在世界之中"的一个生存论环节，是此在本身的一种性质。此在在生存中与用具、与他人打交道，由用具和他人普遍存在着的相互指引关系所构成的包含着意蕴、自在和空间的因缘整体，就是周围世界。所以，"世界就是此在作为存在者向来已曾在其中的'何所在'，是此在无论怎样转身而去，但纵到天涯海角也还不过是向之归来的'何所向'"①。这个显示着此在"何所在"与"何所向"的世界现象就是日常此在的最切近的"周围世界"。

对梅洛－庞蒂来说，世界就是被感知的世界。从总体上说，这个被感知的世界就是"全部可知觉物、作为万物之物的世界本身"，分而言之，则包括自然世界和文化世界。作为包含自然世界和文化世界于一身的普全视域的世界具有自身的统一性。从空间角度看，我置身于世界中，我看到世界的各种景象，这些景象不是各自孤立地存在着，而是彼此关联并整合起来，构成空间整体。当然这种视域的过渡和扩展永远不会停止，但是它们全都融入了同一个世界中。从时间角度看，"界域的综合本质上是时间的，……通过我的知觉场及其空间界域，我呈现给我的周围环境，我与延伸到远处的其他所有景象共存，所有这些景象共同构成了一个惟一的时间波浪，世界的一个瞬间；通过我的知觉场及其时间界域，我呈现给我的现在，呈现给在现在之前的整个过去，呈现给将来"②。通过时间和空间的综合，我把握了一个统一的世界。

杜夫海纳的"现实世界"指的是"各种被感知到的对象的总体，但丝毫不是某种能概括它的科学所认识的总体，而是作为一切境域的境域给予一切被感知到的对象的境域的那个总体。这个世界是一切形体清晰显现的背景"③。

---

① ［德］海德格尔：《存在与时间》，陈嘉映、王庆节译，生活·读书·新知三联书店1999年版，第89页。

② ［法］梅洛－庞蒂：《知觉现象学》，姜志辉译，商务印书馆2003年版，第418页。

③ ［法］杜夫海纳：《审美经验现象学》，韩树站译，文化艺术出版社1996年版，第180页。

3. 意象世界

意象世界是自由意识的相关项，如海德格尔的与“大地”相对并包含大地于自身的“世界”，以及天、地、神、人四重整体所构成的“世界”；梅洛－庞蒂纯粹知觉意义上的“知觉世界”和“蛮荒世界”；萨特的由想象意识所构成的“非实在情境”，英伽登的“再现的客体”；杜夫海纳的“审美对象的世界”。

按杜夫海纳的看法，审美对象是一个“此在”式的“准主体”。此在的特征在一定意义上也就是审美对象这个准主体的特征：其一，审美对象的本质就是去存在、去是，而非现成存在，不是什么；其二，审美对象这个存在者在其存在中对之有所作为的那个存在，总是它自己的存在。这有两重含义：一是这个在其存在中对自己的存在有所作为的存在者把自己的存在作为它最本己的可能性来对之有所作为，也就是说，审美对象总作为它本己的可能性来存在。在此，审美对象与此在有所不同，此在既可本真地存在，又可非本真地存在；而审美对象只有本真的存在，而且只有本真地存在它才是审美对象。二是审美对象总是个性地、风格化地存在，在审美对象这里，没有平均状态的“常人”，只有天马行空的“这一个”；审美对象没有日常生活，只有辉煌的节日。

对审美对象来说有两个世界，一个是外部世界，另一个是内部世界。外部世界就是作为“自在的存在”置身其中的世界，同时作为“自为的存在”也会和这个世界发生关系，从而表现出与普通对象不同的存在特点，杜夫海纳称这个世界为“只有那个世界”。内部世界是审美对象自身包含着的一个自己的世界，审美对象就是这个世界的本原，而世界则是审美对象本身的一种性质，没有自己世界的对象根本就不是审美对象。

由于审美对象是纯粹知觉的对象，纯粹知觉的层次相应地使审美对象的世界具有了如下层次：意象（个别）世界、意象（共相）世界、感性观念世界。

①意象（个别）世界

意象（个别）世界是一个具体的感性的世界，是“这一个”。风格是审美对象的世界个性化的标志。风格既是作者创作个性出现的地方，又是审美对象的世界个性表现的地方，一种风格确定的审美世界总是一个人的世界。对于作者来说，真正的生活不是在现实世界里，而是在审美对象的世界里，所以，听莫扎特的音乐就能认出莫扎特来，即使读不署名的作品或者对作者的情况一无所知，我们会以更加纯净的审美知觉感到作者的存在。

审美对象的世界是由形式借助意义开展出来的，因此作为审美世界个性化标志的风格也同样体现在内容与形式的统一上。杜夫海纳说风格表现出两种必然性，一种是服从于纯审美标准的感性形式的必然性，一种是当作一种活的必然性的意义的必然性。"风格正好出现在两种必然性结合到一起的这个点子上。也就是说，在这个点子上，规定形式的审美标准不但不显得是任意的，反而能显示出作者所独有的、并使人能认出作者的那个世界的某种面貌。"① 例如，毕加索的立体主义绘画、卡夫卡的《变形记》在作品形式方面所表现出的极度变形，不只是因为技术的要求，而且还因为他们就生活在这个令人窒息的荒诞世界里。当技巧不只是创作作品的一种手段，而且是表现一个世界的手段时，风格就是技巧。"当我发现人与世界的某种活生生的关系，感到艺术家正是这种关系赖以存在的那个人（不是因为他引起这种关系，而是因为他感受到这种关系）时，就有了风格。我通过技巧的特点在作品中直接把握的就是与世界的这种关系的无可比拟的特质，就是这种'生活风格'。"② 因此，梵·高的笔法就是梵·高的悲剧性。

②意象（共相）世界

审美对象的世界不仅是个别的，而且也是作为一般的共相世界。按照前述所区分出的两种"具象抽象"：指向活动的具象抽象和指向活动对象的具象抽象。在前者直观到的是"心理意义"，在后者直观到的则是意象世界的"共相"。

审美对象是自在自为的个体之物，但作为其根据的"存在"、"自然"却是普遍的，叶秀山把具有普遍性的"存在"、"自然"称之为"理念"。自然的理念就是自然的存在，理念的自然也就是存在的自然。经验中的事

---

① ［法］杜夫海纳：《审美经验现象学》，韩树站译，文化艺术出版社 1996 年版，第 138 页。
② 同上书，第 136 页。

物当然有"感觉材料"这个因素，但这个"物质材料"并不是最为本原的，所谓经验事物就是面向"事情本身"。在这个意义上，我们看到的、听到的自然"不是'光谱'，不是光的传递，而是'日月山川'，……不是声音的震动的'比特'和'赫兹'，而是'风声鹤唳'，是贝多芬的'乐曲'，是广义的'语言'"①。"理念就是这样的事物。事物为事物之理念，而不仅仅是事物之材料。实际上，我们经常面对的，并非那感觉材料，而正是那事物之理念。"② "自然作为理念早于对于其感觉材料的知识。我们不是在认识了光的'粒子－波'动之后才有光的'观念－理念'，也不必等待光谱分析之后才有'红黄蓝白黑'的'观念－理念'。神说要有光，于是世界就有了光，这是关于理念的宗教的说法，这种说法折射出人们关于理念的知识早于关于感觉材料的知识。"③ 理念的自然住在语言里，语言是存在的家，因此语言也就是理念的自然的家。在这里，语言是感性的，但不是感觉的；语言是理性的，但不是理论的。这种融"感性－理性"为一体的存在的语言，"搁置－超越"了外在时空，而为审美对象建构了一个内部永恒的时空，理念的自然常驻于此，诗中的"春"、"江"、"花"、"月"、"夜"是古人的，也是我们的，因为它们是同一个自然。或者说，理念的自然使得古代的同一个"春"、"江"、"花"、"月"、"夜"、"存在"下来。自然的理念形态常驻，理念标志着那个"着"。

说自然是理念，并不意味着自然是概念的，概念是抽象的，而理念则是具体的、个别的，理念是黑格尔意义上的"具体共相"。在这个意义上，我们可以说，自然的必然性是感性中的必然性，它不是被认识到的，而是被感觉到的。感性为我们提供了自然的面容：林逋笔下的"梅"、冯延巳笔下的"风"不是植物学家和气象学家的经验概念，而是具体生动的"这一个"理念，所以"梅"能"疏影横斜"、"暗香浮动"，"风"在"吹皱一池春水"；即便秦观所写的"归心"貌似抽象，自然的理念也能让它感性地显现为"暗随流水到天涯"，这与心理学家的精神分析、心理

①　叶秀山：《科学·宗教·哲学》，社会科学文献出版社 2009 年版，第 73 页。
②　同上书，第 77 页。
③　同上书，第 78 页。

实验迥然不同。感性的理念的自然是这样向人们讲话的："我是美的，哦，人们，我像一个石头梦。"①

③感性观念世界

意象共相世界虽然是"理念"，但它还不是最高的理念，作为最高理念的是"感性观念世界"。在此，可以看出，作为精神意义的"观念－理念"与作为感性观念世界的"观念－理念"是完全同一的。如果我们把"精神意义"看作主观性，而把"感性观念世界"看作客观性的话，那么，盖格尔关于审美价值的话对于我们理解主观性与客观性之关系会有极大的启发，他说："我们必须承认客观性，并且与此同时通过艺术的主观性来理解它。因为对于自我、对于体验来说，艺术通过意味达到了顶峰——我们寻找艺术不是为了领会这些价值，而是为了得到比我们日常的体验更深刻的体验。"② 在这里，我们应当注意盖格尔在表述审美价值与主客体关系时用语的差异，就审美价值与审美对象的关系看，审美价值是对象属性；就审美价值与主体的关系看，审美价值是主观意味。把客体、价值、主体联结为一个整体的表述则是"价值是某种事物所具有的特性，是因为它对于一个主体来说具有意味。价值是在客体方面的一种客观投射，主体则认识到，这种客观投射的意味是由于主体才存在的。某个事物之所以具有价值，是因为它对于一个主体（或者对于一些主体）来说具有意味；某个事物是一种价值，则是因为它已经完全获得了这种意味"③。

对此，英伽登几乎是作了同样的表述："文学的艺术作品整体的这个具有确定性质的审美价值核心也可以在更为狭义的意义上设想为它的'观念'。"④ 杜夫海纳则把审美对象世界的这种"感性观念"称之为"气氛"。作为审美对象自身的特质，这种世界的气氛并不像世界中的众多对象那样被看到、听到、触摸到，而是在被看到、听到、触摸到之前就已被直觉到。气氛作为可直觉到的世界的整体的整体，与世界中的具体对象相

① 张云鹏：《审美对象就是自然》，载《东岳论丛》2014年第1期。
② ［德］莫里茨·盖格尔：《艺术的意味》，艾彦译，华夏出版社1999年版，第210页。
③ 张云鹏：《审美价值与存在的自我》，中国人民大学报刊复印资料：《美学》2002年第5期。
④ ［波］英伽登：《对文学的艺术作品的认识》，陈燕谷、晓未译，中国文联出版公司1988年版，第88页。

比具有逻辑的先在性，并以此左右支配其具体对象，这就像海德格尔论周围世界时所说"因缘整体性"一向先于个别用具就被揭示了。对于两者之间关系的说明，杜夫海纳所举的例子是：骚乱时集体意识左右支配了个人意识，黑暗森林的树荫造成了树木的枝叶繁茂。在此，集体意识是骚乱的气氛，树荫是黑暗森林的气氛。杜夫海纳有时又把"观念"看作是处于情感状态的观念或思想，认为观念只有通过双重变化成为有血有肉的东西时才能发挥作用。

叶秀山说："'理念'不作为知识的对象，而是一种显现，好像一束光，照亮一条道路，理念的图式好像也是一种'对象'，这种非知识的对象，人们不能把握住它，而只能生活于其中，……从生活中体验'理念'。"[1]

三 存在的显现

（一）还原

审美对象的感性是存在性感性，存在性感性的显现过程是一个还原的过程。这个过程具体表现为：由"理性"到"原始感性"再到"纯粹感性"。在"形式"，则是由"理性形式"到"原始感性形式"再到"纯粹感性形式"；在"意义"，则是由"概念意义"到"生存意义"再到"感性存在意义"；在"世界"，则是从"科学世界"到"生活世界"再到"意象世界"。

（二）建构

存在性感性显现的过程，同时也是一个"建构－创造"的过程。在"形式"，则是由"形相层"到"本质层"再到"形上层"；在"意义"，则是由"感性意义"到"心理意义"再到"精神意义"；在"世界"，则是由"意象（个别）世界"到"意象（共相）世界"再到"感性观念世界"。

（三）纵向超越与横向超越

还原与建构，既是一个纵向超越的过程，又是一个横向超越的过程。所谓纵向超越，不是如西方传统哲学所认为的由感性中的东西（感

---

① 叶秀山：《思·史·诗》，人民出版社 1988 年版，第 218 页。

性存在者）向理解中的东西（理念存在者）的上升，恰恰相反，而是由理解中的东西向感性中的东西的回溯。它穿越逻辑的世界和现实世界，最终回到了本源的世界。这是另一条道路上的上升，与前一条道路相比，这是真正的上升之路。西方传统哲学的纵向超越是进入到了一个绝对不变的、永恒的形而上学的领域，而现象学美学的纵向超越则是回到了一个变动不居、时在时新的存在的领域。西方传统哲学把感觉作为达到对真理、理念、概念认识的开始，而现象学美学则把感觉作为由理性到感性回归的终点。

上述还原和建构所昭示的存在开显的过程是纵向的，由于形式、意义、世界的三位一体特性，作为审美对象构成要素的形式、意义、世界便不可能是各自孤立的存在，而是在自身纵向开显的同时，在不同的层次上横向地相互指引、勾连、孕育、发生："形式←→意义←→世界"。横向超越不仅是单个对象自身之间形式、意义与世界的超越，而且也是借助物的物化、意义的生发超越自身指向在场的他者和不在场的他者的超越，以至于与天地万物融合为一、息息相通。所谓"世界"，即已经包含了后一意义在。

审美对象向存在的开显，同时也是存在向审美对象的显现，两者相互交织、争执、映射，互为表里。存在在审美对象身上的显现，可以更简洁地表述为：形式形式化、意义意义化、世界世界化。由于现象学美学诸家对此一问题的论述并均衡，因此，本章侧重于用海德格尔的语言来表述，即：物物化、争执与映射游戏、世界世界化。

第二节　物物化

审美对象是现实之物与纯粹知觉相遇转化而来的，无论这个物是自然之物还是人造之物，是技术产品还是艺术作品。既然是物，就包含着材料和形式两个方面。我们曾说，在审美中，材料的感性化使材料成为形式；形式的感性化，使形式成为对象本身。一方面，存在让物充分地感性化；另一方面，物的辉煌地感性化显现存在。总之，感性化即形式化，用海德格尔的话说，就是"物物化"。"物物化"其意有三。

一 赋"物"以"形"

赋"物"以"形"包含了如下的方面：确定感性的范围，强化对象的可感外形，突出对象的形式构成要素，如点、线、面、色彩、节奏、旋律、和声、词语等，并进一步对上述要素进行和谐地、整体地组织安排。由此物质材料成为一个整体，材料的质地得以突出。

杜夫海纳认为，"在一切艺术中，感性（笔者注：原始感性）都必须被整理和组合成使人们能毫不含糊地感知到它的程度"①。谁来整理和组合呢？当然是形式。"感性只有在一种形式的控制下才能充分显示出来。这种形式显然内在于感性，它首先只不过是感性的和谐的组织。"② 在物质材料向审美感性转化过程中，形式所处的地位及其作用是：从对材料的处理看，是颂扬对象的物质性，使其感性达到它的最高峰。从形式的强化看，"在这个对象身上，只有不失去形式才会有物质材料。画家清楚地知道，只有色彩配合协调才有色彩的强弱；如果这一形式遭到破坏，色彩也就随之消失。词句只有在诗歌的严格布局中才有文采和丰富的意义。词句在诗歌中的地位犹如小提琴之在乐队。在诗中遇有跨行和不合句法的时候，读起来就像一声响锣，刺耳了。同样，只有通过旋律的形式（这种形式即使旋律被打断或成为节奏的模式也不断存在着），乐音才充分是乐音，而且永远接近噪音的边沿，如同听铜管乐器或大型乐队演奏时那样。石头只有它的位置摆得适当而又显然担当起自己的职能，即在服从重力的同时控制重力时，看起来才能令人相信石头的坚硬性"③。合材料和形式两方面看，审美感性是凭借形式生发并建构起来的。更具体点说，是形式使事物色彩的强弱存在，使诗歌词句具有文采和丰富的意义，使声音成为乐音，使石头成为石头。但形式的作用并不止于此，通过形式而出现的新的感性，同时借助于形式立刻获得本体论上的满足："形式使审美对象不再作为一个实在对象的再现手段而存在，而是有它自身的存在。审美对象的

---

① ［法］杜夫海纳：《审美经验现象学》，韩树站译，文化艺术出版社 1996 年版，第 343 页。

② 同上书，第 138 页。

③ 同上书，第 119 页。

真实性不在它的身外，不在它所模仿的现实之中，而是在它自身。"①

在海德格尔看来，真正的事物不是一个单纯的事物，不是一个完成了的僵死的事实。真正的事物是未完成的、开放的、正在生成着的事情。事物的本质在于"成为……"（事物成为事物），在于"是……"（事物是事物）。"成为……"、"是……"就是事物的存在，只是在其存在中，事物才不是功能性的，而是物自身。海德格尔从无蔽的角度阐述这个道理："在站出者（Her-Stand）的全部本质中，起支配作用的是一种双重的站立（Her-Stehen）：一方面，是'源出于……'意义上的站出，无论这是一种自行生产还是一种被置造；另一方面，站出的意思是被生产者站出来而站入已然在场的东西的无蔽状态之中。"② 在无蔽状态中，物之成为物，即物物化。

梅洛－庞蒂则把知觉看作是赋予事物以形式的力量。形式不是一种实在存在，而是一种知觉对象，一个被知觉的整体。形式既不是一种事物（自在），也不是一个观念（自为），而是一种观念与一种存在的难以觉察的结合，是质料借以在我们面前开始拥有一个意义的偶然安排，是处于诞生状态中的可知性。因此，它对于理智来说是不透明的，它只能属于一种具有同样的模糊性和不透明性的意识，这就是知觉。

马尔库塞曾从现实批判的角度论述形式化的作用和意义："在审美形式中，内容（质料）被组合、整形、调整，以至获得了一种条件，在这个条件下。'材料'或质料的那些直接的、未被把握的力量，可以被把握住，被秩序化。形式就是否定，它就是对无序、狂乱、苦难的把握，即使形式表现着无序、狂乱、苦难，它也是对这些东西的一种把握。艺术的这个胜利，是由于它把内容交付与审美秩序。"③ 形式组织感性，不仅使材料成为一个有机整体，而且必然地突出了材料的质地，用海格尔的话来说就是"庙成石显"。

① ［法］杜夫海纳：《审美经验现象学》，韩树站译，文化艺术出版社1996年版，第120页。
② ［德］海德格尔：《演讲与论文集》，孙周兴译，生活·读书·新知三联书店2005年版，第175页。
③ ［美］赫伯特·马尔库塞：《审美之维》，李小兵译，广西师范大学出版社2001年版，第114页。

形式的赋形作用与形式的"形相层"相对应，这就是说，它是外部形式的功能。

二　赋"形"以"义"

形式在对物质材料进行赋形时，一方面强化了能指，同时瓦解了物之所指；另一方面在更高层面上（审美感性生成的层面上）赋予对象以新的所指——具有泛指意义的精神意味。杜弗海纳把形式的这种作用称之为"意指"、"表现"。

在阐释尼采的美学思想时，海德格尔把形式的强化与人的节庆状态和陶醉联系起来，指出："形式，作为让我们所照面的事物显现出来的东西，首先把由形式决定的行为带入一种与存在者的关联的直接性之中。形式开启出这种关联本身。使之成为对存在者的原始行为的状态，亦即节庆的状态；在节庆状态中，存在者本身在其本质中得到庆祝，并且因此才首次被置入敞开域（das Offene）中。形式首先规定和限定了那个领域，在此领域中，存在者的提高力量和丰富性的状态才得以实现。形式奠定了那个领域的基础，在此领域中，陶醉之为陶醉才成为可能的。在形式作为最丰富的法则的最高质朴性起着支配作用的地方，就有陶醉。……对尼采来说，陶醉意味着形式的辉煌胜利。"[①] 所谓"关联"、"节庆状态"、"陶醉"，说的无非就是形式所带来的意义。

马尔库塞所谓"形式就是否定，它就是对无序、狂乱、苦难的把握"，就已经显示出了形式的意义。

形式的意指和表现作用与"本质层"相对应，即它是内部形式的功能。至此，我们看到，审美感性借助于形式克服了现实之物形式与内容的分裂，达到了立足于形式的新的形式与内容的同一，用杜弗海纳的话来说就是"显示感性的充实性和必然性"。

三　聚集并开显世界

在现象学的视野里，审美感性是审美主体的意向相关项，所以，具体

---

① ［德］海德格尔：《尼采》上卷，孙周兴译，商务印书馆2002年版，第131页。

到与感性密切相关的形式上，就有了多重含义：外部形式、内部形式、形上形式、相关主客的整体形式。如果说，外部形式和内部形式分别侧重于赋形和赋义，那么，相关主客的整体形式则侧重于开显世界。所谓"开"即创造，所谓"显"即敞开。在这个开显的过程中，形上形式提供根据，外部形式提供（生成）形相，内部形式提供（生成）意味。杜弗海纳说："美的形式是那种在任何话语之外说话的形式，是那种说出一个世界的形式。"①

海德格尔通过对古高地德语中的 thing 一词的考察，认为物（thing）的古老含义是聚集。所以他说，物物化，物化聚集。聚集什么？聚集天、地、神、人四重性，因此，事物就是四重性的聚集地。海德格尔曾以不同的事物为例对四重性的聚集作过说明，如《艺术作品的本源》中的"农鞋"和"希腊神庙"、《物》中的"壶"、《筑·居·思》中的"桥"和"农家院落"。

如果我们立足于表象性思维，把物看作是与人相对而立的对象，或者立足于功能性的角度，只关注物的可用性方面，那么，所谓物就仅仅是一个单纯的现实之物、现成之物。譬如，"桥"就是架于河流之上、连接河岸、方便人们行走的一种物，而"壶"就是由壶底、壶壁及两者之间的虚空构成的器皿。在海德格尔看来，这样的"桥"和"壶"没有成其本质，原因在于，它们没有物化。物如何物化呢？

海德格尔不是孤立地谈论"桥"这一个别的事实，而是在桥与河岸、河流、天、地、人、神之间进行相互指引，并建立意义的关联。由"桥"指引到"两岸"，由"河岸"指引到"广阔的后方河岸风景"，由"河岸风景"指引到"大地"。由桥"飞架于河流之上"指引到"桥墩"，由"桥墩"指引到"河床"与"桥拱"，由"桥洞"指引到"水流"。在这种指引中，桥使河流、河岸和陆地进入相互的近邻关系之中，桥把大地聚集为河流四周的风景。由"桥"作为"道路"指引到"往来于两岸的人们"，由现实中人们以多重方式的行走"达到对岸"指引到"作为终有一死者达到彼岸"，由赴死的人指引到"诸神"。这种指引和意义的关联就

---

① 　[法] 杜夫海纳：《美学与哲学》，孙非译，中国社会科学出版社 1985 年版，第 128 页。

是"聚集"。桥以其方式把天、地、神、人聚集于自身。

什么是壶呢？从壶作为个别的事实来看，壶是一个由壶底、壶壁及其虚空所构成的能够站立的器皿，它的作用在于容纳其他东西。由此，海德格尔开始了他的现象学描述。"虚空以双重方式来容纳，即承受和保持。"虚空的双重"容纳"由"倾倒"来决定，"倾倒"使"容纳"真正如其所是。"倾倒"在于"馈赠－赠品"：水和酒。"水"中有"泉"，"泉"中有"岩石"，"岩石"中有"大地"，"大地"承受"天空的雨露"。"酒"由"葡萄的果实"酿成，"果实"由"大地"的滋养与"天空"的阳光所玉成。在作为"饮料的倾注之赠品"中，"终有一死的人"以自己的方式逗留着。在作为"祭酒的倾注之赠品"中，"诸神"以自己的方式逗留着。在"倾注之赠品"中，同时逗留着"大地与天空"。海德格尔由此得出结论说，壶的本质是天、地、神、人四重整体在赠品中的纯粹聚集。

通观海德格尔对"桥"和"壶"所做的现象学描述，可以看出如下几个要点：首先和最为根本的是，让"桥"、"壶"去存在……、去是……、去成为……，而不是僵死地把它看作单纯物质化和功能化的"什么"。其次，物之存在就是以建构意义的方式指引到天、地、神、人，让其临近、到场，此谓"聚集"。再次，聚集的方式（也就是指引的方式），或是空间的，如由桥到岸，由河岸到后方风景，由后方风景到大地；或是时间的，如天地的运行，人的赴死，神的永恒；或是因果的，如祭酒之对于诸神，饮料之对于人，大地的滋养与天空的雨露之对于葡萄的果实。此种"聚集"、"指引"是物之吟唱，是物的光辉的照耀，是物之灵性的显现。所以，不是桥的两端有河岸、河岸后方有风景、风景背后有大地这样客观的空间排列，而是桥让河岸出现、沟通、对峙，是桥使河流、河岸和陆地进入相互的近邻关系之中，是桥把大地聚集为河流四周的风景。最后，聚集就是物的物化，物物化世界，物化就是世界化。正是在这个意义上，我们说，物有一个世界，物－在－世界－中，物在世界化中发生、生成。

第三节　世界世界化

与"物物化"相对的是"世界世界化"。"天、地、神、人之纯一性的居有着的映射游戏，我们称之为世界（Welt）。"① 这里的世界，既不是指观念世界，也不是指现实世界，而是指意象世界。意象世界根本就并不意味着一个存在者，并不意味着任何一个存在者领域，而是意味着存在之敞开状态。"'世界'乃是存在之澄明，人被从其被抛的本质而来而置身于这种澄明中。"② 这即是说，世界与存在同一。

与世界即是存在现象相应，世界世界化（das Welten von Welt）既不能通过某个他者来说明，也不能根据某个他者来论证。"因为诸如原因和根据之类的东西是与世界之世界化格格不入的。一旦人类的认识在这里要求一种说明，它就没有超越世界之本质，而是落到世界之本质下面了。人类的说明愿望根本就达不到世界化之纯一性的质朴要素中。当人们把统一的四方仅仅表象为个别的现实之物，即可以相互论证和说明的现实之物，这时候，统一的四方在它们的本质中早已被扼杀了。"③ 因此，世界世界化即世界的敞开。

世界的敞开与显现有两个维度：一是从物的方面看，物物化最终开显了世界，这是由存在者到存在的路线；二是从世界方面看，世界自身敞开，这是从存在到存在者的路线。在这条路线上，物之为物得以生成、发生。海德格尔说："物是从世界之映射游戏的环化中生成、发生的。惟当——也许是突兀地——世界作为世界而世界化（Welt als Welt weltet），圆环才闪烁生辉；而天、地、神、人的环化从这个圆环中脱颖而出（entringt），进入其纯一性的柔和之中。"④ 所谓"进入其纯一性的柔和之中"，就是成其物之本质。无论是壶和凳，还是桥和犁，都各以自己

---

① ［德］海德格尔：《演讲与论文集》，孙周兴译，生活·读书·新知三联书店 2005 年版，第 188 页。

② ［德］海德格尔：《路标》，孙周兴译，商务印书馆 2000 年版，第 412 页。

③ ［德］海德格尔：《演讲与论文集》，孙周兴译，生活·读书·新知三联书店 2005 年版，第 188 页。

④ 同上书，第 191 页。

的方式成为物本身。孙周兴从"有－无"、"隐－显"的角度对"物物化"和"世界世界化"作了二重性的区分。

> 物（物化）和世界（世界化）都是"存在本身"的一体运作，但表现有所不同。"物化"是从无到有（隐→显）的"聚集"（居有），"世界化"是从有到无（显→隐）的归于隐匿的"解蔽"（澄明）。"物化"之际，物实现世界，即"天、地、神、人"、"四重整体"的世界得以"显"出；而"物化"的这种有所"显"的"聚集"之所以可能，是因为"世界化"这种由显入隐的"解蔽"。世界是"显"，但趋向于隐蔽入无，在物中聚集起来；物是"隐"，但趋向于由隐入显，在世界中显突出来。"物化"由隐入显而"实现"世界，"世界化"由显入隐而"允诺"物。"物化"成就世界之本质。"世界化"成就物之本质。①

"物物化"涉及天、地、神、人诸多因素，其表述足可繁复；而"世界世界化"仅是存在自身的敞开，似无可多言，只能一言以蔽之。杜夫海纳接受胡塞尔世界视域的观点，把世界定义为"一切境域的境域"，并提出了"时间和空间是世界的经纬"和"时间和空间是世界的骨架"这一命题。这一命题同样适用审美对象的世界："时间和空间是那样紧密地和审美对象并合在一起以致它们仿佛来自审美对象：时间性和空间性成了审美对象内部世界的维度，成了对象为自己的世界创造的而非接受的形式。"② 借鉴杜夫海纳的命题和观点，我们把"世界世界化"规定为本真时间的时间化和本真空间的空间化，以及两者之间的交织。

一　时间化与空间化

世界这个"普全视域"的获得或构成，根本上在于时间视域和空间视域的不断获得和构成。时间视域和空间视域的构成就是时间化和空间化，

---

① 孙周兴：《语言存在论》，商务印书馆 2011 年版，第 277—278 页。
② ［法］杜夫海纳：《审美经验现象学》，韩树站译，文化艺术出版社 1996 年版，第 265 页。

如果从构成的含义上来理解意向性，那么所谓时间化和空间化也就是时间意向性和空间意向性。根据海德格尔后期对本真时间和本真空间的思考，源始意义上的时间与空间是共属的，因此，本真时间可被表述为"时－空"（Zeit-Raum），而本真空间则可被表述为"空－时"。如此一来，时间的时间化在源始层面上就包含了时间的空间化，而空间的空间化在源始层面上同样包含了空间的时间化。

从艺术的分类来看，有时间艺术、空间艺术和时空综合艺术。从表层看，时间艺术（如音乐）在时间中展开（时间时间化），空间艺术（如绘画）在空间中展开（空间空间化）；但从深层看，时间艺术包含着空间，空间艺术包含着时间，所以都各有自己的世界。这就意味着，时间艺术在展开的过程中时间空间化了，而空间艺术在展开的过程中空间时间化了。杜夫海纳因此强调审美对象中的时空连带关系："审美对象表面上虽有时间和空间之分，却同时包含时间和空间：绘画并非与时间无关，音乐也并非与空间无关。"[1] 对时空的这种连带关系，杜夫海纳的思路是由主体推论到客体："在原始的时间性和空间性共同存在于主体的基础上，从现象学层次推移到思维层次，我们就可以理解像认识所揭示的和确立的那种时间和空间在客体中的连带关系。"[2] 在此基础上，进而确立审美对象作为准主体的地位："时间性和空间性在主体中的连带关系使我们懂得客体中的时间的空间化和空间的时间化。……这种时间和空间像是审美对象所承受的，它们使审美（对象）成为一个能带有它表现的一个世界的准主体。"[3] 由以上所论，可以看到，世界尤其是审美对象的世界的构成包含了如下四个方面：①时间的时间化：时间意识意向性与时间视域；②空间的空间化：空间意识意向性与空间视域；③时间的空间化：时间意识意向性与空间视域；④空间的时间化：空间意识意向性与时间视域。

二　时间的时间化

海德格尔的"时间性"概念其含义就是指一个包含了将来、过去和现

---

①　［法］杜夫海纳：《审美经验现象学》，韩树站译，文化艺术出版社 1996 年版，第 277 页。

②　同上书，第 281 页。

③　同上书，第 283 页。

在诸环节的整体的统一现象，这实际上是立足于此在生存而对胡塞尔时间视域（Zeithorizont）含义的新表述。"时间性的本质即是在诸种绽出的统一中到时"，其实质意义指的是时间视域的生成或显现，也就是时间的时间化。

将来、曾在、当前等时间性环节的"向自身"、"回到"、"让照面"等现象被称作时间性的绽出。时间性的绽出就是到时，所谓到时就是到其时机。作为时间性的到时具有意向性结构，时间性以不同的意向性结构到时，就展现为不同的时间样式，从而也就具有不同的时间视域。"时间性之绽出（将来、曾在、当下）并非单纯地出离到……，并非仿佛出离至虚无；毋宁说，这些绽出作为'出离到……'，基于其不同的绽出特性，拥有一个由出离样态出发，亦即由将来、曾在及当下这些样态出发得到预先确定，并属于绽出自身的境域。每一绽出作为'出离到……'拥有一个既在其自己之中，同时又属于它对'出离之何所至'这个形式结构的预先确定。我们把这个'绽出之何所至'标为绽出之境域，或者更确切地说，绽出之境域性图型。"①

时间性三维绽出对应着三种绽出境域图型。因此有作为时间性当前维度的绽出境域图型、作为时间性将来维度的绽出视域图型、作为时间性曾在维度的绽出视域图型。正如三重绽出在其自身之内构成时间性的统一，也总有其境域性图型的这样一种统一在那里对应于时间性之绽出的统一。三种视域图型的综合统一为本源时间性。这种统一就是在场状态意义上的当前，即指本真时间的在场状态。"作为在场状态意义上的当前与所有属于这一当前的东西就可以叫做本真的时间。"② 这就是说，在本真的时间中，不仅当前，而且曾在和将来也属于这一当前的东西。或者按《现象学之基本问题》中的用语说，不仅当前的绽出境域图型是在场，而且曾在和将来的绽出境域图型也是在场

海德格尔进一步把"在场"规定为当前、曾在和将来三个时间性绽出环节的到达。"到来（Ankommen），作为尚未当前，同时达到和产生不再

---

① ［德］海德格尔：《现象学之基本问题》，丁耘译，上海译文出版社 2008 年版，第 413 页。

② ［德］海德格尔：《面向思的事情》，陈小文、孙周兴译，商务印书馆 1996 年版，第 12 页。

当前，即曾在，反过来，曾在又把自己递给将来。曾在和将来二者的交替关系不仅达到同时也产生了当前。我们说'同时'，并以此把一种时间特征赋予给将来、曾在和当前的'相互达到'（Sich-einander-Reichen），即它们本己的统一性。"① 它们所相互达到的就是它们本身——它里面的在场，正是这种当前、曾在和将来的相互达到，才使它们具有本己的统一性，进而构成综合统一的时间境域。

三 空间的空间化

本真的时间是四维的。当前、曾在和将来的绽出构成了时间的三维，而从当前、过去和将来而来的、统一着其三重澄明着到达的在场的切近则是第四维。"维度"其意有二：一方面被思为可能测量的区域，另一方面被思为通达和澄明着地到达。从后一层意思讲，在计数上被称为第四维的东西，按事情本身说来则是第一维的东西。因为三维时间的统一性存在于那种各维之间的相互传送之中，它在将来、曾在和当前中产生出它们当下所有的在场。作为"相互达到"的在场的前提是"使它们澄明着分开"，然后才是"把它们相互保持在切近处"。由此，海德格尔提出了一个命名第四维的含有空间意蕴的概念"近"。"'近'通过它们的去远而使将来、曾在和当前相互接近。因为'近'将曾在的将来作为当前加以拒绝，从而使曾在敞开。这种切近的接近在到来中把将来扣留，从而使来自将来的到来敞开。"② 这个由接近的切近所决定的三重达到的领域，是先于空间的地方。由是，本真的时间被命名为"时间－空间"。"时－空"不是指可以计算的时间的两个点之间的距离，而是指敞开，"这一敞开是在将来、曾在和当前的相互达到中自行澄明的。这种敞开且只有这种敞开，把它的可能的扩张安置到为我们所熟知的空间中。这种澄明着的将来、曾在和当前的相互达到本身就是前空间的。所以它能够安置空间，也就是说它给出空间。"③ 正如美国学者波尔特所说，"时间－空间"就是一种时间和空间，是我们每天会在那里发现我们自己的那个瞬间场域。

---

① ［德］海德格尔：《面向思的事情》，陈小文、孙周兴译，商务印书馆1996年版，第14页。
② 同上书，第16页。
③ 同上书，第15页。

关于时间可以说：时间到时；关于空间可以说：空间空间化。本真空间层面上的空间化，不以沉沦在世的此在为中心，它不是要让世内存在者来照面才以"去周围世界上到手头的东西之远而使它进入由寻视先行揭示的场所"的方式为其占据位置（Platz）。在海德格尔看来，物本身就是诸位置，而且并不仅仅归属于某一个位置，所以，本真空间层面上的空间化，就其本己来看"乃是开放诸位置（Orten）"，或者说空间化乃诸位置（Orten）之开放。

本真空间的空间化当然也是"设置空间"，但不同于此在空间性层面上的作为"生存论环节"的此在为来照面的世内存在者指定一个所属的位置那样"设置空间"，而是"位置在双重意义上为四重整体设置空间"。一是位置允纳四重整体，二是位置安置四重整体。而且这两者，"即作为允纳的设置空间和作为安置的设置空间，乃是共属一体的"①。在此，需对海德格尔表述中的几个概念的含义略作阐释。作为事物自身空间规定性的"位置"（Ort）是四重整体的庇护之所，同时这种位置上的这种物乃是住所，所以它能为人的逗留提供住所。"四重整体"（das Geviert）乃是天、地、神、人四方相互共属的纯一性。"允纳"即允许或者让敞开之境运作起来并容纳在场之物的显现。"安置"即向物提供可能性，使物得以依其各自的何所向并从这种何所向而来相互归属。"允纳"与"安置"的共属一体其实质含义就是海德格尔所谓的"开放"和"聚集"。开放即开启地方（Ortschaft）或地带（Gegend），这是海德格尔"涌现"（Aufgehen）和"解蔽"（Aletheia）在空间方面的含义。"聚集"就是物之物化，也就是物的世界化。作为不是什么的"物"，作为不是什么的"位置"，从根本上来讲，就是一"无"，所以它能聚集天、地、神、人于一体，此之谓"允纳"、"安置"四重整体。

相对于此在空间性层面上"去远"、"定向"的空间化方式，本真空间的空间化方式则是"切近"、"近"或"近化"。这种"近"是比日常"去其远使之近"更"近"的去远。"什么是切近呢？……物物化。物化之际，物居留大地和天空、诸神和终有一死者；居留之际，物使在它们的

---

① 孙周兴选编：《海德格尔选集》（下），上海三联书店 1996 年版，第 1201 页。

远中的四方相互趋近，这一带近即是近化。近化乃切近之本质。切近近化远，并且是作为远来近化。切近保持远，保持远之际，切近在其近化中成其本质。"① 这里的近和远，不是物理空间意义上的计量概念和尺度，而是指天、地、神、人的相互面对、彼此通达。"在运作着的'相互面对'中，一切东西都是彼此敞开的，都是在其自行遮蔽中敞开的；于是一方向另一方展开自身，一方把自身托与另一方，从而一切都保持其本身；一方胜过另一方而为后者的照管者、守护者，作为掩蔽者守护另一方。"② 切近为相互面对、彼此通达开辟道路，这种开辟道路就是作为近的切近。海德格尔的这些话说得甚为纠结，但其要表达的基本意思应该是，在什么也不是的"无"中，作为"是……"的物（按此理解，一切皆物）以其作为什么也不是的"位置"，为四重整体提供一个场所，这个场所一向设置出一个空间。在这个自由的空间（辽远之境）里，天、地、神、人各成其自身并保持自身，同时相互面对、相互敞开、彼此通达，以致共属一纯一性整体，这就是被海德格尔所称的"天、地、神、人之纯一性的居有着的映射游戏"所构成的世界。所以说，世界的世界化、物之物化就是切近。而科学意义上的空间和时间是对切近的拒绝，它不但不能带来切近，也不能测量切近。《存在与时间》中所论把现成物体摆在一起的"比肩并列"，即使间隙上等于零，也不能相互"触着"，这就是"在之内"的空间对切近的拒绝，因为现成事物之间并不能够来照面。而艺术作品中的事物则相反，"春花秋月何时了，往事知多少。小楼昨夜又东风，故国不堪回首月明中"。词中"春花"、"秋月"、"昨夜小楼"、"故国明月"等诸种事物之间，从科学角度看，彼此距离甚远。但在艺术的空间里却彼此照面、相互敞开、相互蕴含，共同营造一艺术意境，此之谓切近、近化远。

《审美经验现象学》中有专论空间艺术的"绘画作品"一章，但杜夫海纳未能就空间的空间化展开论述，倒是在论艺术家如何组织时间和空间来调派感性时的一段文字触及到了这个问题，他说："空间中的纪念性建筑物属于空间。也就是说，它不是受人测量，而是它在测量。它用自己的

① 孙周兴选编：《海德格尔选集》（下），上海三联书店 1996 年版，第 1178 页。
② 同上书，第 1115 页。

圆柱的气势或拱顶的高大来开创高度，用高高低低的层次来挖掘深度，用外墙的雄伟或大门的宽敞来拓展宽度。"① 建筑物以其位置（其中"圆柱"、"拱顶"、"高高低低的层次"、"外墙"、"大门"都是与位置共属一体的）开启了一个具有高度、深度和宽度的审美空间。这个空间是不允许也不能进行计数测量的，它的功能在于引领人、召唤人栖居其中并感受、体验它的气势、雄伟和宽敞。

四　时间的空间化

时间的空间化之根据在于本真时间，因为源始意义上的时间与空间是共属一体的。本真的时间是四维的，即当前、过去、将来以及规定着这一切的到达。这种澄明着的将来、曾在和当前的相互达到本身就是前空间的。前空间的就是先于空间的地方（Ortschaft）。时间性三维的绽出正是绽向作为位置整体性的地方，作为先于空间的地方它能够安置空间、给出空间，这就是时间的空间化。

杜夫海纳认为审美对象时间的空间化是通过它用以组成自己的时间过程的可测量的时间参与空间来实现的，这可分成两个方面，一个方面是审美对象本身的结构范畴和声、节奏和旋律所体现的空间，另一方面是人体所体验的空间。在音乐中，旋律就是时间过程，但旋律模式能把时间过程分成节拍，因而它引进了空间因素。"模式只有在充满一个空间时才能赋予旋律的时间过程以自己的充实性。旋律就是这样充满音乐厅，渗透我们全身。"② 音乐中的节奏所测量的就是旋律的时间过程，因而在其时间过程中牵涉到时间的空间化。尤其是节奏模式，因为它是建立在一种空间化的材料的无限可分性基础之上的一个数字程序，所以它把时间空间化了。和声作为对旋律和节奏的质的确定，它构成了音乐对象的音响环境，和声结构以此揭示出音乐与空间的关系。"正如德施劳泽所说，一部音乐作品的和声就是这部作品和这部作品在其中完成的环境之间的关系，而和声分析就是把过程转移到活动范围，把所变的东西转移到所是的东西，把时间

---

① ［法］杜夫海纳：《审美经验现象学》，韩树站译，文化艺术出版社1996年版，第265页。

② 同上书，第308页。

过程转移到空间。"① 另外，音乐旋律、节奏与和声运动的展开，总有人
体的参与，各种模式首先是作为对身体的刺激和对想象的暗示而被体验
的，因此人体体验空间并勾画出一个空间。

五 空间的时间化

空间的时间化之根据在于本真空间，因为本真空间也是与时间共属一
体的。海德格尔论述空间的时间化是与时间的空间化相提并论的，因为这
本是一体之两面。这一体，海德格尔名之曰"同时者"，也即"时间－空
间"（Zeit-Raum）。如果说时间的空间化指的是时间性三维的绽出共同绽
向作为位置整体性的地方，那么空间的时间化则是作为诸位置整体性的地
方接纳时间性三维的到达。在时间空间化的情况下，时间本身在其本质整
体中并不运动，时间在寂静中宁息；在空间时间化的情况下，空间本身在
其本质整体中并不运动，它在寂静中宁息。海德格尔称此为"寂静之游
戏"。时间的空间化、空间的时间化合而称之就是"时间－游戏－空间"
或"空间－游戏－时间"。在这种时空游戏中，时间和空间得以聚集（生
成），天、地、神、人四个世界地带得以聚集（相互面对），由此，一个
整体的、自由的意象世界诞生了。

杜夫海纳论时间的空间化以音乐作品为例，而论空间的时间化则以绘画
作品为例。在空间艺术中，时间显示自己的形式是运动，或者说，空间通过
运动显示时间。什么是绘画作品的运动？杜夫海纳区分了两种运动，一是再
现对象的运动，二是绘画对象的运动。再现对象的运动是对现实对象运动的
模仿，因此它是一种中断的、由动到静的运动。绘画对象的运动不是虚构或
模拟的运动，而是真实的、尽管是静止不动的但却是趋于展开的、由静到动
的运动。在这种真正的运动中，作品的组成成分走向意义、走向审美对象的
统一和完成。两种运动所显示出的不同效果在下面的对比中可以看得很清楚：
"一张赛跑图或暴风骤雨图可以是死气沉沉的、无声无息的。但梵·高画的橄
榄树用它那盘曲的树根死命地抓住泥土，比藉里柯画的马更加生动得多。"②

---

① ［法］杜夫海纳：《审美经验现象学》，韩树站译，文化艺术出版社 1996 年版，第 292 页。
② 同上书，第 316 页。

　　运动是一种时间性的活动，但它有轨道，并留下轨迹，轨迹表示时间。杜夫海纳曾说音乐作品的结构范畴——和声、节奏与旋律——可以在一切艺术中看到。绘画作品的和声、节奏和旋律首先是空间结构的显示，但由于在这空间中色彩、线条、光线会构成轨迹，所以它能孕育一种它们在不动中完成的运动。绘画空间就是以此来实现时间化的。绘画的和声指的是色彩多样性的协调、和谐与统一，而光是和声组织的产物。"通过颜色，光无所不在。连黑暗中也有光。不再有那种好像来自外面的、投射在再现对象上的、这里有那里没有的光线了，有的是一种光。……它是作品的感性先验，因而作品能成为一种运动的场所。"① 绘画作品对各组成部分的布局会形成一定的类似于音乐的节奏或节奏模式，譬如直线与曲线互换速度，色彩本身依其是冷色还是暖色、是纯色还是混色按不同的节奏而增减等。"这样，节奏变成了内在的东西，更深深地与感性的结构相结合，审美对象也具有了一种简单可以说是潜在的时间性。"② 绘画的旋律指的是审美对象产生的整体效果，在比喻的意义上可以说它是"画的音乐"，是"纪念性建筑物的歌声"。旋律是空间艺术审美对象的表现，它是作品表现的世界的时间气氛。

第四节　争执与映射游戏

　　"物化"与"世界化"已经是"物"与"世界"的意义，这包含着两层意思：一是生发意义；二是运作意义，即凭借意义而"物化"和"世界化"。物化聚集就是以意义聚集天、地、神、人，世界化就是存在的"时–空"性意义。假如严格划分意义与形式、意义与世界的界限，那么，发生在世界与大地之间的"争执"，发生在天、地、神、人之间的"映射游戏"，则就是审美对象意义的运作。意义的生发和运作有两个层面：一是存在之真理（原始争执），二是存在者之真理（争执）。世界的世界化、物的物化世界、存在的澄明与遮蔽属于前者，大地的锁闭与世界的敞开、

---

　　① ［法］杜夫海纳：《审美经验现象学》，韩树站译，文化艺术出版社 1996 年版，第 329 页。
　　② 同上书，第 347 页。

天地神人之间的映射游戏属于后者。当然，意义运作的两个层面是交织在一起的，难分彼此。梅洛－庞蒂存在之"肉"的开裂——一种存在本身的"区分化运作"表明了这一点。

一　争执

争执（Streit）的本质不是分歧、争辩、紊乱和破坏，而是让争执者双方相互进入其本质的自我确立中，投入本己存在之渊源的遮蔽了的原始性中。在这种争执中，一方超出自身包含着另一方，最终，争执者纵身于质朴的恰如其分的亲密性（Innigkeit）之中。

1. 存在的澄明与遮蔽——源始争执

存在本身既澄明又遮蔽，澄明与遮蔽之间发生的争执便是一种"源始争执"，真理作为存在的根本特征就是进入澄明的同时又遮蔽，因此"真理是原始争执，在其中，敞开领域一向以某种方式被争得了，于是显示自身和退隐自身的一切存在者进入敞开领域之中或离开敞开领域而固守自身。无论何时何地发生这种争执，争执者，即澄明与遮蔽，由此而分道扬镳。因此就争得了争执领地的敞开领域"①。这种源始争执显示的就是存在的观念性意义。

2. 世界与大地的争执——敞开与锁闭

真理是澄明与遮蔽的对抗，但是真理并不是自在地现存着，澄明与遮蔽的对抗所敞开的领域，让存在者进入，于是表现为世界与大地的争执。也就是说，澄明与遮蔽的源始争执在世界与大地的具体争执中得以显现。世界敞开，大地锁闭，但"大地离不开世界之敞开领域，因为大地本身是在其自行锁闭的被解放的涌动中显现的。而世界不能飘然飞离大地，因为世界是一切根本性命运的具有决定作用的境地和道路，它把自身建基于一个坚固的基础之上"②。作品建立一个世界并制造大地，同时就完成了这种争执。在世界与大地的亲密性中，作品达到了统一。无论争执还是统一，都显现了作品这个存在者的感性具体意义。

---

① ［德］海德格尔：《林中路》，孙周兴译，上海译文出版社1997年版，第44页。
② 同上书，第33页。

二　映射游戏

映射（Spiegeln）是大地、天空、诸神和终有一死者四方各以自己的方式映射其余三方的现身本质，同时映射自身，并在居有本己现身本质之际相互转让。这种进入自由域的维系着的映射乃是游戏（Spiel），天、地、神、人四重整体通过游戏构成纯一性的整体——世界，这就叫居有着的映射游戏（Spiegel-Spiel）。

映射游戏即发生在审美对象内部的意义的运作。就人而言，是拯救大地（把某物释放到它本己的本质之中），接受天空（一任日月运行，群星游移，一任四季的幸与不幸。他们并不使黑夜变为白昼，使白昼变成忙乱的烦躁不安），期待诸神（期待着诸神到达的暗示，期待着已经隐匿了的美妙），承受死亡（把本己的本质护送到对这种能力的使用中），保护四重整体，以此，栖居并逗留于物中。就大地而言，是承受筑造，滋养果实，蕴藏着水流和岩石，庇护着动物和植物。就天空而言，是日月运行，群星闪烁，季节交替，昼夜之光明与暗沉相续。就诸神而言，是暗示神性，与在场者同伍。就四方相互游戏而言，是物化世界，入于纯一性之中。这些带有象征性的表述，所表达的无非就是审美对象所蕴含着的有限与无限、个别与一般的既感性具体又超越感性具体的审美价值和意义。

三　区分化运作

存在之"肉"是一个原始"母体"、一个原始的"生育场"，存在的运动在"肉"这里体现为"开裂"，这种开裂是一种存在本身的"区分化运作"。正是在这种区分化运作中，在差异中，在可见的世界、身体、语言、历史等感性事物中存在的意义得以呈现。

存在的开裂造成了事物之间的差异，但是由于它们共属一体，所以在主观与客观、自我与他人、接触者与被接触者、可见者与不可见者、能动与被动、自我与世界、过去与现在、自为与他为之间就会发生侵蚀、越界、嵌入、交叉这样一些可逆性关系。梅洛－庞蒂曾以主动性与被动性的相互循环性说明这种可逆性的交织关系："交错，可逆性，就是说一切知觉都被一种反知觉所重叠，是双面的行为，人们不再知道究竟是谁在说，谁在听，听与说的循环性、看与被看的循环性、知觉与被知觉的循环性（是它让我们觉得知觉是在事物之中形成的）。"① 这种事物之间的可逆性的交织，其实质是存在之肉所蕴含的意义的交织，意义在这种交织中生成并显现自身。

天、地、神、人四方之间的映射游戏所体现的，恰恰就是这种存在与存在者之间的意义运作中的交织。

四　表现

作为"此在"式的存在者，审美对象也是"在世界之中存在"，"在之中"意指审美对象的一种存在论建构，它是审美对象的一种存在性质。如果用一个词汇来表述这种性质，这就是"表现"，表现就是审美对象的展开状态，就是它的类似于此在的"此"。毫无疑问，"此"中有"意"。审美对象的表现，其具体展开则有超越、表演、言说等方式，最终则趋向建立世界。

审美对象为何具有表现性？杜夫海纳对这个问题回答的基本思路，是把它归到审美对象所具有的主体性上来，表现即审美对象作为准主体的意志的表达。杜夫海纳说：

　　表现使人认识的是一个主体或一个准主体。

　　它首先属于一个主体，是发出符号和自我外化的能力。因此，它首先需要有一种表现自己和传达的意志。

　　表现就是显示出一个能制造符号的自为，这个自为还能脱离它所制造的符号在外化时实现内化。

　　表现揭示我们，因为它使我们成为我们表现的东西。它在构成一个外部时创造了一个内部。因而才有一种内心生活的可能。

　　表现是相互主体性的基础。

　　人们经常用作品的作者的姓名来称呼表现，因为作品的这一特色似

① ［法］梅洛－庞蒂：《可见的与不可见的》，罗国祥译，商务印书馆2008年版，第339页。

乎也指作者：它是作品和作者共有的，又像是他们之间的活的纽带。①

审美对象"形式"、"意义"、"世界"的构成因素，"自在"、"自为"、"为我们"的存在方式，通过相互关系聚集凝结为一个生命般的整体而具有表现性，所以表现首先是审美对象作为一个整体的表现。审美对象的整体表现就是感性表现。"感性越显著，表现也越显著。艺术只有凭借感性、并按照使原始感性变成审美感性的操作才能表现。"② 感性的最高峰也就是表现的最高峰。

　　杜夫海纳以他的审美对象表现性排除了浪漫主义的主观情感和主观意志的表现，同时又以审美对象的主体表现性挣脱了一般世间对象所居的客体地位，这就把审美对象推向了超越主客对立的本体地位。因而，真正来说，审美对象所具有的表现性是存在的表现。在此，杜夫海纳与海德格尔合流了，存在的表现就是存在的道说，道说（Sage）的基本含义有二：显示和聚集。显示即"把在场者释放到它的当下在场中，把不在场者禁囿在它当下的不在场中"，使其入于澄明而自行显示、自行诉说；聚集即让被显示者持留于自身。"显示"为澄明，"聚集"为遮蔽。审美对象的意义在"澄明"与"遮蔽"之间发生、运作。

　　① ［法］杜夫海纳：《审美经验现象学》，韩树站译，文化艺术出版社1996年版，第418、419、421、419、364、364页。
　　② 同上书，第170页。

主要参考文献

［德］胡塞尔：《哲学作为严格的科学》，倪梁康译，商务印书馆 1999 年版。

［德］胡塞尔：《逻辑研究》（第一卷），倪梁康译，上海译文出版社 1994 年版。

［德］胡塞尔：《逻辑研究》（第二卷第一部分），倪梁康译，上海译文出版社 1998 年版。

［德］胡塞尔：《逻辑研究》（第二卷第二部分），倪梁康译，上海译文出版社 1999 年版。

［德］胡塞尔：《现象学的方法》，倪梁康译，上海译文出版社 1994 年版。

［德］胡塞尔：《生活世界现象学》，倪梁康、张廷国译，上海译文出版社 2002 年版。

［德］胡塞尔：《欧洲科学的危机与超越论的现象学》，王炳文译，商务印书馆 2001 年版。

［德］胡塞尔：《现象学的观念》，倪梁康译，上海译文出版社 1986 年版。

［德］胡塞尔：《纯粹现象学通论》，李幼蒸译，商务印书馆 1996 年版。

［德］胡塞尔：《经验与判断》，邓晓芒、张廷国译，生活·读书·新知三联书店 1999 年版。

［德］胡塞尔：《内时间意识现象学》，倪梁康译，商务印书馆 2009 年版。

［德］胡塞尔：《笛卡儿式的沉思》，张廷国译，中国城市出版社 2002 年版。

［德］胡塞尔：《第一哲学》（上、下卷），王炳文译，商务印书馆 2006 年版。

［德］胡塞尔：《文章与讲演》（1911—1921 年），倪梁康译，人民出版社 2009 年版。

［德］胡塞尔:《伦理学与价值论的基本问题》,艾四林、安仕侗译,中国
　　城市出版社 2002 年版。

［德］胡塞尔:《现象学的构成研究》,李幼蒸译,中国人民大学出版社
　　2013 年版。

［德］胡塞尔:《现象学和科学基础》,李幼蒸译,中国人民大学出版社
　　2013 年版。

［德］胡塞尔:《形式逻辑和先验逻辑》,李幼蒸译,中国人民大学出版社
　　2012 年版。

［德］胡塞尔:《胡塞尔选集》(上、下卷),倪梁康选编,上海三联书店
　　1997 年版。

［德］海德格尔:《存在与时间》,陈嘉映、王庆节译,生活·读书·新知
　　三联书店 1999 年版。

［德］海德格尔:《林中路》,孙周兴译,上海译文出版社 1997 年版。

［德］海德格尔:《面向思的事情》,陈小文、孙周兴译,商务印书馆 1996
　　年版。

［德］海德格尔:《诗·语言·思》,彭富春译,文化艺术出版社 1991
　　年版。

［德］海德格尔:《现象学之基本问题》,丁耘译,上海译文出版社 2008
　　年版。

［德］海德格尔:《康德与形而上学疑难》,王庆节译,上海译文出版社
　　2011 年版。

［德］海德格尔:《时间概念史导论》,欧东明译,商务印书馆 2009 年版。

［德］海德格尔:《论真理的本质》,赵卫国译,华夏出版社 2008 年版。

［德］海德格尔:《形而上学导论》,熊伟、王庆节译,商务印书馆 1996
　　年版。

［德］海德格尔:《演讲与论文集》,孙周兴译,生活·读书·新知三联书
　　店 2005 年版。

［德］海德格尔:《在通向语言的途中》,孙周兴译,商务印书馆 1997
　　年版。

［德］海德格尔:《路标》,孙周兴译,商务印书馆 2000 年版。

［德］海德格尔：《荷尔德林诗的阐释》，孙周兴译，商务印书馆 2000 年版。

［德］海德格尔：《尼采》（上、下卷），孙周兴译，商务印书馆 2002 年版。

［德］海德格尔：《形式显示的现象学：海德格尔早期弗莱堡文选》，孙周兴编译，同济大学出版社 2004 年版。

［德］海德格尔：《存在论：实际性的解释学》，何卫平译，人民出版社 2009 年版。

［德］海德格尔：《思的经验》（1910—1976），陈春文译，人民出版社 2008 年版。

［德］海德格尔：《物的追问》，赵卫国译，上海译文出版社 2010 年版。

［德］海德格尔：《论真理的本质》，赵卫国译，华夏出版社 2008 年版。

［德］海德格尔：《对亚里士多德的现象学解释》，赵卫国译，华夏出版社 2012 年版。

［德］海德格尔：《亚里士多德哲学的基本概念》，黄瑞成译，华夏出版社 2014 年版。

［德］海德格尔：《海德格尔选集》（上、下卷），孙周兴选编，上海三联书店 1996 年版。

［法］梅洛－庞蒂：《知觉现象学》，姜志辉译，商务印书馆 2001 年版。

［法］梅洛－庞蒂：《知觉的首要地位及其哲学结论》，王东亮译，生活·读书·新知三联书店 2002 年版。

［法］梅洛－庞蒂：《哲学赞词》，杨大春译，商务印书馆 2000 年版。

［法］梅洛－庞蒂：《眼与心》，杨大春译，商务印书馆 2007 年版。

［法］梅洛－庞蒂：《可见的与不可见的》，罗国祥译，商务印书馆 2008 年版。

［法］梅洛－庞蒂：《行为的结构》，杨大春、张尧均译，商务印书馆 2005 年版。

［法］梅洛－庞蒂：《世界的散文》，杨大春译，商务印书馆 2005 年版。

［法］梅洛－庞蒂：《符号》，姜志辉译，商务印书馆 2003 年版。

［法］梅洛－庞蒂：《眼与心》，刘韵涵译，中国社会科学出版社 1992 年版。

［法］萨特：《存在与虚无》，陈宣良等译，生活·读书·新知三联书店
　　1987 年版。

［法］萨特：《自我的超越性》，杜小真译，商务印书馆 2001 年版。

［法］萨特：《影像论》，魏金声译，中国人民大学出版社 1986 年版。

［法］萨特：《想象心理学》，褚朔维译，光明日报出版社 1988 年版。

［法］萨特：《萨特文学论文选》，施康强等译，安徽文艺出版社 1998
　　年版。

［法］萨特：《萨特哲学论文集》，潘培庆、汤永宽、魏金声等译，安徽文
　　艺出版社 1998 年版。

［法］萨特：《辩证理性批判》（上、下），林骧华、徐和瑾、陈伟丰译，
　　安徽文艺出版社 1998 年版。

［法］杜夫海纳：《审美经验现象学》，韩树站译，文化艺术出版社 1996
　　年版。

［法］杜夫海纳：《美学与哲学》，孙非译，中国社会科学出版社 1985
　　年版。

［德］盖格尔：《艺术的意味》，艾彦译，华夏出版社 1999 年版。

［波］英伽登：《对文学的艺术作品的认识》，陈燕谷、晓未译，中国文联
　　出版公司 1988 年版。

［波］英伽登：《论文学作品》，张振辉译，河南大学出版社 2008 年版。

［德］伽达默尔：《哲学解释学》，洪汉鼎译，上海译文出版社 1994 年版。

［德］伽达默尔：《真理与方法》（上、下卷），洪汉鼎译，上海译文出版
　　社 1999 年版。

倪梁康主编：《面对实事本身——现象学经典文选》，东方出版社 2000
　　年版。

后　记

　　"回到事情本身"的精神旨归，先天地决定了现象学的道路不可能是一条笔直的平坦的路；先验还原的现象学方法所要求的对一切实体之物的悬置或排除，意味着哲学的探索总是要不断地重新开始。于是，我们看到了胡塞尔的苦恼（"由于缺乏明晰性，由于犹豫不决的怀疑心情，我一直感到十分苦恼。"——胡塞尔语），他对于通向先验现象学道路的再三设计（意向心理学的道路、笛卡儿普遍怀疑的道路、康德先验哲学的道路），他的哲学工作总在为更完善的著作做着准备和期待（所出版的著作大多作为"引论"）。我们同时也看到了海德格尔的一再"转向"（由此在到存在，由本有到此-在），他的"长期的踌躇"（海德格尔语）所带来的思想的迷宫（《从本有而来》），他的神秘主义。但是，另一方面，作为"可以说是一切近代哲学隐秘的憧憬"（胡塞尔语）同时也就是说作为未来哲学憧憬的现象学，也是一条需要不断攀登顶峰也确实在不断攀登顶峰的路。于是，我们看到了一部部不断开出新境界的里程碑式的作品：《逻辑研究》、《纯粹现象学和现象学哲学的观念》、《存在与时间》、《哲学献文》、《知觉现象学》、《存在与虚无》、《审美经验现象学》等等。

　　当笔者追随先哲们踏上现象学的道路后，强烈地感受到了在这条道路上行走所具有的一切特性：曲折，跌宕，惶惑，自我怀疑，孤独，巨大的痛苦，以及忍耐；而只要你还在继续前行，就总要不断地从头开始。幸好，在这条道路上，笔者一直在行走着并将会继续行走着。于是就留下了如下的足迹：《现象学方法与美学》、《审美对象存在论》、《存在论的现象学美学视角》。这些"现象学美学"的学习之作，一开始并非自觉追求的严格意义上的学术研究规划，而是在学习现象学的过程中由问题前后牵引着而逐步展开的。写完本书，回顾所走过的现象学之路，如果再加上笔者现在正在撰写的"审美知觉现象学之现象学阐释",一个现象学美学的理论体系就隐约可见了。与上述已出版的著作和正在研究的课题相对应,这就分别构成了现象学美学的方法论、对象论、本体论和主体论。这些关于人的、世界的、美学的诸多繁复奥秘的问题,这些记录着人生和学术前行的艰辛足迹,曾经是、现在是、将来仍将是笔者精神的痛苦和慰藉,现在正以现象学美学理论体系的面貌和姿态描绘着笔者的学术期待。

曾经有过长久的"诗之梦",其后转向学术,于是有了现象学的"思的训练"。原以为"诗"与"思"是两件事情、两条道路,但在现象学美学的学习行程中,体会到"诗"与"思"的同一。诗思同一,存在与思想同一,因此我们在诗的世界里领悟存在,因此我们聆听着存在而让生活涌现诗意。此处,既包含着关于人本身和人的世界的建构,也包含着关于人本身和人的世界的批判。在现象学的存在之思里,笔者找回了曾经的诗的自我,而诗的体验又反过来推动、验证并强化着笔者的存在之思。选取现象学美学的角度论存在,这是根本缘由之一。那么,面对西方哲学史和美学史上存在论(本体论)探索的连绵高山,笔者的这部小书还能够说出什么新的意思来吗?如果有,那又是一种怎样的意思?如果本书写得很笨重,这首先是因为"事情本身"引起的,其次才是笔者对"事情本身"的实事求是。

本书是教育部人文社会科学研究规划基金项目(编号:10YJA720042)的最终成果,感谢教育部为本课题研究所提供的资金支持。五载春秋,日月迭运,感谢在如此漫长的写作过程中给予笔者诸多关心和勉励的同人、同事和朋友们。感谢中国计量学院人文社科学院给予本课题的鼓励和支持。感谢中国社会科学出版社的编辑陈肖静女士和美编孙婷筠女士为本书出版所付出的艰辛细致的劳动。

张云鹏　胡艺珊

2015 年 3 月于杭州